スポーツをひらく社会学

歴史・メディア・グローバリゼーション

今泉 隆裕
大野 哲也 編著

嵯峨野書院

はじめに——「スポーツは世界共通の人類の文化」か？

　4年に一度のアスリートの祭典，オリンピックで選手たちは一瞬の勝負のために人生を賭ける。大会期間中，世界中の人々がメディアをとおして彼らの姿を見つめ，彼らの歩んだ険しい道のりに想いを馳せる。オリンピックだけではない。サッカー・ワールドカップなどメガイベントが開催されるたびに熱狂は地球上を覆いつくす。こうした事実から，多くの人々にとって，この感動は普遍的なものと理解されているに違いない。2011年に施行されたスポーツ基本法の冒頭には「スポーツは，世界共通の人類の文化である」と謳われているから，なおさらだろう。

　しかし，それは果して自明のことだろうか？　じつは歴史的プロセスからすれば，スポーツはそれほど普遍的な現象ではない。

　われわれがスポーツと聞いてイメージする競技の多くは18世紀後半に成立した。サッカー，テニス，ラグビー，ボクシング，登山，ゴルフなどの近代スポーツの多くは18世紀から19世紀にかけてイギリスで誕生している。これにはイギリスで起こった産業革命が影響したことはいうまでもない。

　活発な生産活動と，技術革新に伴う農業生産の増大はそれまで以上に多くの人々に余暇をもたらした。義務（労働）から解放される時間が増大したのである。余暇を楽しむことが可能な人々はそれまでにも存在した。しかし，その範囲は産業革命以降，急速に拡大し，貴族のみならず，上流階級であるジェントリ（郷紳）にまで広まった。産業革命を背景に，労働から解放された人々は，余暇を楽しむなかで，多種多様な競技を発明していく。

　じつは，これら近代スポーツの多くがパブリックスクール，その他各種学校で誕生している。学校教育以前，貴族の子弟は家庭教師

によって自宅で教育を受けた。しかし，産業革命によって拡大した富裕層ジェントリの師弟は，工場同様，効率的に各種学校で一斉教育を受けるようになる。彼らは敷設されたばかりの鉄道で移動し，故郷を離れ，パブリックスクールを目指した。その際，彼らはスポーツの場面に様々なローカル・ルールを持ち込んだ。ルールの違いはトラブルを引き起こし，新たなルールが構築される。学校対抗がはじまると，ルールはさらに統一を促され，競技を統括する各種団体が組織されることになる。こうしてイギリスでつくられた種々の競技は，やがて世界中に広がっていったのである。こうした歴史的プロセスの上に，現代のスポーツはある。

　今述べた事情をふまえれば，スポーツにはイギリス文化や，産業革命以降の資本主義の精神が反映されていることがよくわかる。「スポーツは，世界共通の人類の文化である」。それは現状としては事実かもしれないが，そこにいたる様々な経緯といくつもの段階があったのだ。スポーツが様々な期待を担ういま，こうした歴史的背景についても改めて確認しておく必要があるのではないだろうか。われわれがスポーツとして想い浮かべる近代スポーツは必ずしも一般化できるものではない。歴史的背景をふまえず，サッカーその他，われわれがイメージする近代スポーツを普遍的な行為とみなすことは，これまで取り上げられてこなかった多くのマイノリティ・スポーツや，多様な地域文化を捨象することにほかならない。

　そもそも sport はその原義からして，日本でわれわれがイメージしているものとは大きく隔たっている。日本体育協会は 1986 年にスポーツ憲章の中で「スポーツは，人々が楽しみ，より充実して生きるために，自発的に行う身体活動である」としているが，これは欧米における sport の理解とは異なる。

　sport の語源は，ラテン語 desportare に由来する。その語は「de-（離れる）」（英語 away に同じ），「portare（持つ）」（英語 carry に同じ）

の合成語で，「持ち去る」を意味した。さらに，ここから憂鬱な気分を「持ち去る」こと，転じて「気晴らし」，さらには「遊び」を意味するようになる。desportare は，フランス語 desport となり，イギリスで disport と変化し，やがて「di-」の語頭音が消失して，sport となった。

　松井良明（2000）によれば，1755 年刊行のサミュエル・ジョンソン『英語辞典』に「気散じ（diversion）—スポーツ（sport）憂いからひき離すことで心をなごませるもの（something that unbends the mind by turning it off from care)」とあって，もともとスポーツが身体のことではなく，あくまで気分にかかわる語であり，その範疇には冗談まで含まれたという。

　スポーツは元来「身体活動」のみならず，「気晴らし」「遊び」を意味していた。したがって，欧米ではスポーツの範疇にトランプや将棋，TV ゲームをも包含している。そのため身体活動を伴うスポーツを，あえて physical sports と区別することも多い。

　近年「e スポーツ（エレクトリック・スポーツ）」として，TV ゲームをオリンピック種目にするための議論がなされている。すでに2018 年 8 月にはインドネシア・ジャカルタで実施されたアジア大会においてデモンストレーション種目として e スポーツが採用された。日本では「TV ゲームがスポーツなの？」と疑問に思う人も多いようだが，その原義からすれば何ら不思議ではないことがわかるだろう。しかも本書において言及するように，過去に目を転じれば，オリンピックでも芸術競技が実施され，絵画や音楽のコンペが正式種目としておこなわれていたのである。

　本書の目的は，こうした一連のスポーツの歴史的プロセス，およびその原義をふまえたうえで，スポーツの現在を改めて照射し，これからのスポーツを展望することにある。具体的には，メディア，

ツーリズム，ジェンダー，民族，移動，呪術，障がい者など，多様な要素とスポーツを関連させながら考察してみたい。ただし本書の特徴は，単にスポーツを再考することにあるのではない。

　本書の意図は，社会でさまざまな「問題」を引き起こしているこれらの諸要素を社会学的に紹介しながら，スポーツを照射することにある。それゆえスポーツからそれら種々のテーマを考えるのではなく，テーマからスポーツを再検討するという「逆からの視点」を採用している。

　テーマを扱うのは，それぞれの専門家である。本書には社会学のみならず，文化人類学や文学といった隣接領域はもとより，スポーツバイオメカニクスや運動生理学，あるいは環境衛生学というような社会学の「門外漢」が，社会学のアリーナに乗り込んで議論を戦わせている。こうした「他流試合」を盛り込むことで，従来の「スポーツ」や「社会学」とは異なる視点を導入し，ブレークスルーをもたらしたい。そう願って本書を構成した。本書の独自性は，スポーツの最前線を学びたい人はもちろんのこと，スポーツに興味はないが，社会学に関心がある読者にも役立つだろう。また，そう願う。

本書の構成

　社会学が扱うテーマはじつに幅広く，本書一冊でそれらのすべてに言及することは，残念ながらできない。そこで今回，スポーツへの 3 つのかかわり方である「する」「みる」「ささえる」に「ひらく」を加え，4 つの部門を設けて現在のスポーツにとって重要なテーマを 12 に絞って各稿を配した。

第 1 部 「みる」

　第 1 章は，理論社会学を専門とする宮本孝二による「スポーツをテレビでみる──団塊世代の観戦史」の論考である。団塊世代である宮本自身のライフヒストリーと戦後日本社会の変化，そこにスポ

ーツ観戦をシンクロさせたユニークな論考となっている。テレビ放送のみならず，ケーブル放送や多チャンネル化まで視野に入れ，メディアをとおしたスポーツ観戦を網羅的に記述している。

第2章は，メディア社会学を専門とする長﨑励朗による「宝塚歌劇と職業野球——日本型プロフェッショナリズムの誕生」である。阪急の創業者である小林一三が，鉄道事業以外で設立した二つの文化事業，宝塚歌劇団と職業野球団「宝塚運動協会」（阪急ブレーブスの前身）に焦点を当てる。小林が創設した以上，二つの事業には共通の思想的背景があると仮定し，そこに通底する思想を明らかにしている。歌劇，野球とハイカラで新奇な事業が日本で受け入れられるには（あるいは定着させるには），ともに「純粋性」と「規律性」というエートスが求められた。

第3章は，日本文学，とくに能・狂言を専門とする今泉隆裕による「オリンピック〈芸術競技〉〈芸術展示〉〈文化プログラム〉——東京大会とミュンヘン大会の〈芸術展示〉」である。ここではオリンピックにおける芸術競技について述べている。近代オリンピックと芸術の関係性，クーベルタンの思想的背景に万国博覧会の思想が色濃くみられることを指摘する。その上で1964年の東京大会とミュンヘン大会の〈芸術展示〉を比較検討している。

第2部 「する」

第4章は，スポーツバイオメカニクスを専門とする小山桂史による「道具とスポーツ——ランニングの視点から」である。道具の進化によって体の使い方がどのように変化していったのか。いくつかのトピックを取り上げる。なかでも目を引くのは，シューズの有無がランニング時の着地動作に大きな変化をもたらしたとの指摘である。われわれはシューズを履くことで足を退化させていると筆者は説く。素足からシューズへ「進歩」したかにみえるイメージは覆されることになる。

第5章は，運動生理学を専門とする廣瀬立朗による「筋肉への欲望とその帰結──信仰的言説としてのインナーマッスル」についての論考である。近年ブームの様相をみせる筋トレ（筋肉トレーニング）のなかでもインナーマッスル・トレーニングに着目し，その虚実を扱う。さらに「インナー／アウター」といった二項対立的な発想がトレーニングに悪影響をもたらしていることについて考察を加えている。

第6章は，環境衛生学を専門とする星秋夫の「水の文化史──水分摂取言説の変容と日射病／熱射病／熱中症」である。これはスポーツにおける水分摂取をめぐる論考で，一昔前まで部活動中に「水を飲んではいけない」といわれてきた。その根拠は武田千代三郎『理論実験運動競技』に起源する。今日では熱中症対策の観点から「水はこまめに飲め」と変化した。スポーツにおける水分補給に関する言説の変遷，およびその科学的な根拠を紹介している。

第3部 「ささえる」

第7章は，医療社会学を専門とする田原範子の「スポーツと呪術──アフリカにおけるサッカーをとおして」である。田原が長年調査をしているアフリカでは，サッカーの国際試合ほかで，勝利を目指して呪術が行使される。これらは日本にいるわたしたちにとって一見，奇怪な行動に映じる。しかし日本社会においても，スポーツ選手が必勝祈願をしたり，願をかけたりするように，じつは両者には同じ要素が通底していることを指摘する。さらに本稿は呪術‐宗教の入門的内容をも含む。

第8章は，文化人類学を専門とする岩谷洋史による「応援団によるささえ方」である。従来，応援は熱狂の中でおこなわれると考えられ，デュルケムの集団的沸騰や，ゴフマンのフーリガニズムの議論が参照されてきた。しかし日本の大学応援団を観察した岩谷は，整然と秩序立った応援が繰り返されることから，これまでの研究が，

はじめに

応援に対して過剰な解釈を施す傾向があるとの指摘をしている。

第9章は，グローバリゼーション研究を専門とする阿部利洋による「スポーツ移民のグローバル移動——サッカーの事例を中心に」である。現在，活躍の場を求めて地球規模の移動を繰り返しているアスリートが多く存在する。移民選手なしでプロスポーツはもはや成立しない。しかも阿部によればグローバリゼーションのなかスポーツ移民にも安くて，高いパフォーマンスが求められ，選手の流出は「筋肉の流出（muscle drain）」「脚流出（feet drain）」と表現されているという。選手は輸出品として扱われ，「生産」（あるいは「加工」）される対象であると聞くと読者は驚かされるにちがいない。だが，それがいまスポーツの世界で起きている現実なのである。

第4部 「ひらく」

「ひらく」は「する」「みる」「ささえる」というスポーツへのかかわりかたを超えて，スポーツ基本法の射程外にあるスポーツの可能性を提示するパートである。

第10章は，朝鮮地域研究を専門とする伊地知紀子による「スポーツに国境はあるのか？」である。これは民族とスポーツについての論考で，これまで筆者は海外では済州島において生業調査をし，国内では在日コリアン問題の調査をおこなってきた。本章では植民地時代の日本代表選手としての孫基禎を取り上げ，在日コリアンのスポーツ実践を事例として，民族問題とスポーツの関係性について考察している。

第11章は，冒険社会学を専門とする大野哲也による「競技の平等性と人権——「ジェンダー」と「障がい」の視点から」である。南アフリカのアスリート，オスカー・ピストリウスとキャスター・セメンヤ，そしてドイツのマルクス・レームを事例とし，スポーツから競技の平等性と公平性について考察をすすめている。さらにそこから，21世紀のグローバル社会における人権について展望して

vii

いる。

　第 12 章は，村落社会学を専門とする古村学による「小笠原諸島におけるスポーツ——スポーツを通して地球社会をみる」である。小笠原諸島を事例に，島に I ターン移住した人たちがシーカヤックやスキューバダイビングのショップを経営することで新たな観光，新たなライフスタイル，地域おこしを展開していることを紹介する。スポーツにより，地域社会がゆるやかにまとまる姿を描写し，世界遺産にサステイナブル・ツーリズムとその可能性を実践現場から模索している。

　これらの論考の他に，4 つのコラムを用意した。コラム 1 は文化社会学が専門の石田あゆう，コラム 2 は社会福祉学が専門の中村律子，コラム 3 は青年海外協力隊 OB の浦輝大，コラム 4 は音楽社会学が専門の木島由晶が担当している。

　論考もコラムも，専門家が平易な表現で，最先端の議論をくりひろげている。スポーツ学の初学者にとっても，あるいは社会学の初学者にとってもエキサイティングでスリリングな内容となっているのではないだろうか。

今泉隆裕

【参考文献】

松井良明，2000，『近代スポーツの誕生』講談社。

目　　　次

はじめに――「スポーツは世界共通の人類の文化」か？………　i

第1部　スポーツをみる　　　　　　　　　　　　　　　　1

第1章　スポーツをテレビでみる
――団塊世代の観戦史………………………　3
宮本　孝二

1　は じ め に………………………………………………　3

2　1950 年代から 70 年まで
　　――テレビの普及とスポーツ中継…………………　4

3　70 年代，80 年代そして 90 年代へ
　　――スポーツ中継の多様化…………………………　10

4　新世紀の 20 年間
　　――スポーツのグローバル化とメディアの多元化……　16

5　お わ り に………………………………………………　19

第2章　宝塚歌劇と職業野球
――日本型プロフェッショナリズムの誕生……　23
長﨑　励朗

1　夏の甲子園とタカラヅカ………………………………　23

2　日本プロ野球前史
　　――アマチュアリズムの模範としての職業野球………　25

3　宝塚歌劇に見る小林一三の思想………………………　34

4　日本型プロフェッショナリズムの光と影………………　40

ix

第3章　オリンピック〈芸術競技〉〈芸術展示〉〈文化プログラム〉
　　　　──東京大会とミュンヘン大会の〈芸術展示〉…… 43
　　　　　　　　　　　　　　　　　　　　今泉　隆裕

　1　は じ め に………………………………………………… 43
　2　オリンピック〈芸術競技〉〈芸術展示〉〈文化プログラム〉… 45
　3　東京大会とミュンヘン大会の〈芸術展示〉
　　　／その比較からみえるもの………………………………… 57
　4　お わ り に………………………………………………… 67

COLUMN 1　「しない」スポーツ
　　　　　　──読む・聞く・見るの「スポーツ」メディア史　76
　　　　　　　　　　　　　　　　　　　　石田　あゆう

第2部　スポーツをする　　　　　　　　　　　　　　81

第4章　道具とスポーツ──ランニングの視点から…… 83
　　　　　　　　　　　　　　　　　　　　小山　桂史

　1　走りで健康を支える………………………………………… 83
　2　エネルギーを消費させるシューズ………………………… 86
　3　走る運動に伴う驚くべき衝撃力…………………………… 89
　4　シューズに関する驚くべき事実…………………………… 92
　5　前足部着地 vs 後足部着地………………………………… 94
　6　進化に伴う走動作の変化…………………………………… 96
　7　人の足の神秘……………………………………………… 99
　8　人を支える今後のシューズ……………………………… 101

第5章　筋肉への欲望とその帰結
　　　　──信仰的言説としてのインナーマッスル…… 109
　　　　　　　　　　　　　　　　　　　　廣瀬　立朗

　1　は じ め に……………………………………………… 109

目　　次

　　2　インナーマッスルの誕生……………………………… 111

　　3　インナーマッスル・トレーニングの具体的検証例…… 114

　　4　お わ り に………………………………………………… 124

　第6章　水 の 文 化 史
　　　　──水分摂取言説の変容と日射病／熱射病／熱中症…… 131
　　　　　　　　　　　　　　　　　　　　星　秋夫

　　1　は じ め に………………………………………………… 131

　　2　「水飲むな！」のアルケオロジー……………………… 133

　　3　水分不足からくる熱中症／
　　　　スポーツドリンク開発からみた水分補給の重要性…… 142

　　4　おわりに／「水中毒」（低ナトリウム血症）…………… 149

　　COLUMN 2　山 ガ ー ル　　153　　　　　　中村　律子

第3部　スポーツをささえる　　　　　　　　　　161

　第7章　スポーツと呪術
　　　　──アフリカにおけるサッカーをとおして…… 163
　　　　　　　　　　　　　　　　　　　　田原　範子

　　1　スポーツと祈り………………………………………… 163

　　2　アフリカにおけるサッカー…………………………… 165

　　3　祈りと呪い……………………………………………… 171

　　4　スポーツにおける不確定性…………………………… 177

　　5　お わ り に……………………………………………… 182

　第8章　応援団によるささえ方……………………………… 189
　　　　　　　　　　　　　　　　　　　　岩谷　洋史

　　1　「応援」という現象…………………………………… 189

　　2　集団的な応援の発生…………………………………… 191

xi

3　儀礼としてのスポーツ競技……………………………………　192
　　4　スポーツ観戦者の儀礼的行為…………………………………　194
　　5　応援団という存在………………………………………………　196
　　6　新制大学における応援団の位置付け…………………………　200
　　7　応援団の応援活動とその方法…………………………………　201
　　8　おわりに：
　　　　儀礼の別の理解の可能性と，呪術としての応援…………　210

第9章　スポーツ移民のグローバル移動
　　　　──サッカーの事例を中心に………………………　217
　　　　　　　　　　　　　　　　　　　　　　阿部　利洋

　　1　移民選手なしでは現代のプロスポーツは成り立たない
　　　　………………………………………………………………………　217
　　2　スポーツのグローバル化に伴うスポーツ移民の増加…　219
　　3　スポーツ移民の多様な経験を理解する………………………　225
　　4　消費社会におけるスポーツ移民の役割………………………　235
　　5　スポーツ移民から社会を考える………………………………　243

COLUMN 3　青年海外協力隊の活動
　　　　　　──教員経験なしで飛び込んだ体育普及活動　251
　　　　　　　　　　　　　　　　　　　　　　浦　輝大

第4部　スポーツをひらく　　　　　　　　　　　　257

第10章　スポーツに国境はあるのか？……………………　259
　　　　　　　　　　　　　　　　　　　　　　伊地知　紀子

　　1　日本代表とは？…………………………………………………　259
　　2　目指すは勝利……………………………………………………　261
　　3　選手になりたい！………………………………………………　265
　　4　全国大会に出場したい…………………………………………　269

目　次

   5　新たな地平をつくれるのか……………………………………… 276

第11章　競技の平等性と人権
——「ジェンダー」と「障がい」の視点から…… 283

大野　哲也

   1　人権の時代としての現代世界……………………………… 283
   2　スポーツにおけるジェンダーと障がい………………… 286
   3　ジェンダー・トラブル……………………………………… 292
   4　ブレード・ランナーの道のり…………………………… 295
   5　平等性とはなにか…………………………………………… 298
   6　2016 リオデジャネイロ …………………………………… 304
   7　二元論的思考を超えて……………………………………… 307

第12章　小笠原諸島におけるスポーツ
——スポーツを通して地域社会をみる………… 315

古村　学

   1　は じ め に……………………………………………………… 315
   2　小笠原のスポーツ・ツーリズム………………………… 316
   3　島の人びとから見たスポーツ・ツーリズム…………… 325
   4　生活のなかにあるスポーツ……………………………… 333
   5　おわりに（ひらく）………………………………………… 340

   COLUMN 4　音楽化するスポーツ観戦　　344　　　木島　由晶

おわりに――21 世紀におけるスポーツの新たな展開のために…… 349
索　　　引………………………………………………………………… 353
執 筆 者 一 覧……………………………………………………………… 358

◆第1部◆

スポーツをみる

第1章 スポーツをテレビでみる

団塊世代の観戦史

宮本孝二

1 はじめに

1949（昭和24）年生まれの筆者は団塊世代の一員である。団塊世代は，1947年から49年の3年間に誕生した約800万人（現在，約660万人が生存）の総称である。そのライフサイクルないしライフコースを構成するライフステージは[1]，戦後日本社会の変動の諸段階そのものと対応している（宮本2014）。本章では戦後日本の社会変動を，経済復興期から1970年頃までの高度経済成長の時代，70年代の安定成長期からバブルの80年代とポストバブルの90年代までの30年，そして新世紀となってからの18年の三つの時期に分け，団塊世代の一員である筆者のテレビを通じてのスポーツ観戦史をまとめたい。

敗戦後の日本では早くもテレビ放送の準備が進められ，白黒放送でコンテンツはわずかであったが，1953年2月1日からNHK，8月28日に日本テレビが放送開始された（NHK放送文化研究所監修2002：114-116）。TVの普及は団塊世代の幼年時代，少年時代に重なる。当初百世帯程度の契約数だったのが，60年代にはほぼ全世帯に普及するまでに至った。そして，59年には日本教育テレビ（現在のテレビ朝日），フジテレビ，毎日放送も本放送を開始しテレビ番組も増加した。このようなテレビ普及の促進要因としてスポーツ中継があり，さらにテレビの普及とともに多くのスポーツがテレ

第1部　スポーツをみる

ビで放映されることになった。筆者たち団塊世代の子どもたちは大
人とともにスポーツのテレビ観戦の楽しみを得ることができ，さら
に成長し青年期，成人期を経て，さらに熟年期から現在の高齢期に
至るまで多様なスポーツをテレビ観戦する機会に恵まれたのだった。

2　1950年代から70年まで
──テレビの普及とスポーツ中継

2.1.　大相撲人気

　1953年のテレビ放送開始時，テレビのある家庭はごくわずかで
あった。その代わり50年代前半に商店街や百貨店に一台，駅や公
園に一台というように街頭に設置された。これは日本テレビ放送網
の社長の正力松太郎のアイデアだと伝えられている（NHK放送文化
研究所監修 2002：117-118，神原 2001：29）。街頭テレビのスポーツ
中継のコンテンツは大相撲，プロレス，ボクシング，そしてプロ野
球だった。

　筆者にはまず大相撲の思い出が浮かぶ。幼児から小学校低学年だ
った団塊世代はテレビのある家庭を渡り歩くテレビに魅せられたテ
レビチャイルド，すなわちテレビジプシーの経験をもつ（佐藤
2008：100-101）。筆者も近隣の裕福な三世代家族の家庭でテレビを
見せてもらっていた。幼稚園児から小1までの筆者は，まさにテレ
ビで漢字を覚えたのであった。取組前の仕切り直しの間に，画面に
出た相撲取りの四股名を読み上げると，周りの大人が誉めてくれる
という承認体験も得たのであった。なお，わが家にテレビが入った
のは，筆者が小1の1956年秋であった。テレビ中継は大相撲の観
衆を増やし，生で見たいという欲求を刺激しつつ，大相撲人気を盛
り上げた。テレビ中継の解説や，各種の情報提供によって視聴者は
ますます相撲についての知識を増やし，親近感を増し大相撲人気を

第1章　スポーツをテレビでみる

さらに高めるに至った。当時の相撲界は横綱大関が群雄割拠だった。吉葉山，鏡里，千代の山，栃錦，若乃花が優勝を争うといった状況で，それが栃若時代となり（1959年の横綱同士の優勝決定戦が最高潮であった），栃錦の引退後は若乃花・朝潮対決時代になった（川端1993：225-248，相馬1976：375-416）。

60年代になると栃若時代から大鵬と柏戸が対決する柏鵬時代になった（相馬1976：466-524）。大相撲は後述のようにその後も絶えることなくライバル物語を語り続け，それが大相撲人気を高め維持してきた。柏鵬時代とはいえ，高度経済成長時代は大鵬の圧倒的な強さが目立ったのだったが，ファンはライバルの両者におり，それがまた大相撲のファン層を拡大した。ライバル対戦がスポーツ人気を高めテレビ観戦を促進するのは他のスポーツでも見られるが（橋本編2010：138-161），大相撲はまさにその典型であった。なお，当時の日本教育テレビ（テレビ朝日）で1959年に始まった夜の番組「大相撲ダイジェスト」も人気があった。

2.2.　力道山プロレスの熱狂と終わり

テレビ放送が始まった時期にプロレス放送が有力なコンテンツになり，街頭テレビに大観衆が群がる光景は写真にも残っている。在日朝鮮人差別への憤りもあり相撲界から引退した関脇の力道山は，引退後占領軍のレスラーと知り合い，50年代の初期からプロレス修行に励み，アメリカ等諸外国からスター性のあるプロレスラーを招聘し，プロレスブームを引き起こした（グロス2017：74-85）。アメリカを中心とする海外から招待したプロレスラーとの日本人レスラーとの対決では，攻められ耐えに耐える日本人レスラーが最後の最後で大逆襲に転じアメリカの巨体レスラーを倒すという図式を確立した力道山は国民的ヒーローとなった。

この力道山の日本プロレスに，柔道界出身の木村政彦の国際プロ

5

第1部　スポーツをみる

写真1-1　プロレス力道山―木村戦，日本選手権争奪戦の街頭テレビを見る群衆

提供：読売新聞社

レス団，山口利夫の全日本プロレス協会が合流した。だが，力道山と柔道界出身の木村政彦はタッグを組んだとはいえ，多くの場合力道山が主役で木村はたんなる引き立て役に過ぎなかった。次第に不満を募らせた木村は力道山への対決姿勢を強め，ライバル物語を盛り上げようとするマスメディアに煽られこともあり，ついに雌雄を決する力道山と木村の試合開催に至った。試合は力道山の張り手，空手，蹴りの猛攻撃によって木村がダウンして力道山の圧勝で終わった。1954年12月のことであった。一説には引き分けのストーリーが取り決められていたにもかかわらず，力道山がそれを守らなかったと言われているが真相は不明だ（グロス 2017：86-87，増田 2011：547-583）。

　以後，日本プロレスの主導権を握った力道山は，アメリカを始めとする諸外国から魅力的なレスラーを招き，1959年からワールドリーグ戦を展開し，団塊世代の子どもたちの心をとらえた。子どもたちだけでなく，おそらく多くの日本人が固唾をのんでみていたと思われる。力道山への応援は，興奮体験であり熱狂体験だった。応

援するアスリートとの同一化，あるいは感情移入によってアスリートはファンの代理表象となるが，力道山の場合，さらに集合的意識（ナショナリズム的感情）が作用して集合体としての視聴者の大きな運動が生じたのだ。小柄な日本人が大きな外国人を倒すドラマに皆で興奮し，卓越したパフォーマンスを示す力道山と自己を重ね合わせ自尊心を高め，敗戦後の日本社会での日常のストレスや苦労から解放される体験をしたのであった。なお，力道山が日本人ではないことは70年代後半になるまで広く知られておらず，当時の力道山は日本人の代表として位置づけられていた（吉見2010：171-173）。

　しかし，1963年に力道山に突然の死が訪れた。盛り場のもめごとでチンピラにナイフで腹部を刺され入院中に急逝したのだ。その後，後継者の努力にもかかわらず，力道山の設立した日本プロレスはテレビ中継の放映権をめぐりテレビ局も巻き込む争いが生じ，組織は解体の予兆を示し始めた（竹内監修2003：42-73）。

　なお60年代に団塊世代も中学生から高校生になり，プロレスが真剣勝負ではなく，一種の演出されたショーであることを認識するようになり，多くのファンがプロレス離れを起こした。いわばフレームの偽造が見破られたのである[2]。力道山の死以後，その流れは一層強まった。ショーとしてプロレスを楽しむ成熟した目は後に80年代に現れるが，まだ少年期から青年前期の団塊世代には備わっていなかったのである。

2.3. ボクシング・ブーム

　大相撲，プロレスと並ぶテレビのスポーツ放送の目玉はボクシングだった。1953年に白井義男が世界フライ級タイトルマッチで日本人初の世界チャンピオンとなったのが日本のボクシング人気を高め，1960年代前半にボクシング・ブームが起こり，それは60年代が終わるまで続いた（郡司1976：190-564）。

第1部　スポーツをみる

　62 年 12 月に 18 歳でフライ級世界チャンピオンになったファイ
ティング原田は，64 年 5 月，フライ級からバンタム級に転向しチ
ャンピオンのエデル・ジョフレに挑戦，判定で王座を奪取したのが，
筆者のボクシング熱の始まりだった。1960 年代後半には週三日は
ボクシング中継があり，日本ボクシングは黄金時代を迎えた。

　『少年マガジン』連載のボクシング漫画「あしたのジョー」の人
気と，ボクシング人気との連動もあった。なお，団塊世代の 2 割は
大学受験の季節であった。60 年代後半には筆者の家庭にもカラー
テレビがやってきて，ボクシング放映にはさらに魅力が増し，週の
半分の曜日の夜のボクシング中継に大学受験の身でありながら没入
し，父親から苦言を呈される始末だった。

2. 4.　オリンピック——メルボルン・ローマ・東京・メキシコ

　メルボルン大会は 1956 年で筆者の家にテレビが入ったのはその
年だが，オリンピックのテレビ中継は 60 年のローマ大会（武田
2008：175‐179）からだった。60 年のローマ大会でアフリカの一小
国のエチオピアのアベベが裸足で走り世界最高記録で優勝したのは
衝撃的だった。さらに 64 年の東京大会（武田 2008：187‐205）でも
シューズは履いていたが，マラソンを制覇したことには一層驚かさ
れた。60 年代は第二次世界大戦後の旧植民地独立の大きな流れが
アフリカに及び，アフリカの世紀とさえ言われており，エチオピア
王国はすでに 40 年代に独立していたが，アフリカのニューヒーロ
ーは世界を魅了した。

　東京大会は 1964 年 10 月 10 日から 24 日まで開催され，94 か国
から 7 千人の選手が集まり 20 競技 163 種目で競技がおこなわれた。
女子バレーボール日本チームの「東洋の魔女」とソ連チームとの決
勝戦はテレビ視聴率 85％になったと伝えられている。東京大会は，
筆者が中学校三年生の時だが，学校の大型カラーテレビで学習とし

8

てのテレビ観戦をおこなった。団塊世代の子ども時代，テレビは娯楽であるとともに，学習の場でもあった。一億総白痴化（評論家の大宅壮一が1957年にテレビ放送は日本人の知性を破壊する一億総白痴化運動だと評したことから生まれた当時の流行語）は子どもにとって「博知化」（佐藤2008：102-116）でもあった。情報を学び，字を学び，東京大会では中学校の体育の時間はその時間に放映されている種目の試合を観た。そして各種スポーツの内容について期末試験で問われたことを思い出す。ともあれ60年代半ばにはほぼすべての世帯にテレビ受像機は普及し終えたのである。

1968年のメキシコ大会（武田2008：209-218）は，世界的な学生運動の盛り上がりの時代のスポーツイベントであった。メキシコでも学生運動は盛り上がりを見せていた。アメリカの公民権運動やベトナム反戦運動の影響で，アメリカ代表の黒人選手はアメリカ国旗掲揚に抗議の姿勢を見せた。金メダルと銅メダルに輝いた2名の黒人選手が，表彰台の上で黒い手袋をはめてその手を天に突き上げたのだ。スポーツと政治の問題がむき出しになり，それは大学紛争の時代の意識と連動していた。団塊世代も大学生となり，かつてのように純粋にスポーツ観戦に熱狂することはなく，政治的意識なども混入させての観戦になってしまった。

2.5. 巨人・大鵬・卵焼き

60年代後半にプロ野球では，長嶋茂雄と王貞治を擁した川上監督率いる読売ジャイアンツが圧倒的な強さを発揮し，破竹の日本一9連覇が始まった。それは高度経済成長の最も勢いのある時期と一致していた。しかし，長嶋はすでに50年代末から少年たちのヒーローであり，天覧試合でのサヨナラホームラン等で観客を熱狂させた。60年代初めにはホームラン王の王が現れ，長嶋と王に支えられた巨人の強さと，大相撲では横綱の大鵬の強さが際立ち，子ども

第 1 部　スポーツをみる

たちの好きな卵焼きと並べて巨人・大鵬・卵焼きと称されるほど人気があった。59 年から始まったテレビのプロ野球ナイター中継は増え続け，このころ団塊世代は高校生になっていたが，その下の世代も含めて多数の巨人ファンが生まれたのだ。そして，夜のテレビ番組争奪戦が各家庭で繰り広げられた。テレビは 60 年代半ばにほぼ全世帯に普及したが，まだテレビは一家に一台の時代であった。

3　70 年代，80 年代そして 90 年代へ
——スポーツ中継の多様化

3.1. 70　年　代

　70 年代は高度経済成長時代の終焉とともに始まり，60 年代に活躍したヒーローたちの退場の時期となった。もちろん新たなヒーローは現れたのだが，時代の勢いを体現したかのような偉大なヒーローの時代は終わったと感じられた[3]。また，団塊世代の 3 割程度は中卒ですでに 60 年代半ばから働き始めていたが，筆者たち約 2 割は大学に進学し，70 年から 73 年ごろにかけて次々と就職していき，それまでのようにテレビ観戦を自由にするわけにはいかなくなった。

　そんな中，大相撲では大横綱大鵬が 71 年に引退した。若手の貴ノ花（90 年代に活躍する横綱貴乃花の父）に敗れたのが一つのきっかけとなったようだ。貴ノ花は筆者と同じ団塊世代で，大横綱若乃花の実弟であった。しかし貴ノ花は大関になるのがやっとで，この時代の横綱は北の湖と輪島であった。いわゆる輪湖時代である。大相撲の名力士ライバル物語は，この時期も大相撲の根強い人気を支え続けたのである（相馬 1976：608-689）。

　力道山亡き後のプロレス界は，プロレス中継をめぐるテレビ局間の競争も絡んで，すでに 60 年代に分裂の予兆を示していたが，力

10

第1章　スポーツをテレビでみる

道山の設立した日本プロレスは，70年代にジャイアント馬場の全日本プロレスとアントニオ猪木の新日本プロレスとに分裂した（竹内監修 2003：74-89）。両者ともそれぞれ一定の視聴者を獲得してはいたが，プロレスを「鍛え上げられた肉体が超絶技を掛け合う一種のショー」として楽しむことができなかった筆者はプロレス番組を観戦しなくなった。ボクシングも70年代に新たな日本人世界チャンピオンが誕生したが，ボクシング界全体としては60年代の熱気を筆者には感じられず，サラリーマン生活が70年代半ばに始まったこともあって，中継番組をみることが少なくなった。ただし，記憶に残るボクシングの試合が一つあった。それはアメリカのヘビー級チャンピオンのジョージ・フォアマンと元チャンピオンで徴兵拒否のため60年代末にタイトルを剥奪されたカシアス・クレイ（イスラムに改宗しモハメド・アリと改名）の1974年のザイールの首都キンシャサでのタイトルマッチである（グロス 2017：351-354）。

　ザイールはモブツ大統領の独裁国で，モブツは60年代初め独立を果たしたコンゴ共和国の革新的リーダーの一人だったが結局独裁者となり，国内の統合度アップのためのスポーツイベントとして試合を企画し，アリの周辺の興行師もそれに乗ったのだった。アリはアメリカ政府にも抵抗する黒人解放運動のリーダーでありシンボル，対するフォアマンは白人権力に迎合する黒人というイメージが生成されてしまい，試合当日，大観衆の歓声はアリ応援の声であった。その圧倒的な声の中，打ち疲れたフォアマンが中盤にスキを見せた瞬間，アリの強烈なストレートが炸裂しフォアマンはノックアウトされてしまった。筆者は試合開始から初めのラウンドは社員食堂のテレビで見ており，フォアマンの勝利を確信し仕事に戻ったのだが，夕刻にその結果を聞き驚くとともに，強烈な集合意識を巻き込んだ応援の凄まじい威力を感じたのだった[4]。

　そしてその2年後，英雄アリは日本のプロレスの当時の第一人者，

11

第1部　スポーツをみる

新日本プロレスのアントニオ猪木と異種格闘技戦を戦うために来日した。3分15ラウンドの真剣勝負は、互いが相手の力を怖れるが故に攻撃することができなかった。アリを寝技に引き込もうと猪木は45分間リングで寝転がり続けた。一方、寝技を拒否したアリは45分間、猪木の周りをぐるぐる回り続けた。世紀の凡戦とも批判されたが、それは新たな格闘技の時代を開くきっかけになったとも言われている（グロス2017：271-317）。また、前述のようにプロレスには、それをショーとして楽しむ成熟した目を備えたファンが増加していったのだった。

　なお、オリンピックに国際政治情勢の影が一層色濃く落とされるようになった。1972年のミュンヘン大会（武田2008：222-224）は、イスラエル選手がテロの犠牲になったことで忘れがたい。中東紛争はイスラエルとパレスチナ解放運動との闘いが激しさを増し、テロリズム運動が平和の祭典であるオリンピックを襲ったのであった。イスラエル選手は十数名が命を失った。

　そしてプロ野球では長嶋が1974年に引退し、75年から監督となったが、その初年度に巨人軍はセ・リーグ最下位となってしまった。高度経済成長期の偉大なヒーローの挫折であり失墜であった。長嶋ファンである筆者らの失望は大きかった。翌年にはセ・リーグ優勝を果たすことができたが、日本シリーズでは阪急ブレーブスに敗れ、その後も常勝巨人の再建はならなかった。

3.2. 80　年　代
　80年代の大相撲の新たなヒーローは横綱北の湖を追い落とした千代の富士であった。横綱となった千代の富士は圧倒的な強さを発揮し、80年代末に貴花田（前述の貴ノ花の息子で90年代に横綱貴乃花となる）に敗れたのをきっかけに引退するまで、数々の連勝記録を作り大相撲人気を支えた（川端1993：270-84）。プロレスは前述

のように成熟した目をもつファンたちに支えられ，一定の人気を保ち，中継番組も続いていた。ボクシングは圧倒的な強さを持つチャンピオンをなかなか生み出せなくなりテレビ中継も激減した。オリンピックは80年のモスクワ大会（武田 2008：237-248）がソ連のアフガニスタン侵略への抗議でボイコット騒動に巻き込まれ，日本もアメリカに追随し不参加だったので盛り上がることはなかった。しかし88年のソウル大会（武田 2008：264-274）は隣国ということもあり，バブル時代でもあり，スポーツの祭典として熱心に視聴したのであった。一方，プロ野球人気も衰えることはなく，日本がバブル時代に突入しようとする前夜の1985年，長年優勝から遠ざかっていたが，強い人気を維持し熱狂的なファンに支えられていた阪神球団が念願のリーグ優勝，そして日本一を成し遂げ盛り上がりを見せたのだった。

　なお，戦前から続いていた高校野球は，戦後日本でも人気を博しており，テレビ中継も1953年に早くもNHKが実施し，65年にはカラー化も実現していた。したがって筆者たちも高校野球のテレビ中継を観戦していたのだが，団塊世代が30代から40代になろうかという時，青春時代としての高校時代が回顧され，あらためて高校野球の魅力を発見したのであった[5]。70年代半ばからの徳島の県立池田高校のやまびこ打線の活躍，79年の和歌山の県立箕島高校と石川の私立星稜高校の延長の死闘の末の箕島の劇的勝利，それら公立高校の活躍に対抗する80年代前半の大阪の私立PL高校の清原和博や桑田真澄の活躍，そして83年の池田対PL対決，85年まで続くPL大旋風と，おおいに盛り上がった（『朝日新聞』2018）。高校野球は80年代のみならず，70年代前半の江川卓や，90年代末の松坂大輔というように絶えずヒーローを生み続けた。そしてその多くは大学野球，プロ野球でも活躍した。テレビ中継は春の選抜も夏の勝ち抜き戦も全試合が中継され，ニュースやダイジェスト番組も

第1部　スポーツをみる

あり，高校野球の高い人気は現在でも続いている。

　80 年代後半にバブル時代が始まった。このころ始まった新たな
スポーツ中継番組で人気を博したのが箱根駅伝だった。1979 年の
第 55 回大会からテレビ東京で録画放送がおこなわれていたようだ
が，87 年から日本テレビが担当し，そして 89 年からは完全生中継
『新春スポーツスペシャル箱根駅伝』となった（ビデオリサーチ編
2013：92‐93）。以来，筆者には正月の二日と三日は駅伝中継を朝か
ら昼過ぎまで観戦するという新たな習慣ができた。駅伝自体が筋書
きのないドラマであったが，番組内で映像と語りで提供される過去
の競技や人間模様を語る「今昔物語」は，過去のドラマチックなエ
ピソード満載で多大な興味関心を引き起こした（ビデオリサーチ編
2013：142‐143）。スポーツ競技それ自体が筋書きのないドラマだが，
アスリートたちの人生の物語もその背景にある。テレビのスポーツ
中継がそれについて多くを語るようになり，それによって物語への
感動は倍加する。過剰な物語化には批判的な見解もあるが（橋本編
2010：177‐178），勝者だけではなく敗者の物語も感動を誘う。何よ
り，戦前から続く駅伝の長い歴史は，戦後日本とともに歩んできた
団塊世代には感慨深く感じられた。

3.3.　90　年　代

　大相撲には常に新たなヒーローが誕生し，相変わらずのライバル
対決物語が続いた。ただし若貴（若乃花と貴乃花）は兄弟横綱であ
り，団塊世代の筆者と同年代の貴ノ花親方の子息たちで，幸せな家
族の物語としても人々に受容された。親方の死後に現在まで続く家
族の分裂と崩壊のドラマが信じられないほどである。また，ライバ
ルとしての外国人横綱曙はいたが，主役はあくまでいわゆる日本人
横綱なのだった。プロレス団体はといえば分裂を繰り返し放映番組
も激減し，ボクシングもたまの世界戦の特別番組だけになった。し

かし，オリンピックは冬季オリンピックと2年おきに交互に開催されるようになり，2年に一度世界大会が楽しめるようになった。1991年には『世界陸上競技選手権大会』の中継も始まり，100メートル決勝のカール・ルイスの激走は多くの視聴者の目を引き付けた。このような衛星放送によるスポーツ中継は80年代後半に始まった。88年の冬季オリンピックのカルガリー大会では，衛星放送の試験放送開始で実況する種目数が増加し，多メディア・多チャンネル時代の到来が喧伝され，90年代にはスポーツ中継の多様化が本格的になったのである（ビデオリサーチ編 2013：202-203）。

　90年代スポーツの一大イベントは，何と言ってもJリーグの誕生だった。バブル時代の熱気と余裕の中で準備が始まり，バブル崩壊後とはいえその余熱の時代にJリーグが立ち上げられたのだ。戦後日本でサッカー人気は，ラグビーやアメフト同様，なかなか盛り上がらなかった。テレビのサッカー中継といえば，日本テレビが1971年に中継を開始した全国高校サッカー選手権大会があったが，視聴率はよくなかったようだ。そんなサッカーが，スポーツ中継の花形となるきっかけがJリーグ誕生と，それに伴うテレビ放映の増加だ（神原 2001：33）。地域代表チームが競い合うという特性，また日本代表チームの結成とワールドカップ参戦，オリンピック参戦が人気を高めた。

　また，新しい格闘技K-1が90年代に登場した。それは基本的にキックボクシングであるが，グローバルな広がりの中で各国出身の多くのヒーローが登場した。筆者にとって印象深いのはスイス出身のアンディ・フグだ。小柄なフグはチャンピオンになったが，90年代後半に白血病で急逝した。階層間移動[6]の閉鎖的なスイス社会の下層出身のフグはこのスポーツで有名となり財をなしトップモデルと結婚しセレブとなった。それもスポーツのヒーローによく見られる出世物語であり，白血病による急逝という悲劇もその物語を

第 1 部　スポーツをみる

一層劇的なものとした。フグ亡き後も K-1 は毎年新たなヒーロー
を生み出した。絶対的王者は存在せず，紙一重の強者たちの壮絶な
バトルが展開され，真剣勝負としての魅力にあふれていた。強烈な
ストレートが一瞬にして決着をつけることはもちろん，強烈なパン
チの巨体の選手も後頭部へのハイキックで一瞬に崩れ落ち，あるい
は太ももへの執拗なローキックの蓄積効果で立っていられなくなっ
たり，といった劇的なドラマが充満していた。残念ながら主催団体
の組織的混乱もあり，新世紀になってもテレビ中継は続いているが，
90 年代のような盛り上がりを筆者は徐々に感じられなくなってい
った。

　こうして，以上で述べたスポーツだけでなく，競馬，ゴルフ，マ
ラソン，バレーボールなど多種多様なスポーツもテレビで中継され
る時代が 90 年代までに到来したのである（亀山編 1990：28-30）。

4　新世紀の 20 年間
——スポーツのグローバル化とメディアの多元化

4.1.　スポーツのグローバル化

　スポーツのグローバル化は加速している。伝統的なスポーツの代
名詞でもあった大相撲のグローバル化の流れは新世紀になって一挙
に加速し，伝統文化との衝突も目立つようになった[7]。力士に外
国人が増えてきたのが 21 世紀の大相撲の特徴だ。まずモンゴル人
の横綱が登場した。朝青龍という滅法強いが態度は傲慢という悪役
型の横綱が活躍し，朝青龍が暴力事件で引退後は八百長疑惑等の不
祥事続きの大相撲を真面目で強い白鵬が一人横綱として支え，そこ
に鶴竜と日馬富士が加わりモンゴル横綱 3 人時代もあり，それは
2018 年には暴力事件で日馬富士が引退するまで続いた。さらに外
国人力士は，モンゴル以外にロシア，ブラジル，エジプト，グルジ

16

ア，ブルガリアなどその出身国は多彩となっている。日本人力士に
こだわるファンも存在するが，大相撲は賭博問題，八百長問題，暴
力事件など不祥事続きであったにもかかわらず，今でも毎場所も満
員御礼となっているのは白鵬を筆頭とする外国人力士の活躍による
ところが大きい。テレビ視聴率も高齢者世代を中心に高い。高齢者
施設や病院では高い視聴率を獲得していると思われる。なぜ大相撲
人気は高いままなのか。底意地の悪い週刊誌が力士や親方の不祥事
をこれでもかと過剰に報道し論評しても，団塊世代の筆者のような
ファンは離れず，若い世代にも相撲人気は広がり継承されているよ
うだ。

　プロ野球もまたグローバル化の流れが加速した。外国人の助っ人
選手は高度経済成長時代からいたが，日本人選手が大リーグで活躍
するようになった。90年代の野茂英雄が先駆的に開いた道が一挙
に拡大するに至っている。2018年は大リーグの大谷翔平の二刀流
大活躍の年となった。野茂から本格化した日本人選手の大リーグで
の活躍は，イチローや松井秀喜を経て，ダルビッシュ有や田中将大，
そして大谷で頂点に達した感がある。プロ野球観戦は日本のリーグ
戦ではなく大リーグだけだという団塊世代さえ増えているのである。

　4年に一度のオリンピックやサッカーワールドカップ，ラグビー
ワールドカップなどグローバルそのもののスポーツ人気は高いが，
それ以外にもテニスや卓球やバドミントンやゴルフなどの国際試合
での日本人選手の活躍は，観衆にとってスポーツのグローバル化で
あり，それらが衛星中継されることによって手軽に観戦できる。衛
星中継は大リーグやヨーロッパのサッカーリーグの観戦も可能にし
た。そのようなスポーツのグローバル化を可能にしているのがメデ
ィアの多元化である。

第1部　スポーツをみる

4.2. メディアの多元化

　1980 年代半ばから本格化し始めたメディアの多元化は，衛星放送，ケーブルテレビ，CS 放送，BS 放送と次々に進んできたが（NHK 放送文化研究所監修 2002：278-288，355-364），現在ではインターネットテレビや動画配信サービスが加わり，ますます高進中である。

　幼少期から大相撲テレビ観戦に親しんできた団塊世代としては，2003 年に視聴率低下を理由に打ち切られた大相撲ダイジェストの復活を願っていたが，現在では AbemaTV で復活している。それはテレビ朝日とサイバーエージェントの共同出資のニューメディアである。スマホでテレビが視聴できるだけではなく，スマホ独自の放送番組もできるようになったのだ。そこまでいかなくても特定のスポーツを中継するテレビ番組が，衛星放送やケーブルテレビで可能になっている。プロレスやボクシングの番組もそれによって活性化が可能となった。テレビの野球中継も激減したが，スマホで経過はわかるし，これからはスマホ中継も増えるだろう。さらにメディアではなく個人が，スポーツ競技の一部分をスマホで撮影し「放映」することさえ可能になっているのである。

　スマホ中継番組の勢いを象徴するのが，J リーグの放映権がイギリスのニューメディアによって購入されたことだ（『週刊現代』2017）。2017 年度まではスカパーと契約していた J リーグは，4 倍の契約金を提供してくれるダ・ゾーンに鞍替えしたのだ。ダ・ゾーンはイギリスのスポーツコンテンツ企業パフォームグループに属しており，この出来事はスポーツのグローバル化とメディアの多様化を象徴しているかのようである。

　テレビ観戦史で欠かせない現在の新しい観戦スタイルについても触れておこう。それはパブリックビューイングである。テレビを家族で見ていた時代から個人で見る時代と移り変わってきたのだが，

18

冒頭で述べたようにそれ以前に街頭テレビの時代があり，それはまさにパブリックビューイングだった。現在，街頭テレビではなく室内会場やスタジアムに大型画面が設営されライブビューイングを皆一緒に観戦する。ライブビューイングの技術の高度化は臨場感あふれる観戦体験を可能にし，しかもファンが集って一緒に応援するので社会関係形成効果もさらに高まるだろう。

5　お わ り に

　団塊世代の筆者も古希を迎えようとしている。多様なスポーツのテレビ観戦を経て，現在は多様なメディアに恵まれスポーツ観戦の新たな可能性も生まれてきているようだ。かつてはヒーローに同一化し感情移入し超絶技や奇跡の物語やライバル対決物語に熱狂し興奮してきた。しかし，徐々にスポーツ競技をそれ自体として楽しむ成熟した視点が生成されてきたようだ。それは団塊世代に限らない。アスリートたちが競い合い争い合う様子それ自体を楽しむ視点を，テレビ観戦する視聴者大衆は手に入れるまでになっている。さらにそのような視点を強化してくれるのが，ビデオテープの発明以来新たに生み出された再生の視点だ。一回きりの出来事ではなく，何度でもみることを可能にしてくれただけでなく，スローモーションでも再生できるようになったのだ。筋書きのないドラマを味わい直し，感動を再生し，何度でも体験できるようになった。しかも現在では，ライブビューイングの技術の高度化は臨場感あふれる観戦体験を可能にし，さらに個々のライブ観戦者がリアルタイムに作成した映像や文字情報が視聴者のもとに届けられる。高齢化した団塊世代のスポーツ観戦は実に上質なエンタテインメントになりそうだ。かつてマーシャル・マクルーハンが指摘した「メディアによる身体の延長」や「グローバルビレッジの成立」が一層可能性を高めてきたの

第1部　スポーツをみる

である[8]。ただし，アメリカのテレビ局の都合でオリンピックの開催時期や国際試合の実施時間が左右されたりすることや，メディアの高度な技術と演出力によってスポーツ放送が生成されメディアの独自な視点が視聴者の観戦の視点を左右していることを（神原2001：153-159，森田2009：16-19）忘れてはならないだろう。

【注】

1）多数の人々に該当する周期であるライフサイクルと，個性的で多様な人生を意味するライフコースが区別されるように，団塊世代といっても同一の経験を積み重ねているわけではなく，多様なライフコースに基づく多彩なライフヒストリーないしライフイベントヒストリーが描かれうる。ただし，ここではライフサイクルもライフコースも人間の一生という意味でほぼ同一の概念と位置づけ，それが年齢別段階という意味でのライフステージによって構成されるととらえている。

2）このようなプロレスをみる目の変化は，社会学者ゴフマンのフレーム分析（中河2015）を応用したトンプソン（1986）に依拠するならば，真剣勝負のフレームが偽造されていることが認識されたためプロレス離れが生じたと解釈できるだろう。ただし，70年代になると，偽造を承知でプロレスを演劇的に楽しむ段階へと転換していくことになる。

3）このスポーツ文化の変動は，1970年までの戦後25年間とそれ以降の期間を区別される戦後日本の社会変動（宮本2009：191-200）と対応している。シンプルで明確な大トレンドが見いだされる70年までの四半世紀と，70年代以降の複雑化し入り組んだ諸トレンドが生成される時代との差異は，ヒーローの時代からヒーロー失墜の時代への転換を示している。

4）このボクシング試合はたんなるスター選手対決のスポーツイベントにとどまらず，世界に中継されたメディアイベント，そしてザイールの国家統合やグローバルな黒人運動が絡んだ政治イベントが複合した巨大イベントとなったという点で注目すべき事例といえるだろう。

5）高校野球テレビ中継をどのような意味解釈を実践しつつ視聴しているかは，高井（2018）が明らかにしているように，世代ごとに，あるいは同一世代でも性差によって異なる。

第 1 章　スポーツをテレビでみる

6）階層間移動とは，社会の不平等ないし格差を示す階層構造において人々
　が垂直的に他の階層に上下することであり，個人の人生での世代内移動と，
　親の階層から子の階層への世代間移動とがある。90 年代は日本でも階層間
　移動の閉鎖性の高まりが指摘され，格差社会の諸問題が議論されるように
　なった。

7）グローバル化と伝統の衝突は，特に大相撲では顕著である。外国人力士
　の振る舞いや相撲技が伝統的な相撲道に反するといった批判は出やすく，
　特に日本人力士の歯が立たない強力なモンゴル人横綱に対する批判は，時
　に排外主義的色彩を帯びて表出されるという危うさをはらんでいる。

8）マクルーハンによれば（浜 2009），テレビは情報の精細度が低く受け手
　の参与の度合いが高いメディア，すなわちクールなメディアであり，受け
　手である視聴者は五感を動員してテレビ画面というテクストを多様に解読
　する作業に参加する。そのため，テレビというメディアは視聴者の身体の
　延長となるとともに，同一空間であれ異空間であれ画面を一緒にみている
　視聴者に一体感をもたらし，グローバルビレッジ（地球村）さえ生成しう
　るというのである。

【参考文献】

『朝日新聞』，2018，「高校野球記念特集」（8 月 5 日号）。

グロス，ジョシュ（棚橋志行訳・柳澤健監訳），2017，『アリ対猪木』亜紀書
　　房。

郡司信夫，1976，『改定新版ボクシング百年』時事通信社。

浜日出夫，2009，「1　メディアはメッセージ：M. マクルーハン『グーテン
　　ベルクの銀河系』『メディア論』」井上俊・伊藤公雄編『社会学ベーシッ
　　クス 6 メディア・情報・消費社会』世界思想社，pp. 3-12。

橋本純一編，2010，『スポーツ観戦学――熱狂のステージの構造と意味』世
　　界思想社。

亀山佳明編，1990，『スポーツの社会学』世界思想社。

神原直幸，2001，『メディアスポーツの視点――疑似環境の中のスポーツと
　　人』学文社。

川端要壽，1993，『物語日本相撲史』筑摩書房。

増田俊也，2011，『木村政彦はなぜ力道山を殺さなかったのか』新潮社。

宮本孝二，2009，『社会理論 25 講』八千代出版。

第 1 部　スポーツをみる

宮本孝二，2014，「団塊世代論の中心問題——現代社会論の視点から」『桃山学院大学社会学論集』48 巻 1 号：pp. 69‑95。

森田浩之，2009，『メディアスポーツ解体——〈見えない権力〉をあぶり出す』日本放送出版協会。

中河伸俊，2015，「フレーム分析はどこまで実用的か」中河伸俊・渡辺克典編『触発するゴフマン——やりとりの秩序の社会学』新曜社。

NHK 放送文化研究所監修，2002，『放送の 20 世紀——ラジオからテレビ，そして多メディアへ』日本放送出版協会。

佐藤卓己，2008，『テレビ的教養——一億総博知化への系譜』NTT 出版。

相馬基，1976，『改訂新版相撲百年』時事通信社。

『週刊現代』，2017，「J リーグ放映権を“黒船”に奪われた「スカパー！」の悲劇」（1 月 30 日号）。

高井昌吏，2018，「テレビの高校野球中継とオーディエンスが抱く「本当らしさ」——視聴者の世代差・性差を中心に」南出和余・木島由晶編『メディアの内と外を読み解く——大学におけるメディア教育実践』せりか書房。

武田薫，2008，『オリンピック全大会』朝日新聞社。

竹内宏介監修，2003，『日本プロレス 50 年史』日本スポーツ出版社。

トンプソン，リー，1986，「プロレスのフレーム分析」杉山光信ほか編『叢書・社会と社会学第 3 巻　身体の政治技術』新評論，pp. 185‑211。

ビデオリサーチ編，2013，『「視聴率」50 の物語——テレビの歴史を創った 50 人が語る 50 の物語』小学館。

吉見俊哉，2010，「テレビを抱きしめる戦後」吉見俊哉・土屋礼子責任編集『（叢書・現代のメディアとジャーナリズム 4 ）大衆文化とメディア』ミネルヴァ書房，pp. 166‑196。

第2章 宝塚歌劇と職業野球

日本型プロフェッショナリズムの誕生

長﨑励朗

1 夏の甲子園とタカラヅカ

　大阪府豊中市の閑静な住宅街を歩いていると，唐突に西洋の神殿跡のような不思議な空間に行き当たる。たくさんのレリーフが打ちつけられた煉瓦塀とその前に広がる民家2軒分ほどのスペース。周囲との異質さは主張しているものの，名所・旧跡の類としてはいかにもささやかなたたずまいだ。実はこの場所こそ，毎年夏の風物詩として多くのヒーローを生み出す日本屈指のスポーツイベント，俗に言う「夏の甲子園」が始まった場所である。

　大会が始まった1915（大正4）年当時，ここには豊中運動場という施設があった。持ち主は弱小鉄道会社であった箕面有馬電気軌道（以下箕有電軌）。のちの阪急電鉄である。高校野球大会は「甲子園」という俗称から阪神タイガースやその親会社である阪神電鉄との関係が連想されるが，実はこの大会の発起人は「阪神」ではなく「阪急」だったのだ。

　それとほぼ時を同じくして箕有電軌が手をつけた事業がある。高校野球大会[1]誕生の前年にあたる1914（大正3）年，現在でも根強い人気を誇る宝塚歌劇団（当時の名称は宝塚少女歌劇養成会）が初演をおこなっているのだ。「夏の甲子園」と「タカラヅカ」は同じ母胎から生み出された「年子」というわけである。当時，箕有電軌は温泉や動物園など沿線開発に注力していた。沿線にレジャー施設を

第1部 スポーツをみる

写真2-1 高校野球発祥の地記念公園

作ることで、一大観光地を形成しようとしていたのである。津金澤聰廣は、現在の阪急が日本の沿線開発の草分け的存在であることに着目し、こうした動きを「宝塚戦略」と名づけて詳細に論じている（津金澤 2018）。その阪急電鉄が音楽とスポーツにほぼ同時に手をつけていたことは、両者がその近代化過程において何らかの共通性を持っていたことを示唆している。

実際、これまでに野球と宝塚歌劇を結びつけた論考もわずかながら存在する。たとえば鹿島茂は、のちに阪急が創立したプロ野球チーム、阪急ブレーブスと宝塚歌劇について、箕面電軌および阪急電鉄創業者の小林一三が「生涯をかけて育てあげた二つの『作品』であった」と述べている（鹿島 2017）。また、『鉄道ジャーナル』誌上には、「小林一三と野球・宝塚」と銘打った記事が掲載されたこともある（佐藤 2009）。

たしかに、これらの記事や論考は小林一三が野球と歌劇という一見して異質なものを同時に扱っていたことは論じている。しかしその一方で、なぜ小林一三という人物がこれらを同時に育てようとしたか、言い換えれば、その裏にはどのような思想的連続性が見られるのか、といった点についてはほとんど論じていない。そこで、本稿では、野球と歌劇に対して彼が抱いていた理念の共通性を内在的

第2章　宝塚歌劇と職業野球

に明らかにしてみたい。大衆レジャーの草分け的存在である小林の
こうした側面に光をあてることは，日本のスポーツと音楽における
近代化過程の共通性をとらえるという意義を持つはずである。

　こうした要素をとらえるために本稿でキーワードとなるのは，日
本型プロフェッショナリズムという概念である。一般にプロフェッ
ショナルとは，特定の分野で高い技術を有する個人で，かつそれに
よって収入を得ている者を指す。これに「日本型」という言葉を付
したのは，そこに日本特有のエートス[2]が含まれていることを指
摘するためである。詳しくは本論に譲るが，スポーツ，音楽ともに
舶来物を良しとする風潮の中で，日本のプロフェッショナリズムは
その成立段階において純粋性や規律性といったエートスをアマチュ
アリズムから移植する必要にせまられていった。本稿は宝塚歌劇と
職業野球という小林一三の二つの事業を通じて，そうした過程に光
をあてる試みである。

　本章の構成は以下のとおりである。まず第2節では，阪急が職業
野球創設にいたるまでの歴史を描き出す中で，小林やその周囲の人
間が抱いていた理念を抽出してみたい。第3節では前節で見出した
理念が宝塚音楽学校および宝塚歌劇団に関する小林の言説にも共通
してみられることを示す。その上で，第4節では，それまでの論点
をまとめつつ，スポーツと音楽の近代化について若干の考察を加え
る。

2　日本プロ野球前史
——アマチュアリズムの模範としての職業野球

　1915（大正4）年，阪急電鉄が全国高等学校野球選手権大会を創
始したことは冒頭で述べた。その翌年，小林一三はすでにプロ野球
の創設に意欲を示し始めている。1916（大正5）年1月，豊中運動

25

第1部　スポーツをみる

場に早稲田大学野球部が冬季練習に訪れていた。小林はその指導者たちを招いて次のように述べている。

　　日本でも野球の人気が随分高まって来たようなので，職業野球を興してみてはとおもうのだが，どうだろう。（中略）まず，大学卒業者を採用して，2年間だけやらしてみる。もし駄目なら直ちに撤収する。若い青年なら出直しがきくだろう（株式会社阪急ブレーブス1987：3）。

　これに対し，当時早稲田大学野球部の指導者の1人であった河野安通志は「時期尚早」と答えたという。河野は現役時代，第一回早慶戦の先発投手を務めた人物であり，アメリカに2か月余りも遠征し，日本にワインドアップ・モーションを初めて伝えた，いわば野球界のオピニオン・リーダーであった。彼の目から見れば，当時の日本の野球はアメリカと比較して技術的にまだまだ未熟であると同時に，プロ野球を作る環境自体が整っていないように思えたのである。結局，小林のプロ野球創設の夢は一旦頓挫したことになるが，その後，河野は小林一三と折に触れて協力しながら日本のプロ野球の萌芽を生み，育てていくことになる。以下では，この河野と小林の動きを追いながら，日本のプロ野球成立前史を描き出してみたい。

　小林の申し出を断ってから4年後，1920（大正9）年になって，今度は河野自身が発起人の一人となり，日本初の職業野球団「日本運動協会」を結成する。小林の申し出を一度は断った河野がなぜこれほど早く球団を組織するにいたったのか。そこには，アマチュア野球に対する河野の強い思い入れがあった。

　当時，プロ野球を作る機運が高まらなかったのは，野球の人気がなかったからではない。むしろ大学野球の人気が高すぎてプロを作ることができなかったともいえる。そんな中で，かつて河野自身も

26

そうであったように，大学野球の選手たちは世間ですさまじい人気を集めていた（佐藤 2018）。しかし一方で，そうした学生野球のありかたを健全でないとする意見もあった。河野は，「名だたる選手のなかには，人気に溺れ，いっぱしのスターを気取る者も現れて，世の批判を受けてい（株式会社阪急ブレーブス 1987：9）」る状況を憂い，野球の健全な発展のために職業野球が必要だと考えるようになったのである。その意味で，職業野球はアマチュアリズムを見世物化の波から守る「防波堤」として生み出されたともいえる。

　ところが，河野の思いとは裏腹に，職業野球に対する世間の風当たりは強かった。日本運動協会の発足当初に一塁手を務めていた原山芳三郎の遺稿には次のような記述がある[3]。

　　当時，学生野球が全盛の我が国では，職業野球とは如何なるものかを野球関係者でも知る人は少なかった。又，理解なく『商売人』と蔑む言葉を用いて軽侮の念は一般社会に満ちていた位で，野球を商売にするなどとんでもないことと思われて居った（株式会社阪急ブレーブス 1987：13）。

　学生野球に人気が集中していたとはいえ，なぜプロがこれほど蔑まれねばならなかったのだろうか。これは当時の日本人がスポーツを「教育」の一部として認識していたことに起因している。明治以降の日本は西洋文化を帝国大学経由で輸入することが多かった。それはスポーツも例外ではなく，帝国大学経由で一般に知られるところとなったのである。いきおい，日本人はスポーツを高等教育と結びつけ，もっぱら「体育」として受容していった。当時の日本人にとってスポーツとはあくまで教育の一環であり，そこに学生らしい純粋さや美しさを求める価値観が強く内面化されていたのである（玉木 2003：72）。それゆえに，当時のスポーツ観からすれば，職業

第1部　スポーツをみる

野球は「教育」で金を儲けようとする「不埒な」行為にほかならなかった。こうした価値観の支配する当時にあっては，スポーツはアマチュアのもの，いや，アマチュアでしかありえないものであったといえよう。

　こうした世相からの反発を回避するため，河野は管理野球を徹底した。毎日8時から1，2時間，野球理論のほかに英語や簿記といった座学を河野自身が教え，「学歴はなくても大学生と対等に交際できる」ように教育に注力した。さらに，外出時には許可が必要で，服装も着物に袴，鳥打帽と決められていたという（株式会社阪急ブレーブス 1987：12）。河野は大学生文化であるアマチュアのあり方を徹底して模倣することで，職業野球の選手たちを本家の大学生よりも大学生らしく振舞わせたのだ。

　ここに見られるのは，学歴が身分化しやすい日本でしばしば起こってきた，過剰適応による転覆戦略である。かつて大学進学率が低く，大学生全体がエリートとして羨望の眼差しを向けられていた時代，非大卒の勤労者たちは，こぞって哲学書を読み，クラシック音楽を聴いた。それは，過剰に「大学生的」であることで現実の大学生への劣等感を解消しようとする学歴コンプレックスの発露でもあった。彼らは非大卒である「にもかかわらず」ではなく，非大卒である「からこそ」，大学生的な文化（＝教養）に接近しようとしたのである（福間 2017）。

　職業野球における河野の取り組みはこうした一般勤労者の戦略と同型である。ただし，そこには一点，大きな違いがあった。一般の非大卒者の場合，たとえそれが「背伸び」であったにしても，自ら望んで大学生文化を享受し，内面的な満足感や慰めを得ていた。それに対して，職業野球の選手たちは大学生的な規範を自ら選び取ったわけではない。くわえて，指導者の河野自身は大卒者だったから，現実の大学生がそれほど「大学生的」でないことを知っていたはず

第 2 章　宝塚歌劇と職業野球

である。そう考えれば，職業野球へのアマチュアリズム規範の輸入
は大衆世論を味方につけるためになされた一種の宣伝戦略としての
側面もあったといえよう。逆説的な表現だが，当時の職業野球の選
手たちは「食っていく」ためにこそアマチュア化し，職業としての
アマチュアリズムを生きる以外に道がなかったのである。

　かくして，日本のプロ野球はその始まりの段階から規律性や純粋
性といった規範をアマチュアリズムから取り入れることになった。
競技によって事情はさまざまだが，プロのスポーツ選手に真面目さ
やひたむきさを求め，そこにドラマを読み取ろうとする価値観は，
こうした力学の中で生まれてきたと考えられる。

　話を日本運動協会に戻そう。協会は全国から選手を募集し，1922
（大正 11）年にはいよいよ本格的な活動に乗り出した。彼らは大陸
にも遠征し，各地の野球チームと転戦している。ところが，活動が
軌道に乗り始めたその矢先，1923（大正 12）年に関東大震災が起こ
ったことで状況は一変した。本拠地である芝浦球場（現在の東京都
港区）は東京市社会局に徴発されてしまい，それに伴ってスタンド
は壊され，グラウンドには砂利が敷き詰められた。本拠地を失った
上に，もともと運営も赤字続きであったため，1924 年には解散を
余儀なくされてしまう。活動開始からの 2 年間で戦績は 67 勝 27 敗
9 分けという好成績ではあったが，日本初の職業野球チームは球界
で軽視され，早稲田大以外の大学チームとは対戦すらさせてもらえ
ず，寂しく姿を消そうとしていた。

　これに手を差し伸べたのが，阪急の小林一三だった。小林は河野
に，チーム全員を引き連れて宝塚に来ないか，と呼び掛けたのだ。
その際，河野は小林に次のように述べている。

　　ただ野球をやればいいというものではない。当初に掲げた理想，つ
　　まり，野球の技術だけでなく，野球を通して人格，学識，フェアプ

29

第 1 部　スポーツをみる

レーの精神を選手たちに植えつけ，日本の野球を正常な形で発展さ
せたい（株式会社阪急ブレーブス 1987：17）。

　ここでも河野が野球の「正常な形」にこだわっていることが見て
取れる。あくまで野球の精神性を追求しようとする河野の理想はこ
の時点においても潰えていなかったのである。小林もこうした河野
の意向に全面的に賛同し，ここに宝塚運動協会発足する。1924（大
正 13）年 2 月のことであった。

　宝塚運動協会は 1922（大正 11）年に阪急が建造した宝塚大運動
場を拠点に，日本国内や大陸を転戦した。宝塚運動協会になってか
らは，早稲田以外の名門大学野球チームとも何度か試合をおこなっ
ている。あるいは小林一三自身が慶應義塾出身であったこともこれ
に一役買っていたのかもしれない。コンスタントに活動を続ける中
で，1928（昭和 3）年には大毎野球団，関西ダイヤモンド倶楽部，
スター倶楽部とともに関西四球団連盟を結成しリーグ戦も始まった。
しかし，大学野球の人気の前にその活躍は霞んでしまい，ほとんど
話題にはならなかったという。

　活動自体は順調に推移していたものの，宝塚に移って 5 年後，ま
たも外的な要因がチームを崩壊に追い込んでしまう。1929（昭和
4）年の世界恐慌である。同年，不況のあおりで，ライバルだった
大毎野球団が解散を宣言。折からの不況に加え，最大の好カードを
失った宝塚運動協会に，もはやなすすべはなく，その 1 か月後に解
散が決定した。

　日本運動協会から宝塚運動協会の時代までの 9 年間を記録したア
ルバムに，河野は次のように書き残している。

　　協会が野球団体であると同時に精神団体であったことは，よし世間
　　の人が認めてくれなくとも，自分は満足です。単なる野球団体なら

第 2 章　宝塚歌劇と職業野球

ば，解散と同時に消滅して何物ものこらないであらうが，私共の団
体は野球の団体としては消滅しても，精神の団体としては自然残在
します。（中略）精神なき野球団体として残在せんよりは，野球とし
ての団体は消滅するも，精神に生きる事こそ，人間としての道であ
りませう（株式会社阪急ブレーブス 1987：27）。

　河野と小林が育てた日本初の職業野球チームはプロでありながら
どこまでも「体育」的な精神性にこだわっていたことがわかる。そ
れでも，大学野球に比べれば，やはり大衆的な人気を得ていたとは
言い難い。このことは当時，金銭的報酬を得ることと精神的な純粋
性を保つことがトレードオフであるという認識がいかに根強かった
かを示している。金銭が発生した瞬間に，それは「純粋なスポー
ツ」ではなく，見世物になってしまうという固定観念が人々を支配
していたのである。
　しかしこの 6 年後，1935（昭和 10）年に小林の職業野球への情熱
は大阪阪急野球協会（現在のオリックス・バファローズ）の誕生とし
て結実する。その直接の引き金になったのは，1932（昭和 7）年に
文部省が発した「野球統制令」である。野球人気の過剰な高まりを
受けて，学校に所属する野球チームの対外試合を一定程度規制しよ
うとする訓令だった。後にして思えば，日本運動協会を組織した時，
河野が予見していたともいえる事態である。
　大学野球が自由に試合をおこなえなくなったことで，俄然，職業
野球の必要性は高まった。こうした状況に目をつけ，1934（昭和
9）年，当時の読売新聞社主，正力松太郎は大日本東京野球倶楽部
（現在の読売ジャイアンツ）を結成。リーグ戦を開催するため，各方
面にチーム結成を呼び掛けた。これを受けて各地の鉄道会社やマス
メディアが球団創設に動き出したのである。
　1935（昭和 10）年 10 月，大阪阪急野球協会の結成はたった 1 通

第1部　スポーツをみる

の電報で決定したとされている。当時ワシントンに滞在中であった
小林の日記には電報の内容も含めた次のような記述が残っている。

> 本社からの電報によれば，『阪神が職業野球団を編成することにき
> まったが，阪急もそれを実行するならば，出来る丈，大毎は御尽力
> するから』といふ御注意であった。阪急がかねて計画して土地も買
> 収契約済みの西宮北口にグラウンドを作り，職業野球団を設けると
> いふ方針が漏れたのではあるまいか。それが為に阪神が急に着手し
> たものとすれば，阪急としても今更内密にしても仕方がないと思ふ
> から，上田君に電報した。『大毎に相談して北口運動場併に職業野
> 球団設置，至急取計願い度し，返事待つ』（株式会社阪急ブレーブス
> 1987：36‒7）

　小林が球団創設を決断したのは，阪神へのライバル意識も手伝っ
てのことではあったが，その場の勢いで決めたわけではない。彼は
球団創設と同じ年の1月に職業野球の創設を提案する記事を一般誌
に寄稿しているからだ。「職業野球團の創設」と題したその記事で
は，電鉄球団論とでも言うべき構想が述べられており，ライバルで
あった阪神にも球団の創設を呼び掛ける内容になっている。鉄道会
社が親会社になれば乗客収入が見込めるため，ビジネスとして成立
すると主張しているのだ。

　記事中ではこうした商業的な要素とともに，実力を確保するため
に学校出を採用すべきだという自身の考えも述べられている。

> 選手は學校出を集めるのがよいと思ふ，能く世間では學生以外から
> 一般募集して養成すれば立派な選手が出來ると主張する人もあるけ
> れど，現在のところでは私はそうは思はない（小林1935：140‒141）。

プロに値する実力を持った人間を集めるための現実的な方法にまで

言及しているのだ。

さらに，宝塚運動協会時代の精神もここには受け継がれていた。

> 各電鐵會社が，社員待遇で，而かも専門的の教習と競技とを實行す
> るものとせば，存外，藝人染みずして佳い強い團體が出來上るもの
> と信じてゐる（小林 1935：141）。

芸人染みた球団ではなく，真面目でかつ実力のともなった団体を作
り，それを事業として成立させる。そんな小林の意志が感じられる
投稿である。これを見る限り，日本運動協会を宝塚に引き取った際，
河野に同調したのは決して上辺だけのことではなかったと考えられ
る。実業の世界に生きる小林もまた，商業性と同時に精神性を求め
ていたのである。

こうして 1936（昭和 11）年，現在まで続く日本のプロ野球リー
グは幕を開けた。本節で論じてきた日本プロ野球前史から読み取る
ことができるのは，黎明期の日本のプロ・スポーツが直面してきた
アポリア[4]である。金をもらわねば食べていけない。しかし金を
もらうと大衆に嫌われ，やはり食べていけない……。そうした中で
生まれてきたのが，日本型プロフェッショナリズムともいえるプロ
・スポーツのあり方だった。

当時の大学というエリート養成機関と癒着したアマチュアリズム
の持つ，純粋性や規律性といったイメージを内面化したプロフェッ
ショナル。それは大学を通じて西洋文化を輸入し，それに憧れ続け
た日本人が生み出したキメラ[5]であったともいえる。

河野と並んで日本のプロ野球設立のキーマンとなった小林一三は，
このキメラ的なものを西洋文化の大衆化のために最もうまく利用し
た人物でもある。次節では，宝塚歌劇に関する彼の言説を追いなが
ら，この日本型プロフェッショナリズムが音楽文化とも通底するも

第1部 スポーツをみる

のであったことを跡付けてみたい。なお，宝塚自体の歴史について
は本章冒頭に挙げた津金澤聰廣の研究を始めとして詳細な研究がす
でに多くあるため，本稿ではとくにスポーツの背後にあった理念と
の共通性を指摘することに特化して記述していくことにする。

3　宝塚歌劇に見る小林一三の思想

　現在でも多くの女性ファンを集める宝塚歌劇団は，1914（大正
3）年に初演をおこなっている[6]。歌劇団の当初の目的は宝塚温泉
にやってくる客に余興を提供することだったが，それと同時に，発
足当初から小林はそこに社会教育的意義を見出していた。1919（大
正8）年に宝塚音楽学校を設立して間もなく，小林は宝塚歌劇団の
機関紙『歌劇』で次のように述べている。

> 先づ第一に何人も異議のよい点は最も進歩した此西洋樂器を採用し
> て日本の音樂を創らなくてはならぬと言ふことであらうと思ひます，
> 既に國民の義務教育に於ては西洋樂器を採用しつゝ兒童を教育して
> ゐるのであります，陸海軍の軍樂隊や其他國際的公式の音樂として
> は西洋樂器より外に用ゐない，即ち西洋音樂は今や日本の公式の音
> 樂たるべき形式を踏みつゝあるので是れから先は如何にして國民の
> 音樂とすることが出來るかという問題より外にはないのであります
> （小林 1921：2）。

　唱歌による音楽教育に代表されるように，当時の日本は西洋音楽
の教育が導入され始めた時期であり，それはネイション・ビルディ
ングと密接に関連していた（奥中 2008）。そうした動きを前提に，
小林は西洋音楽の大衆化を志向していたのである。しかし，当時の
大衆演劇においては，いまだ西洋音楽がほとんど導入されていなか

34

った。演劇を見に行く年長世代はまだ西洋音楽の教育をほとんど受けていなかったからである。このことを指摘しつつ，小林は同じ論考で次のように言う。

> 西洋音樂を國民の音樂となすべき國家の方針，國民の教育，其理解のもとに進み行くべき筈の，國民の演劇に於ては今尚依然として日本音樂萬能の藝術を金科玉条として固守しつゝあるのであります（中略）西洋音樂が日本の芝居に採用せられざる間は，西洋音樂なるものは到底日本國民の音樂となることは覺束ないと思ひます，ですから，どうしても，西洋音樂をして日本の國民音樂としやうとするならば日本の芝居に侵入し之を征服しなければ駄目だと思ひます（小林 1921：3）。

小林は西洋音楽の普及のためにこそ，演劇が必要だと考えていたのである。実際，初期の宝塚歌劇団の名称の変化はこのことをよく表している。1913（大正 2）年に設立された当初，歌劇団の正式名称は「宝塚唱歌隊」だった。それが同年の 12 月には「宝塚少女歌劇養成会」へと変更され，初演にいたっている。宝塚歌劇は「歌」の普及という目的が先にあり，そのために「劇」が付け加えられたというわけだ。

　宝塚歌劇に小林が見出したこうした社会教育的意義は，音楽をエリートの専有物から解放するという理想を伴っていた。先に挙げた論考では，西洋音楽を大衆化するためには，西洋の楽器を用いて日本の伝統的な音楽を演奏することを「堕落」とみなすべきではないと主張している。

　実はこうした発想は職業野球創設の背後にあった思想と通底している。なぜなら，当時のアマチュアリズム自体が実態的な階級差別を伴っていたからだ。たとえば，1920（大正 9）年におこなわれた

第1部　スポーツをみる

アントワープ・オリンピックの予選大会では，上位5人が人力車夫や牛乳配達などの肉体労働者だったが，「脚力もしくは体力を職業とせる者は無資格とす」というアマチュア条項のために，失格になったという。玉木正之はこうした例を挙げながら，アマチュアリズムとは，単にスポーツで金銭を儲けてはならないというだけの理念ではなく，スポーツから肉体労働者を排除するためのエリート主義的な差別思想としても機能していたことを看破している（玉木2003：76）。実際，前出の日本運動協会が主要な新聞に広告を出し，選手を募集した際，一般の大学卒はほとんど集まらなかった。結成当時の選手たちの肩書を見ると，専門学校出身者や中学（現在の高校）中退，あるいは社会人といった層に限られている。現在，「プロ野球選手」と言えば選ばれた人間がつく職業というイメージがあるが，当時の文脈からすれば，職業野球の創設にはスポーツをする権利を大衆にひらくという意義があったのである。

　小林が阪急沿線に複数の運動場を建設したことも同じ文脈で理解することができる。彼が作った豊中運動場や宝塚大運動場は市民スポーツに広く開かれており，沿線に住む人々の運動施設として愛好されていたからだ。大衆社会の到来をいち早く予見していた小林は，西洋音楽についてもスポーツについても，ともにエリートからの解放，すなわち大衆化を志向していたのである。

　もちろん，こうした大衆化への志向は商業性と一体のものだった。しかし，小林が単なる商売人の域を出て，文化の開拓者となりえたのは，さらにその先の発想においてである。再び『歌劇』の記事に目を移そう。1924（大正13）年に小林は演劇と商業性の関係について次のような記事を書いている。

　　所謂文士側なり劇評家からは，絶えず営利本位であるが故に劇界は堕落して困ると攻撃してゐる，これは，日本の芝居なるものは，只

だ営利を目的とするが故に悪いのであつて，若しこれを事業本位即ち，ビジネスとして取扱ふやうになればそこに初めて，進歩あり改良あり，藝術的に向上すべき性質のものであると思ふ，資本の運用に伴ふ当然の効果を期待する事業観から言ふと，日本の芝居はまだ事業として取扱はれて居らないから非藝術的に堕し易いと言ふことが出来るのである（小林 1924a：2）。

金銭が絡むことが堕落につながるという「文士」や「劇評家」たちの発想は職業野球に対する大衆のまなざしと見事に重なる。これに対して小林は一度限りの「営利」ではなく，継続的な「事業」として捉えていないからこそ，こうした「堕落」が起こると述べる。むしろ徹底した商業性の追求が不足していると指摘しているのだ。

　さらに，同じ記事中で，小林は自身の事業観について，次のようにも述べている。

　　凡て事業といふものゝ目的及其原則は，単に営利では駄目である，自他共に利益することによつて繁昌する，即ち供給の方面にも，共に利益があるので進歩し改良さるゝのである（小林 1924a：4）。

つまり，小林は文化の発展と商業性の関係をトレードオフではなく，むしろ相乗効果をもたらすものとして捉えていた。職業野球と宝塚歌劇の背後には，こうした共通の信念が存在していたのである。

　小林の事業観は，職業野球に関して河野が小林に提示した規範的な精神性とも無縁ではない。継続した事業をおこなっていく上での企業イメージの重要性について小林は強く認識していたからだ。実は野球と企業イメージとの関連で，小林が痛恨の思いを吐露している記事が『歌劇』誌上に掲載されている。それは次のようなものだ。

第 1 部　スポーツをみる

　　先日實塚グラウンドで大阪市の中學校野球試合をやるといふ話が在
　　つた時に，この野球試合は毎年豊中運動場でやつて來たのであるか
　　ら，豊中グラウンドを實塚へ移轉したので今年は實塚でやるといふ
　　話があつた時に，天王寺中學校長某氏が實塚には少女歌劇があるか
　　らいけないと云ふ理由を以て反對されて鳴尾へ持つてゆかれた，こ
　　れは實に他山の石として，私共の省みなければならぬ所であらうと
　　思ひます，天王寺中學校某氏が本校の内容を理解せず，歌劇の實情
　　を審かにせず，只だ實塚には歌劇があるからいけないと言ふことで
　　反對せられたからと言つてそれをとがめてはイケない，それをうら
　　んではいけない，寧ろ，理解のない人々が多いから，尚以て非難さ
　　れたり，冷笑さるゝことのないやうに，益々本校の眞價を現はさな
　　くてはいけない（小林 1922b：4‒5）。

　この記事より数年前，1917（大正 6 ）年には本章冒頭で述べた高
校野球大会もやはり阪神電鉄沿線の鳴尾球場に開催場所を奪われて
いた。それだけに悔しさがにじみ出た記事ではあるが，同時に女性
ばかりの歌劇を率いていることに対する世間の偏見を自覚している
こともうかがい知れる。
　宝塚歌劇を世論に受け入れさせることは，ある面で野球以上に難
しかった。西洋式の音楽や演劇が比較的高い階層に楽しまれていた
という点は，スポーツが大学生文化であったのと同じ構造である。
しかし宝塚歌劇の場合は，これに加えて当時のジェンダー観とも対
峙せねばならなかったからだ。小林は『歌劇』誌上でこの点に何度
となく触れている。

　　少女歌劇のみに對して壓く迄も形式を離れては藝術たり得ないと斷
　　定するのは，餘りに西洋の歌劇の内容に執着するからではないでせ
　　うか，日本の歌舞伎劇には女優はありません，劇の要素に於て婦人
　　に扮する女優の自然なるべきは，何人にも異議はありますまゐ，然

38

し歌舞伎劇には女優があがつたのである，そうして立派に感激し同
化し，融和し得て，其不自然を怪まずに謳歌しつゝあるのである
（小林 1922a：3）。

ここには西洋演劇と伝統的な歌舞伎という 2 つの論点が混在してい
る。これは宝塚歌劇が西洋式の演劇にこだわるエリート層と歌舞伎
などの伝統的な演劇を好む保守的な層から挟撃されていたことを示
している。西洋演劇の観点からは女性のみによって演じられること
の不自然さを突かれ，伝統的な観点からはそもそも少女が金銭をも
らって舞台に上がっていること自体を論難される。こうした状況だ
からこそ，小林は宝塚音楽学校に強い規律を求めた。宝塚音楽学校
の倍率が 8 倍以上にまで高まり，一定の評価をえていた時期でさえ，
小林は次のように戒めている。

我々は今日この順調なる境遇に安閑としては居られない，我々が普
通の女學校よりも一層規則正しく，毎日六時間の正課を授け，女と
しての教養と人格との向上を計つてゐることを誇りとして安心して
ゐてはいけない（小林 1924b：3）。

これに続く部分では，宝塚大劇場の竣工によって羨望の的になる
ことで，さまざまな陰謀が立ち現れてくる可能性があると論を進め
ている。小林は世論の逆風があるからこそ，強い規律が必要だと考
えていたのである。
先に述べたように，宝塚への偏見は職業野球以上に強いものだっ
ただろう。しかし，小林は世間からのまなざしが批判的であればあ
るほど，規律を強くすることによって事業としてこれらを成立させ
ていった。継続的な事業であるがゆえに大衆性を必要とし，企業イ
メージが重要になってくる。職業野球と宝塚歌劇は小林のこうした

第1部　スポーツをみる

事業観を共通のバックボーンにしていたといえるだろう。宝塚運動協会設立時，小林が河野の方針をすんなりと受け容れることができたのも，何よりも小林が徹底した「商売人」だったからなのだ。

　以上のように，小林一三の思い描くプロフェッショナルの形は，スポーツと音楽というジャンルの垣根をこえて，一定程度通底していたと考えられるのである。最後にそうした共通点をまとめつつ，若干の考察を加えておきたい。

4　日本型プロフェッショナリズムの光と影

　ここまで，職業野球と宝塚歌劇という小林一三が手掛けた2つの事業を対応させながら論じてきた。そこから見えてきたのは，日本型プロフェッショナリズムとでも言いうる共通のあり方だった。その要素を集約すれば，以下の3点にまとめることができる。まず第一にプロである以上，継続的な事業として成立すること。第二に内容において優れていること。そして第三に，選手や演者に対して純粋性や高い規律性が求められることである。

　小林一三にとってこれらは別個のものではなく，おそらく三位一体のものだったと考えられる。事業として成立するには，大衆性を獲得せねばならない。そのために，内容を充実させることと，規律性の高さを内外に知らしめることは，当時において不可欠だった。現在，これらを一体のものとして捉える視点はそう目新しいものではない。しかし，明治，大正から昭和初期にかけて，内容の良さや純粋性，規律性は大衆性とトレードオフの関係にあると考えられていた。小林の功績はそんな当時の常識を打ち破り，大衆性を扇のかなめとしてそれらを結び付けたことにある。

　小林のおこなったこれらの事業は現代につながるプロフェッショナリズムの基礎を生み出したという点で画期的なものであった。し

かし，強い光には必ず影がともなう。小林の生みだした日本型プロフェッショナリズムには，現代人も自覚していない暗部があった。それは第三の要素である純粋性や規律性と深く関わっている。

本文で述べたように，職業野球や宝塚に強い規律性が求められたのは，階級やジェンダーによる差別や偏見を払拭するためだった。その意味で，現代においてもプロに求められ続けている規律性は，元をただせば事業者と大衆の間に成立した妥協の産物であった。事業を継続していくためには大衆世論を味方につけねばならない。そしてその大衆はスポーツや音楽に純粋性や規律性を求めていた。事業者と大衆が共犯関係となって，スポーツや音楽をおこなう当事者たちに過度の純粋性や規律性を押し付けた結果生まれたのが，現代において半ば無意識に前提とされている「日本型プロフェッショナリズム」なのである。そう考えれば，「宝塚は体育会系だから」といった言葉も違った色彩を帯びて見えてくる。職業について「〇〇は体育会系だから」と言う場合，それは，その職業がかつて軽んじられていた痕跡かもしれないのだ。

日本のプロ・スポーツ選手や音楽家の礼儀正しさが海外で称賛されるとき，我々日本人はナショナリズムのかすかな高揚を覚え，誇らしく感じる。しかしその背後には，西洋文化を輸入する過程で，当時のプロフェッショナルたちに西洋近代的な価値観を原理主義的に押しつけた歴史が横たわっていることを忘れてはならない。日本人にとって，スポーツと音楽の近代化とは，西洋文化への過剰適応にほかならなかった。だとすれば，清く正しく，美しい選手や演者たちの姿にナショナル・アイデンティティを投影することはまことに皮肉な結末であると言うしかない。

【注】
1）当時の正式名称は「全国中等学校優勝野球大会」。

第 1 部　スポーツをみる

2）行動の指針となるような内面の傾向。

3）なお，この遺稿は未発表であるため，『阪急ブレーブス五十年史』から
　の孫引きとなっている。

4）解決しがたい難問。

5）異なる要素が交じり合わずに混在していること。

6）ただし，あとで述べるように設立当初の正式名称は宝塚唱歌隊，初演を
　おこなった際の名称は宝塚少女歌劇養成会である。

【参考文献】

福間良明，2017，『「働く青年」と教養の戦後史──「人生雑誌」と読者のゆ
　　くえ』，筑摩書房。

株式会社阪急ブレーブス，1987，『阪急ブレーブス五十年史』，阪急電鉄株式
　　会社。

鹿島茂，2017，「宝塚をつくった男　小林一三：人口学的発想の経営術（第24
　　回）阪急ブレーブスとプロ野球に賭けた夢」『中央公論』131(9)，pp.
　　202-209。

小林一三，1921，「西洋音樂の普及と墮落との區別」『歌劇』(12)，pp. 2-5。

小林一三，1922a，「少女歌劇の意義」『歌劇』(22)，pp. 2-4。

小林一三，1922b，「生徒と其父兄へ」『歌劇』(31)，pp. 2-6。

小林一三，1924a，「事業としての劇」『歌劇』(47)，pp. 2-7。

小林一三，1924b，「生徒の品性に就て」『歌劇』(49)，pp. 2-6。

小林一三，1935，「職業野球の創設」『改造』17(1)，pp. 140-141。

奥中康人，2008，『国家と音楽──伊澤修二がめざした日本近代』，春秋社。

佐藤彰宣，2018，『スポーツ雑誌のメディア史──ベースボール・マガジン
　　社と大衆教養主義』，勉誠出版。

佐藤信之，2009，「鉄道経営者列伝：小林一三　補遺小林一三と野球・宝塚」
　　『鉄道ジャーナル』43(10)，pp. 155-157。

玉木正之，2003，『スポーツ解体新書』，日本放送出版協会。

津金澤聰廣，2018，『宝塚戦略──小林一三の生活文化論』，吉川弘文館。

第3章 オリンピック〈芸術競技〉〈芸術展示〉〈文化プログラム〉
東京大会とミュンヘン大会の〈芸術展示〉

今泉隆裕

1 はじめに

モーターボート，綱登り，樽抜け障害レース，綱引きと聞いて，これらをオリンピック競技種目と連想する人もなかなかいないだろう。だが，これらはれっきとしたオリンピックの競技種目であった。モーターボートは第4回ロンドン，綱登りは第5回ストックホルム，樽抜けを伴う2500m障害走は第3回セントルイス，綱引きは第2回パリから第7回アントワープまで，各大会でそれぞれ正式種目として採用され，そののちオリンピックから姿を消した。

さらにいえば，第4回ロンドン大会における，綱引き競技イギリス対アメリカ戦で，イギリス・チームの軍靴使用をめぐり両チームが対立，さらに両国選手団は当該種目以外でも対立を深め，報道も過熱したことから国際問題にまで発展した。これを見かねたペンシルバニア大司教エセルバート・タルボット（Ethelbert Talbot, 1848-1928）は「オリンピック競技会で重要なことは勝つことではなく，参加することである」と両チームを諭し，それを聞いた近代オリンピックの父ピエール・ド・クーベルタン（Pierre de Coubertin, 1863-1963）がレセプションの演説でこの言葉を引いた。「参加することに意義がある」。このスローガンは綱引き種目を契機に誕生したのである。

こうした消えた種目の一つに〈芸術競技〉があった。

第1部　スポーツをみる

藤田隆治の「アイス・ホッケー」（提供：　鈴木朱雀の「古典的競馬」（提供：
フォート・キシモト）　　　　　　　　フォート・キシモト）

写真3-1　〈芸術競技〉に出品された作品

〈芸術競技〉に日本が初参加した第10回ロサンゼルス大会では〔版画部門〕で長永治良の「虫相撲」が佳作入賞した。第11回ベルリン大会では〔絵画・グラフィック部門〕で【絵画】藤田隆治の「アイス・ホッケー」（写真3-1左）と，〔同部門〕【水彩・素描】鈴木朱雀の「古典的競馬」（写真3-1右）が銅メダルを受賞した。（大日本体育芸術協会1936）。

1936年，第11回ベルリン大会は，アドルフ・ヒトラーが大会組織委員会総裁に就任し，世界にナチスの威力を示すために利用された。ベルリン大会の日本人メダリストでよく知られるのは「前畑がんばれ！」の水泳女子200ｍ平泳ぎ前畑秀子だろう。前畑の金メダルは日本人女性初の快挙であった。他方，写真3-1をみて，この2作品が同じ大会でおこなわれた正式競技で銅メダルに輝いたことを知る人は少ないのではないだろうか。

かつてオリンピックでは運動競技同様〈芸術競技〉が実施され，順位が競われた。当然メダルも授与されている。じつはクーベルタンの理念からすれば，〈芸術競技〉は運動競技と同等に扱われなければならないものだった。しかし，後述する種々の事情により〈芸術競技〉は〈芸術展示〉に変更され，そして現在では〈文化プログラム〉に変わり，〈芸術競技〉は最終的にオリンピックから姿を消

第3章　オリンピック〈芸術競技〉〈芸術展示〉〈文化プログラム〉

してしまう。

　今日オリンピックといえば「スポーツの祭典」のイメージが一般的である。しかし，オリンピックが何のためにあるのかを探っていくと，かつての〈芸術競技〉は本来欠くことができない種目としてプログラムに組み込まれており，それが単なる消えた種目以上の意味を持つとわかる。

　そこで本章ではあまり知られていないオリンピックの〈芸術競技〉，さらに〈芸術展示〉と〈文化プログラム〉を紹介し，オリンピズムと競技内容の関係，およびその起源についてみてみることにしよう。

　また後半は，〈芸術競技〉から変更された〈芸術展示〉の具体例として1964年東京大会での〈芸術展示〉を紹介し，その問題点について，同じ敗戦国ドイツで実施されたミュンヘン大会のそれと比較して検討を加えてみたい。

　そこで，まず〈芸術競技〉〈芸術展示〉〈文化プログラム〉が，なぜオリンピックの正式プログラムとして採用されているのかを考えるため，元来オリンピックが何を目指しているのかを確認しておこう。

2　オリンピック〈芸術競技〉〈芸術展示〉〈文化プログラム〉

2.1. オリンピック誕生とオリンピズム

　1892年，クーベルタンはフランス・スポーツ競技連盟創立5周年記念式典で「ルネッサンス・オリンピック」と題する講演をおこなった。そのなかでオリンピック復興の構想をはじめて公にし，その場で復興の支持と協力を要請した。が，この時点で賛同を得ることはできなかった。

　クーベルタンは，ヨーロッパ各地を支持を集めるため奔走するこ

45

第1部　スポーツをみる

とになる。

　翌年，この活動の一環としてアメリカの万国博覧会に赴いたクーベルタンは，プリンストン大学教授のウイリアム・M・スローン（William M Sloane, 1850-1928）との知遇を得ている。この出会いによりオリンピック復興運動は大きく前進した。クーベルタンとスローン，そして国際競技者連盟秘書のチャールズ・ハーバート（Charles Herbert, 1846-1924）の実質3人で，オリンピック復興の具体的な計画が練られた。

　彼らの献身的な努力がみのり，1894年6月，パリ・ソルボンヌ大学大講堂で開催された国際アスレチック会議では，オリンピック復興が満場一致で可決されている。この会議には20か国，47団体，79名の公式使節が参加し，その場で国際オリンピック委員会（以下IOC）も設立された。

　この会議では次の5つのことが決められている。

　1．1896年に第1回大会をすること（これを第1オリンピアードとする）。
　2．古代の伝統にしたがい大会は4年ごと，大会は世界各国の大都市で持ち回り開催とすること。
　3．競技種目を近代種目とすること。
　4．第1回大会の一切をクーベルタンとディミトリオス・ビケラス（Demetrius Vikelas, 1835-1908）に一任すること（ビケラスはギリシアの富豪で初代IOC会長，クーベルタンは第2代会長となる）。
　5．国際オリンピック委員会の設立とその構成委員。

　そして2年後の1896年，第1回アテネ大会がギリシアで開催されたのであった。

　オリンピックの中心にある原則は7つ（表3-1）で，とくに冒頭に掲げられる1は今日まで根本原理とされる。

46

第 3 章　オリンピック〈芸術競技〉〈芸術展示〉〈文化プログラム〉

表 3 - 1　2017 年度版オリンピック憲章

1．オリンピズムは，肉体と意志と知性の資質を高揚させ，均衡のとれた全人のなかにこれを結合させることを目ざす人生哲学である。オリンピズムが求めるのは，文化や教育とスポーツを一体にし，努力のうちに見出されるよろこび，よい手本となる教育的価値，普遍的・基本的・倫理的諸原則の尊重などをもとにした生き方の創造である。

2．オリンピズムの目的は，人間の尊厳の保持に重きを置く平和な社会の推進を目指すために，人類の調和のとれた発展にスポーツを役立てることである。

3．オリンピック・ムーブメントはオリンピズムの価値に鼓舞された個人と団体による，協調の取れた組織的，普遍的，恒久的活動である。その活動を推し進めるのは最高機関の IOC である。活動は 5 大陸にまたがり，偉大なスポーツの祭典，オリンピック競技大会に世界中の選手を集めるとき頂点に達する。そのシンボルは 5 つの結び合う輪である。

4．スポーツをすることは人権の一つである。すべての個人はいかなる種類の差別を受けることなく，オリンピック精神に基づき，スポーツをする機会を与えられなければならない。オリンピック精神においては友情，連帯，フェアプレーの精神とともに相互理解が求められている。

5．スポーツ団体はオリンピック・ムーブメントにおいて，スポーツが社会の枠組みの中で営まれることを理解し，自律の権利と義務を持つ。自律には競技規則を自由に定め管理すること，自身の組織の構成とガバナンスについて決定すること，外部からのいかなる影響も受けずに，選挙を実施する権利，および良好なガバナンスの原則を確実に適用する責任が含まれる。

6．このオリンピック憲章の定める権利および自由は人種，肌の色，性別，性的指向，言語，宗教，政治的またはその他の意見，国あるいは社会的な出身，財産，出自やその他の身分などの理由による，いかなる種類の差別も受けることなく，確実に享受されなければならない。

7．オリンピック・ムーブメントの一員になるには，オリンピック憲章の遵守および IOC による承認が必要である。

オリンピズムは，肉体と意志と知性の資質を高揚させ，均衡のとれた全人のなかにこれを結合させることを目ざす人生哲学である。オリンピズムが求めるのは，文化や教育とスポーツを一体にし，努力のうちに見出されるよろこび，よい手本となる教育的価値，普遍的・基本的・倫理的諸原則の尊重などをもとにした生き方の創造である。

第1部　スポーツをみる

　この条文からオリンピズムはオリンピックを利用して，心身とも
に調和のとれた若者の育成をめざしていることがわかるだろう。そ
れが結果的に平和な国際社会の形成に寄与するというのである。

　このオリンピズムを広める運動がオリンピック・ムーブメントで，
オリンピックはあくまでオリンピズムに奉仕する大会であり，それ
以上でもそれ以下でもなかった。また，クーベルタンは，1935年
におこなった「近代オリンピズムの哲学的原理」と題する講演で，
オリンピズムの特徴を4つ掲げている。

　　1．オリンピズムはひとつの信仰で，競技者は肉体を鍛錬し，それ
　　　によって自分の祖国・民族の国旗を称揚しようとしていること。
　　2．オリンピズムが高貴さと精粋（精鋭）を意味していること。高
　　　貴さとははじめ無差別平等である個人が，そののち肉体的優位性
　　　やトレーニングの意志などにより尊いことへ向かうこと。さらに
　　　精粋とは拘束のない自由を求め，「より速く・より高く・より強
　　　く」を求める者であること。
　　3．騎士道精神として互いに助け合う友情から出発し，力に対して
　　　は力で抗する力を持つこと。
　　4．オリンピックに芸術と精神が参加して美を飾ることで，筋肉の
　　　力と精神の相互協力の必要があること（日本オリンピック委員会
　　　1994）。

　このオリンピズムを反映して，スポーツに関するさまざまな芸術
プログラムがオリンピックに組み込まれることになる。オリンピッ
ク憲章にある「肉体と意志と知性」を統合した「全人」こそ，クー
ベルタンが目指した理想の人間像であった。また，この講演で「オ
リンピックに芸術と精神が参加して美を飾ることで，筋肉の力と精
神の相互協力の必要がある」と述べていることからも，〈芸術競技〉
が単なる余興や付随イベントではなく，オリンピズムに根差した重

第3章　オリンピック〈芸術競技〉〈芸術展示〉〈文化プログラム〉

要なプログラムと理解できるだろう。したがって，芸術種目は重要な競技として位置づけられることになる。

2. 2. クーベルタンの理想と〈芸術競技〉

　クーベルタンは〈芸術競技〉の実施にあたって1906年5月23日にパリ，コメディ・フランセーズで「芸術，科学，スポーツのための協議会」を招集し，オリンピックに芸術種目を組み入れることを提案した[1]。この会議冒頭でクーベルタンは「偉大なる結婚」と題する講演をおこない，長い間断絶状態であったカップルに，肉体と精神をなぞらえ，このカップルを仲直りさせる必要を説いた。

> 芸術と文学がいかなる方法や形式下において，近代オリンピアードの祭典に参加することができ，スポーツの実践と結びついてその恩恵に浴するとともに，これを高貴なものにできるのか（クーベルタン 1962）。

　もともと，芸術と文学の結婚という発想は会議の2年前の1904年8月5日日刊紙『フィガロ』に掲載された「ローマのオリンピック」という記事ですでに表明されていた。「新しい段階に踏みだし，根本的な美の中でオリンピアードを復興するときが来た。オリンピアが輝いていた時代，……スポーツによって調和的に結ばれていた文学と芸術は，オリンピック競技会の崇高さを確かなものにしていた。未来もまた，同様でなければならない」（和田 2016）[2]。

　クーベルタンのこの提案は満場一致で可決された。クーベルタンらはコメディ・フランセーズの会議後，「直接近代スポーツの理念を反映したすべての建築，彫刻，絵画，文学のなかで5つの競技を新設して，オリンピック大会に加えなければならない」とIOCに提案し，1912年，第5回ストックホルム大会から〈芸術競技〉が

49

第1部　スポーツをみる

公式に加えられることになった。ストックホルムからスポーツを主題にした芸術作品のコンペが実施され，そこでメダルも授与されたのである。

　ストックホルム大会ではクーベルタン自身も〔文学〕部門に参加している。「ゲオルグ・ホーロットとマルチン・エッシュバッハ」なる偽の連名を用いて『スポーツ賛歌（スポーツに寄せる詩）』と題する詩をエントリーし，金メダルを獲得している。

　　　スポーツ，神々の喜び生命の精粋！
　　　近代という灰色の谷
　　　安らぎのない不毛の土
　　　そこに突然，お前が滅び去った時代の，人間がほほえむことのできた時代の輝く使者のように出現した
　　　そして，山頂に，かすかな朝の光がさし，太陽が森の薄暗い地面をまだらに照らす
　　　スポーツよ，お前は美だ！　美は均整と調和であり，その種がお前だ……（後略）（日本オリンピック委員会1994）

　もともと〈芸術競技〉の計画はクーベルタンの構想のなかにあった。しかし，第1回アテネ大会でこそ成功したものの，第2回パリ大会，第3回セントルイス大会は経済的事情がままならないこともあり，オリンピックは万国博覧会に付随する余興的な大会となっていた。第4回ロンドン大会からようやく独立した行事として運営されることになり，そのタイミングで〈芸術競技〉の提案と実施がなされたのである。

2.3.　クーベルタンのオリンピズムを準備した思想的背景／トマス・アーノルドとフレデリック・ル・プレ

　〈芸術競技〉はオリンピズムに根差す。とはいえ，そもそもクー

第3章　オリンピック〈芸術競技〉〈芸術展示〉〈文化プログラム〉

ベルタンが「肉体と意志と知性の資質の高揚」や「全人」を指向し，芸術に執着するのは，どのような背景を有するのか。クーベルタンがこうした発想を持つにいたった経緯について，少し遠回りになるが概観してみよう。

　そもそもクーベルタンは，1874年に入学したイエズス会系私立学校で教育を受け，なかでも古代ギリシア芸術のなかにヘレニズム的理想[3]があると説くカロン神父の影響を強く受けた（和田2016）。クーベルタンのみならず，ルネサンス以後のヨーロッパにおいて古代ギリシアが，人々の心を強くとらえたことは周知のとおりである[4]。

　さらにクーベルタンはイギリスに遊学した際，トマス・アーノルド（Thomas Arnold, 1795-1842）の教育に感銘を受けた。そのうえ同時期にフレデリック・ル・プレ（Pierre Guillaume Frederic Le Play, 1806-1882）にも師事している。古代ギリシアからの間接的な影響と，アーノルドとル・プレからの直接的な影響。これらがクーベルタンの思想的骨格を形づくっている。

　　　　夜が近づきつつある今，アーノルドとともに，私が感謝を捧げねばならぬ師はル・プレである。この二人の人物に対する恩義は筆舌に尽くし難い（クーベルタンの言葉，マカルーン1988）。

　アーノルドはイギリスの歴史家で名門パブリック・スクール，ラグビー校の校長をつとめ，それまでのパブリック・スクール教育を刷新した人物として知られる[5]。クーベルタンは1883年にイギリスへ遊学し，現地の教育制度とスポーツを視察した。

　当時のフランスは，1870年に開戦し翌71年に終戦した普仏戦争に敗れ，国民は意気消沈していた。こうした時代にあって，フランスでは次の時代を担う青少年の教育を如何にすべきかが問われてお

51

第 1 部　スポーツをみる

り，クーベルタンはその問いに活路を見出すべく，イギリスに渡航する。

　「ワーテルローの勝利はイートンやハーロー校のグランドでつくられた」。1815 年，ワーテルローの戦いでフランスに勝利したイギリスは，当時そう評された。イギリスのパブリック・スクールを視察したクーベルタンは，エリート層における独立自尊の精神がスポーツによって形成されているのを目の当たりにする。その教育原理こそ，アーノルドがつくったものであった。

　その方法は，徳育・体育・社会教育からなり，それらの軸となる原理として「自由とスポーツ」が掲げられていた。

　他方，ル・プレは万国博覧会を推進した経済学者である。ル・プレからもまたクーベルタンは影響を受けた。1883 年にはル・プレが深くかかわった社会平和同盟の一員にもなっている。

　ル・プレは万博を，具体的な事物の展示をとおして労働者を教育する場として把握し，そこから間接的に社会変革を目指した。ル・プレは様々な問題を政治的に解決する方法をとらなかった。この態度がクーベルタンに大きな影響を与える。政治的中立をうたうオリンピックの理念にはル・プレの思想が顕著に認められる。ゆえにクーベルタンはル・プレ同様，IOC を非イデオロギー的組織として確立した。

　　われわれの計画があなたがたに魅力的なのは，それがいかなる党派にもいかなる派閥にも属することがないからです。われわれの計画に参加したからといって，いかなる信条や忠誠心も犠牲にする必要はありません。なぜならそれは，われわれの国が何度となく試み，そのたびに実に多くの苦い幻滅を生じさせてきた，純粋に政治的な解決法というものを断固として拒否しているからです（クーベルタンの言葉，マカルーン 1988）。

52

第 3 章　オリンピック〈芸術競技〉〈芸術展示〉〈文化プログラム〉

　近代オリンピックは非イデオロギー的な「平和の祭典」とされたことで，古代オリンピックにみられる「聖なる休戦（エケケイリア）」を継承していると一般にみなされている。しかしその歴史的モデルを利用したのは事実だが，ル・プレの政治的中立や，平和主義がその下敷きになっていることは間違いない。第1回アテネ大会の直後にもクーベルタンは次のように述べている。

　　オリンピックはおそらく全世界の平和を確保する，間接的にではあるが有力な一要因となるだろう。戦争が起こるのは，国々が互いに相手を誤解するからである。今さまざまな民族同士を切り離している諸々の偏見を乗り越えてしまうまで，わたしたちは平和を手にすることはできないだろう（傍線筆者，和田 2015）。

　4年に1回開催されるオリンピックは，その競技会に世界中から若者を集め，競技をとおしてふれ合うことで，互いの誤解を解き，世界平和につなげることを意図していた。つまり，ル・プレにとっての万博と同様，間接的に世界を変革しようという企てがクーベルタンにとってのオリンピックなのである。クーベルタンはオリンピックの再興にあたり，万博をモデルとした。そのため万国旗，頌歌（ode: オード，ほめたたえる歌），旗の掲揚，メダル授与等は，じつは万博の影響を受けている。

2. 4.〈芸術競技〉と歴史的モデルとしての古代オリンピック

　パブリック・スクールにおけるスポーツ教育，そこで目にした身体と精神の調和，それらはクーベルタンにヘレニズム的理想像を想起させた。ゆえに古代オリンピックを歴史的モデルとし，具体的には「カロカガティア kalokagathia」と「ギムナジウム gymnasium」にその理想を求めることになる。

第1部　スポーツをみる

　カロカガティアは「善（アガトス agathos）」「美（カロス kalos）」の合成語で，アガトスは倫理的成長，カロスは身体美，カロカガティアは善と美をそなえた理想の人間像を意味した。ゆえに近代オリンピックの擁護者たちは，身体と精神の融合を理想として掲げる際，この概念を好んで用いた。また古代オリンピアにはこの理想的な美と善を求めて神に近づこうとする競技者と，これを讃えるさまざまな分野の芸術家が集まった。

　「ギムナジウム（体操練習場）」は古代ギリシアにおいて肉体を鍛え，技を磨く場所であると同時に，魂を成長させる場所でもあった。ギムナジウムは長方形の柱廊（ストア）がしつらえられ，青年たちはギムナジウムで政治，哲学，芸術などの教師を招いて講演を聞いた。プラトン[6]のアカデメイア，ペイシストラトス[7]のリュケイオンもギムナジウムのなかにあったのである。

　クーベルタンは「古代オリンピアは競技スポーツと芸術，祈りの都市だった。……オリンピアの聖なる性格と美的性格は筋肉的な勤めの結果であった」（和田 2016）と述べている。オリンピズムが「全人」を指向し，運動競技のみならず芸術競技を導入した背景には，こうした思想の影響が色濃くみとめられる[8]。

　とはいえ，われわれは古代オリンピックをスポーツの祭典とイメージしがちである。しかし実際はゼウス神を信奉し，供儀を繰り返す宗教儀礼にすぎない。当時のオリンピックにはゼウス神に牛を捧げるなど血なまぐさい側面もあり，そのなかで神々を讃える詩歌が詠まれ，神託に沿った演説もなされた。また，ローマ支配下のオリンピックでは芸術分野の競技種目が確認できる。記録に残る最初の優勝者は，紀元前444年に開催された第84回オリンピアードにおける，暴君で名高い皇帝ネロであった。オリンピック以外でも古代ギリシアでは競技として詩歌や音楽競技が存在した。そのことは，紀元前700年ごろに書かれたヘシオドスの『労働と日々』にも記さ

54

第 3 章　オリンピック〈芸術競技〉〈芸術展示〉〈文化プログラム〉

れている。同書によれば，アンフィダマスという貴族が亡くなった
とき，その息子たちは競技会を催した。それは父親を供養するため
の葬祭競技会で，ヘシオドスはわざわざエウボイア島カルキスまで
赴き，この競技に参加した。種目は詩歌である。このように葬祭競
技会では運動以外の種目も実施されていたのである（村川 1963，楠
見 2004）。

> かつて作家や芸術家たちがオリンピアに集まり，古代の各種スポー
> ツの周りを取り囲んでいたことは決して偶然ではなかった。これら
> の比類なき結びつきは威信となり，この威信を享受したがゆえに，
> 古代オリンピックの制度は長きにわたり続いたのだ（クーベルタン
> 1962）。

　クーベルタンは近代オリンピックに古代のそれを重ね合わせて，
〈芸術競技〉を導入した。クーベルタンにとって芸術的要素は切り
離せないもので，「（オリンピズムの）最後の要素は，芸術と思想の
競技会への美の要素です。そもそも精神を招待せずして人類の春の
祭典は開催できるのでしょうか」（和田 2016）とも述べている。

2. 5.　〈芸術競技〉の終焉／〈芸術競技〉から〈芸術展示〉へ

　しかし，オリンピズムの理想にとっては重要な〈芸術競技〉だっ
たが，実際の参加作品は少なかった。大会によっては作品レベルが
低く，必ずしも種目ごとに 3 つメダルが授与されたわけではなかっ
た。また競技導入の当初より，作品の客観評価が困難なことも指摘
されていた。事実，競技がはじまると大量に貴重な作品をいかに輸
送するのか，それとともに作品評価の基準が問題となった。しかも
運動競技に適用されるアマチュア規定が〈芸術競技〉に敷衍された
ことで，競技の継続は困難と判断され，1948 年第 14 回ロンドン大

55

第1部　スポーツをみる

会を最後に〈芸術競技〉は中止され，1949年のローマ会議で〈芸術競技〉の廃止が正式に決定されたのである。

　廃止は，当時のIOC会長ジークフリート・エドストレーム（Johan Sigfrid Edstrom, 1870-1964）と副会長アベリー・ブランデージ（Avery Brundage, 1887-1975）ら上層部の判断でなされた。さらに1952年にブランデージが会長になると〈芸術競技〉は実施困難となる。1952年ヘルシンキ大会では芸術に関する種目自体，実施されていない[9]。

　1953年7月，ブランデージはIOC委員に書状を回し，前記した〈芸術競技〉の問題点を指摘した。1954年，アテネで開催された第49回IOC委員会では，今後は〈芸術競技〉ではなく，〈芸術展示〉を実施することが決定された。〈芸術展示〉では開催国の芸術を中心とすること，さらに〈芸術展示〉は〈芸術競技〉のように責任がIOCにあるのではなく，大会組織委員会にあることが確認されている。こうして1956年，第16回メルボルン大会からメ・ダ・ル・が・授・与・さ・れ・る・種目から除外され，〈芸術展示〉に変更された（和田2016，吉田2016）。

　〈芸術展示〉では，順位を競うことなく，メダルの授与もない。変更されたオリンピック憲章第31条には「組織委員会は芸術のデモンストレーションまたはエキシビジョン（建築，文学，音楽，絵画，彫刻，スポーツ記念切手，写真）を組織し，その開催期間を決定しなければならない」とされ，「プログラムには演劇，バレエ，オペラまたは交響楽を含むことができる」との条項が加えられている。

　さらに1992年，第25回バルセロナ大会から〈芸術展示〉は〈文化プログラム〉に変更された。従来，オリンピック憲章では〈芸術展示〉はオリンピック村の開村から閉村までの期間に展示プログラムを組むよう規定していたが，バルセロナ大会以降の〈文化プログ

56

第3章　オリンピック〈芸術競技〉〈芸術展示〉〈文化プログラム〉

ラム〉では，直前のオリンピック大会終了後からの4年間にわたってプログラムを展開するのが一般化している。

　2004年，第28回アテネ大会の際には，2001年から4年間にわたり，〈文化プログラム〉として「カルチュラル・オリンピアード」が実施され，音楽，演劇，ダンス，パフォーマンス，オペラなどの舞台芸術から，映画，文学などの展示が実施された。2012年，ロンドン大会では2012年6月21日から9月9日まで開催期間を設けて，ロンドン以外の都市とそこにある既存施設を積極的に活用し，プログラムが実施されている。

　先行研究によれば（吉田2016），2015年度版のオリンピック憲章では「芸術（arts）」なる語そのものの使用が「スポーツとオリンピズムの分野において，文化と芸術の奨励を活動に含める」の一か所のみだというから，現在のオリンピックがクーベルタンの理想から大きく隔たっていることがわかるだろう。さらにいえば2012年ロンドン大会の〈文化プログラム〉では「都市の祭典」という側面も薄まり，オリンピックが大きく変質しているとわかる。

3　東京大会とミュンヘン大会の〈芸術展示〉
／その比較からみえるもの

3.1. 東京大会の〈芸術展示〉の概要

　ここから次に1964年東京大会で実施された〈芸術展示〉をみてみることにしたい。

　日本の〈芸術競技〉への参加はやや遅れた。国内に向け体育運動に関する美術の調査研究ならびに運動美術の普及と発達を図るために，大日本体育芸術協会が設立されたのは1931（昭和6）年7月16日のこと。翌年，第10回ロサンゼルス大会の〈芸術競技〉，および参考品展覧会に参加することを目指し，同年10月27日に大日

57

第 1 部　スポーツをみる

本体育芸術協会は大日本体育協会に加盟している。

　1932 年，第 10 回ロサンゼルス大会〈芸術競技〉で日本は 47 点を出品した。この大会の参加は 31 か国で，作品総数は 1220 点に及んでいる。日本は版画の長永治良「虫相撲」が等外佳作入賞，これが〈芸術競技〉への初参加となった。

　さらに，1936 年，第 11 回ベルリン大会には，絵画 63 点，彫刻 11 点，建築 5 点，そして新たに加えられていた音楽 5 点，合計 84 点を出品した。前記のように藤田隆治「アイスホッケー」と，鈴木朱雀「古典的競馬」が 3 位入賞で銅メダルを獲得し，等外佳作として〔彫刻部門〕【彫刻】で長谷川義起「横綱両構」と，〔音楽〕【管弦楽曲】で江文也「台湾の舞曲」が入賞している。

　1945 年，敗戦した日本は各国際競技連盟から除名された。IOC からも日本オリンピック委員会は除名されている。IOC への加盟復帰は 1951 年のことだった。ようやく大会に参加するのは 1952 年，第 15 回ヘルシンキ大会からとなる。ヘルシンキ大会では芸術関連競技，および展示は実施されていないことは既に述べた。そして第 16 回メルボルン大会，第 17 回ローマ大会を挟んで第 18 回東京大会となる。

　東京大会での〈芸術展示〉はかつての〈芸術競技〉とはまるで別物であった。それはクーベルタンのいう「筋肉と精神の〈偉大なる結婚〉」，あるいはオリンピズムとはほとんど関係ないまでに変貌している。そもそもブランデージ体制となった IOC が〈芸術展示〉の展示は開催国の芸術を中心とすることをうたったこともあるが，東京大会はオリンピックの〈芸術展示〉でありながら，国内的には国威発揚，対外的には国力喧伝の色合いが濃厚である。

　ただし国内的にはオリンピックを契機とし，それまで連携が図られていない諸団体・諸流派が協力するなど多くの収穫もあった。そこで，ここからその様子について記述し，その問題点について，同

第3章　オリンピック〈芸術競技〉〈芸術展示〉〈文化プログラム〉

じ敗戦国ドイツで開催された1972年，第20回ミュンヘン大会の〈芸術展示〉と比較して検討をしてみたい。

　1964年，第18回東京大会での〈芸術展示〉でも憲章にもとづくプログラムが組まれた。東京大会ではさまざまな展示構想が練られる。具体的な方針は，日本の組織委員会からIOC会長ブランデージに宛てた1961年6月19日付書簡のなかにすでに示されている。

　　（前略）……展示はスポーツに関係するものに限定しない。すなわち，古代近代を通じ次のとおり全分野にわたり，日本最高のものを展示する。／a 古美術／b 近代美術／（日本で最初の試みとして，全日本各流派の総合的展示会を開催する）c 伝統芸能―歌舞伎，文楽，能，雅楽等／d 民俗舞踊，茶道，華道／以上のとおりにつきよろしく御高配願います（傍線筆者，東京都1965，文部省1970ほか）。

　この方針がアテネにおける第58回IOC総会で承認されると，東京大会の〈芸術展示〉では「わが国最高の芸術を展示する」との方針に則るとともに「日本固有のもの」という主旨で，さらに計画が練られた。展示は「日本古来」「伝統芸術」を内外に示すことを使命とし，題材はスポーツに限定せず，広く芸術一般にわたり，日本最高のものを展示することとした。「したがって諸外国からの参加は招請しない」ことも早い段階で決定されている。

　今日の視点からすると「固有」「古来」「伝統」などの概念には批判があるところだが，ここでは言及しない。それはそれとして「わが国第一流の芸術を展示する」という構想を具体化するため，芸術展示特別委員会が設置され，最終的には1963年9月9日の特別委員会で「芸術展示に関する答申」がまとめられた。この答申では美術部門4種目，芸能部門6種目，合計10種目の実施を決定している。

第1部　スポーツをみる

表 3‐2　東京大会の〈芸術競技〉正式種目

展示内容	会　場	開催期間
日本古美術展（古美術展）	東京国立博物館	10 月 1 日～11 月 10 日
近代日本の名作展（近代美術展）	国立近代美術館	10 月 1 日～11 月 8 日
日本・カラー 1964（写真展）	銀座松屋 8 階催事場	10 月 9 日～21 日
スポーツ郵便切手展（スポーツ切手展）	通信総合博物館	10 月 1 日～21 日
十月大歌舞伎（歌舞伎）	歌舞伎座	10 月 1 日～27 日
文楽協会十月公演（文楽）	芸術座	10 月 3 日～12 日
雅楽：国家指定特別芸能鑑賞会（雅楽）	宮内庁楽部舞台	10 月 21 日・22 日
オリンピック能楽祭（能楽）	水道橋能楽堂／東京観世会館	10 月 3 日～16 日
古典舞踊邦楽祭（古典舞踊・邦楽）	新橋演舞場	10 月 16 日～20 日
第十五回民俗芸能大会（民俗芸能）	東京文化会館	10 月 17 日・18 日

　東京大会では〈芸術展示〉の美術部門として「日本古美術展」
「近代日本の名作」「日本・カラー 1964」「スポーツ郵便切手展」が
開催され，芸能部門として「十月大歌舞伎」「文楽協会十月公演」
「雅楽：国家指定芸能特別鑑賞会」「オリンピック能楽祭」「古典舞
踊邦楽祭」「第十五回民俗芸能大会」が開催された（表 3‐2）。さ
らに，この 10 種目以外にも，協賛イベントが美術部門 13，芸能部
門 14 が開催され，それらの合計は 28 におよぶ。これらに正式な
10 種目を加え，じつに 38 のイベントが東京大会では実施された。

3.2.　オリンピック能楽祭／キリスト教と日本古典芸術祭

　東京大会で〈芸術展示〉がどのように開催されたのかを具体的に
知るため，その一例として「オリンピック能楽祭」を取り上げてみ
よう。

　東京大会における〈芸術展示〉の一つ「オリンピック能楽祭」は
ほかの古典芸能の展示に比して大規模で，開催期間は土日を除く

60

第 3 章　オリンピック〈芸術競技〉〈芸術展示〉〈文化プログラム〉

表 3 - 3　オリンピック能楽祭の日程（演目と会場）

10 月 5 日（月）	〈翁〉付（宝生），狂言〈二人袴〉（大蔵），能〈石橋〉（観世）	水道橋能楽堂
10 月 6 日（火）	狂言〈棒縛〉（和泉），能〈邯鄲〉（金春）	水道橋能楽堂
10 月 7 日（水）	狂言〈止動方角〉（大蔵），能〈葵上〉（金剛）	水道橋能楽堂
10 月 8 日（木）	狂言〈蝸牛〉（和泉），能〈綾鼓〉（宝生）	水道橋能楽堂
10 月 9 日（金）	狂言〈鎌腹〉（大蔵），能〈船弁慶〉（喜多）	水道橋能楽堂
10 月 12 日（月）	〈翁〉付（観世），狂言〈二人大名〉（和泉），能〈石橋〉（宝生）	東京観世会館
10 月 13 日（火）	狂言〈棒縛〉（大蔵），能〈邯鄲〉（喜多）	東京観世会館
10 月 14 日（水）	狂言〈悪太郎〉（和泉），能〈葵上〉（観世）	東京観世会館
10 月 15 日（木）	狂言〈蝸牛〉（大蔵），能〈松風〉（観世）	東京観世会館
10 月 16 日（金）	狂言〈鎌腹〉（和泉），能〈道成寺〉（金春）	東京観世会館

※曲名〈　〉，シテの流儀（　）

10 月 5 日（月）から翌週 16 日（金）まで 10 日間に及んだ。1964 年 10 月に発行された能楽祭パンフレット『オリンピック能楽祭』によれば，正式には「オリンピック東京大会芸術展示／第 19 回芸術祭主催公演／昭和 39 年度東京都芸術祭公演」とある。演目は〈翁〉付きの日以外は狂言一番，能一番，全日程で能狂言二十番に及んだ。会場は前半，初日から 5 日目までは水道橋能楽堂，後半，6 日目から 10 日目までは東京観世会館で実施されている。

　能楽の世界では基本的にシテ方五流（5 つの流儀〔観世・宝生・金春・金剛・喜多〕）が交わることはない。このイベントでも基本的に同一曲のなかで他流が交わることはないが，別表のごとく水道橋能楽堂は宝生流，東京観世会館は観世流と，それぞれの流儀が保持する能楽堂で五流が一堂に会して 10 日間の連続公演が実現している（表 3 - 3 ）。

　東京大会の〈芸術展示〉として，通常と異なる上演形態が採用さ

61

第 1 部　スポーツをみる

れた。そして水道橋能楽堂は水道橋，東京観世会館は飯田橋に位置していた。どちらも都内中心部にあり，運動競技会場からのアクセスが良いため，大会組織委員会はそれぞれの能楽堂使用許可を前年に要請している。

　雑誌記事によれば，水道橋能楽堂の 5 日間使用については，大会前年にオリンピック組織委員会から宝生流宗家に公文書で依頼がなされた。「水道橋能楽堂をオリンピック東京大会能楽公演の会場として使用したきことについて（依頼）」「すでにご高承のとおり，明年一〇月に控えたオリンピック東京大会には各競技と並行し美の祭典として芸術展示が行われます」「本会諮問機関である芸術展示特別委員会（委員長・細川護立）は七月三日に開かれた第五回特別委員会において能楽を上演する会場として貴能楽堂が最適と考え，ここで能楽各派による合同能を行いたいと考えております」。

　これに対して，宝生会は緊急役員会を招集して，検討のうえ，了承を決定している。宝生流宗家・宝生九郎は会員に「水道橋能楽堂が能楽公演の場所になりますことは，名誉の事であり，この国家的な大事業に協賛しなければならないとの結論に達しまして，左の通り受諾の御返事を出しました」と報告，その年（能楽祭前年）に予定していた空調設備の改修工事をオリンピック終了まで延期している（『宝生』1968 年 9 月号）。

　能楽界は一丸となって流派に関係なく，オリンピックに協力し「能楽五流全出演／能 1 番　狂言 1 番」（傍点筆者，文部省 1970）を10 日間にわたり提供したことがわかる。オリンピックが通常ではありえない協力体制を可能にした。「オリンピック能楽祭」はその一例だろう。結果的にこの能楽祭はブランデージ IOC 会長に「ベスト」といわしめたらしい（柳沢 2014）。ただ残念なことに新聞記事「能楽祭」（毎日新聞 1964 年 10 月 13 日夕刊）によれば，外国人も含め集客は少なかったようである。

第 3 章　オリンピック〈芸術競技〉〈芸術展示〉〈文化プログラム〉

　能楽に限らず〈芸術展示〉の大半でこうした協力体制がみられた。

　美術部門の「日本古美術展」では，国内外の国宝級美術品が移送展示された。ちなみに，このときの目玉展示はボストン美術館から移送された「吉備大臣入唐絵詞」だった。ほかにわかりやすい例では，芸能部門の「古典舞踊邦楽祭」で舞踊と邦楽が大合同し公演を試み，花柳流，藤間流，西川流の各家元が総動員されている。しかも長唄，清元，常磐津，義太夫，箏曲と広く出演者が集められた。通常の公演であれば交わることのない流派間交流と協力が，オリンピックを契機としてなされたことになる。

　各流派が協力関係を構築して公演に臨む。これは東京大会における〈芸術展示〉にみられた肯定的側面といえるだろう。

　またオリンピックにおける〈芸術展示〉は，スポーツに関する芸術の展示が一般的であったにもかかわらず，東京大会では「わが国最高のもの」とした。そのため，外国人芸術家の招致もなく，国際親善や国際交流といったオリンピズムからはやや隔たり，さらにスポーツ色が払拭されてしまう。こうした状況を危惧してか，それまでのオリンピックの経緯を意識した公演や展示も，正式な〈芸術展示〉とは別に開催されている。

　一つはキリスト教記念事業委員会が主催し，毎日新聞社および英文毎日が後援した能楽公演「キリスト文化と日本古典芸術祭」で1964 年 10 月 20 日夜，やはり水道橋能楽堂で実施された。この公演では宝生流の〈復活のキリスト〉が上演されている。この〈復活のキリスト〉は，宝生九郎宗家（1900-1974）が 1959（昭和 32）年にキリスト能新作委員会から委託され作曲したもので，作詞は同委員会でなされた。初演は同年 4 月 21 日のことだった[10]。それをオリンピックに合わせて再演したのである。東西文化を強く意識した試みで，ファーズ・アメリカ公使夫妻ら各国大使や，ブランデージIOC 会長が鑑賞している。毎日新聞社主催ということもあるが，

63

第 1 部　スポーツをみる

『毎日新聞』1964 年 10 月 21 日朝刊の見出しでは「東西文化みごと
に調和／「キリスト能」に感嘆の声」と見出しをつけている。

　また展示では，日本体育学会と毎日新聞社の共催で「日本スポー
ツ史展」が池袋の西武百貨店 7 階 SSS ホールで，1964 年 10 月 2 日
から 21 日にかけて開催されている。じつは東京大会の一つまえ，
ローマ大会の〈芸術展示〉では「歴史と芸術のなかのスポーツ：古
代から 19 世紀までのスポーツに関する展覧会」と題して，古代ギ
リシアからローマにかけてのスポーツを主題とした 2000 点をこえ
る絵画，彫刻などが陳列され，成功をおさめている。繰り返しにな
るが，前記したように東京大会では「スポーツ芸術に限定しないこ
とを特徴の一つとする」（傍点筆者，東京都 1965 ほか）とうたってお
り，それまでのオリンピックの〈芸術展示〉のあり方を大きく変更
してしまった。おそらく日本体育学会としてはローマ大会や従来の
展示を意識しつつ，さらに国内向けにもスポーツに関する展示がな
いことを懸念したのかもしれない。展覧会組織委員会の今村嘉雄
（東京教育大学教授）は，その意図を次のように述べている。

　　古今の日本スポーツ史料から代表的なものを系統的に収集して展示
　　し，東京オリンピックを機会に，来日する人々に，日本スポーツの
　　発展の全容を紹介するとともに案外灯台下暗しの感のあるわれわれ
　　自身の日本スポーツへの認識を深めようという意図のもとに計画さ
　　れた（『毎日新聞』1964 年 10 月 5 日朝刊）。

　さらに，この展示関係者である木村毅は「これだけの資料が集め
られることは，二度と望み薄である」と資料の質と量に言及し，
「これを見て考えるのは，日本のスポーツの伝統が，ギリシャ，ロ
ーマについで古い歴史をもつということだ」（『毎日新聞』1964 年 10
月 20 日）と述べている。

64

第 3 章　オリンピック〈芸術競技〉〈芸術展示〉〈文化プログラム〉

　この正式な〈芸術展示〉ではない試みによって，それまでのオリンピックとの連続性と，自国文化と外国文化との調和を意識したイベントの理念がかろうじて保たれているようにみえる。ただし調和という意味では「キリスト教と日本古典芸術祭」だけで，イベントの多くは自国文化を対外的にアピールしようとの意図が前面に押し出されていたといってよかった。

　展示の大半は，国内的には国威発揚，対外的には国際社会復帰アピールと国力喧伝で，オリンピックにおける〈芸術展示〉本来の趣旨をやや逸脱していた。

　〈芸術展示〉はスポーツの祭典の単なる添え物ではなく，プログラムの一部である。そうであるならば，本来それはオリンピズムの理念に沿った展示や公演でなくてはならないだろう。オリンピックは，オリンピズムへの奉仕を目的とし，「全世界にオリンピック原則をひろめ，それにより国際的親善をつくり出すこと」を理念とするイベントである。日本の〈芸術展示〉はそれを反映したものとはいえなかった。

　そもそも〈芸術展示〉以前の〈芸術競技〉に参加した際に創設された大日本体育芸術協会自体が「来るべき翌七年に迫ったアメリカ・ロサンゼルスの第十回オリンピック大会芸術懸賞競技ならびに参考品展覧会に参加して，日本美術の粋を国際場裡に展観して日本文化を宣伝する」ことを目的とした協会だったのである（日本体育学会体育史専門分科会編 1967）。

　しかし，このあとメキシコを挟んで，同じ第二次大戦の敗戦国ドイツで開催されたミュンヘン大会の〈芸術展示〉は東京とは様相を異にしていた。ミュンヘンと比較するなら，日本の展示内容はやや偏向していたといわざるをえない。

65

第 1 部 スポーツをみる

3. 3. 1972 年ミュンヘン大会の〈芸術展示〉

1972 年，第 20 回ミュンヘン大会の開催中に，パレスチナの「黒い九月」のメンバー 8 人がオリンピック選手村のイスラエル宿舎を襲撃。イスラエル選手団の人質全員が死亡した。しかしミュンヘン大会の〈芸術展示〉はこの事件で会期が短縮されたとはいえ，その内容はオリンピズムに根差した「平和の祭典」そのものであった。

ミュンヘン大会の〈芸術展示〉のメインは「世界文化と近代美術展」で会場も大きく，既存の美術館兼展覧会場「ハウス・デル・クンスト」と，その背後に鉄骨で臨時会場を増設し，総数 2400 点を展示した。なかでも注目すべきはコンセプトである。

この〈芸術展示〉では 19 世紀以後，ヨーロッパ近代美術が，いかに異文化の価値観を尊重し，そこから学ぶことで大きく変貌し，自己を豊かにしてきたかを発見しようというものであった。

ヨーロッパはギリシア文化（ヘレニズム文化）とキリスト教文化（ヘブライズム文化[11]）を二大源流とする人間中心主義，自文化中心主義[12]であり，近代になるまで異文化に価値を認めようとはしてこなかった。その反省をふまえのことである。

展示は，絵画，彫刻，建築，工芸，衣装にとどまらず，世界各地の民族音楽におよんだ。会場は，芸術作品を一堂に集めるだけではなく，相互の内的な交流ないしは影響関係を示唆し，解明できるよう工夫されていた。たとえば，ルドンの石版画「妖精」の横に，『北斎漫画』が並べられるといった具合である。そして「エジプトの流行」「東洋の影響」「アジアとドビュッシー以後の音楽」の部門に大別された。

それら以外にも別の芸術展示「美術の桟橋」が実施されている。ここにはヨーロッパ各地から前衛芸術家 16 人が招待された。そのなかには留学中の日本人で，のちに東京芸術大学教授となる工藤哲巳（1935-1990）もいた[13]。

66

第3章　オリンピック〈芸術競技〉〈芸術展示〉〈文化プログラム〉

　工藤作品はオリンピックの表彰台を模したもので，優勝台には洗剤で作った泡，そのなかに瀕死の小鳥と人間の手足を模し，二位の表彰台には，人の首（フランスの劇作家イオネスコの等身大ライフ・マスク）が，やはり洗剤の泡に攻め立てられ，三位には汚蝕した男根が幾本か立てられていた。おもしろいのは作品より工藤の発言である。

　　　ぼくはオリンピック委員会から招待されて，スピール・ストラッセ
　　（芸術展示）に，ひとつのパフォーマンスを出した。スピール・スト
　　ラッセのオルガナイザーの意向は，オリンピック批判を芸術家のテ
　　ーゼとして進めていこうということだった。招待者がオリンピック
　　で，それを批判しろってどういうことなんだ，と不思議に思ったが，
　　よく考えてみると，ひとつのテーゼ，ひとつのアンチ・テーゼ，ひ
　　とつの意思表示というような，ただの対決だけでは，物事は進んで
　　いかない。……（後略）（斉藤1973）。

　発言をそのままとれば，工藤を招待したオリンピック委員会が，ミュンヘン大会およびオリンピックそのものを批判，相対化し，さらに，そこから弁証法的[14]に発展する契機として「美術の桟橋」に期待していることになる。そのために諸外国の前衛芸術家たちを招いたとすれば，ミュンヘン大会組織委員会，およびドイツ・オリンピック委員会はかなり思い切った試みをしたといえるだろう。しかも，その記事が伝えるのは工藤の展示とそれを鑑賞した若者たちとの対話・交流だった。

4　おわりに

　1964年東京大会の〈芸術展示〉が戦後復興をアピールする国策

67

第1部 スポーツをみる

的なそれであったのとは対照的に，同じ敗戦国ドイツではかなり異なるコンセプトで〈芸術展示〉の実施がなされた。ドイツでのオリンピック招致では，もともと開催都市をベルリンとする案もあったらしい。しかし「ナチスのオリンピック」ベルリン大会のイメージを払拭するため，南部ミュンヘンでの開催となる。しかもベルリン大会での〈芸術競技〉では，ナチスが国力をアピールするため，部門を増して，獲得メダル数を増やした経緯がある。その反省をふまえて，ミュンヘンではオリンピズムに回帰して，オリンピックの発展を企図した〈芸術展示〉がなされたことになる。

じつは「黒い九月」の事件もベルリン大会の反省と無縁ではなかった。国家統制の色合いが強かったベルリン大会の反省から極力規制排除に努めたミュンヘン大会では選手村が出入り自由というルーズさだった（鈴木 1982）。それが裏目に出た。しかし，それほどミュンヘン大会はベルリン大会を意識して改善に努めたのである[15]。

同じ敗戦国で国際社会への復帰をアピールするにしてもミュンヘン大会の〈芸術展示〉と東京大会のそれとでは大きな隔たりがあったといえる。

憲章からすればオリンピックは国威発揚のイベントではない。

もちろん 1960 年代，「日本製」といえば粗悪品の代表とされ，国際社会への復帰もままならなかった日本にとって「わが国最高の芸術を展示する」ことには大きな意味があった。そのことは認めざるを得ない。しかし，オリンピックは開催国のためのものではない。政府が主導するものでもない。国内オリンピック委員会（NOC）は民間あるいは政府関係の団体と協力することはあっても，その自主独立は憲章でうたわれているのである。しかし 1964 年の東京大会は残念ながらそうはならなかった。また，こうした危惧は当時からあった。

第 3 章　オリンピック〈芸術競技〉〈芸術展示〉〈文化プログラム〉

オリンピックは本来国家が主催する行事ではない。都市の祭典である。第一回以来，都市という自治体が行うスポーツによる国際親睦を目的とした行事のはずである。しかしこんどは東京オリンピックにあたって担当の国務大臣がおり，国家の力をかりなくてはならなかったことが気にかかるのである。昭和十一年ナチス・ドイツの手で行われたベルリン・オリンピックを思い起こすほどではないにしても，「東京」という日本の首都が，単なる自治体ではないという特殊事情を考えあわせて今後，行政，文化の上で問題になることであろう（矢野 1964）。

　小川勝（2016）は 2020 年の東京大会も政府主導で，しかも 1964 年東京大会より，さらにオリンピックから何らかの恩恵にあずかろうとする態度があからさまであると指摘している。大会開催にあたり日本政府が示す基本方針は，選手にメダル・ノルマを課し，不透明な経済効果を強調し，日本の国力を世界に示すために利用している，と小川は述べる。たしかに，巨額の経済効果を示され，「自信を失いかけた日本を再興し，成熟社会における先進的な取組を世界に示す契機としなければならない」といわれれば，すんなり受け入れてしまう人は多いだろう。

　とはいえ，何のためのメダルか。何のためのオリンピックか。それがオリンピズムにどう奉仕するのか。そう考えるなら，疑問をもたざるをえない。

　ちなみに，日本ではスポーツ振興基本計画でも国際大会におけるメダル獲得の目標数値が明記されるなどしている。マスコミやスポーツ界はメダル獲得数にこだわる。しかし，少なくとも IOC は，オリンピック憲章の第 5 章 57 項で「国ごとの世界ランキングを作成してはならない」と明記している。その意図は国と国との競争を助長しないための配慮であり，それは冒頭にあげた綱引き競技に端

第1部　スポーツをみる

を発する米英両国間対立の反省をふまえてのことであった。

　われわれは，選手が国を代表して出場しているため表彰台で国歌斉唱・国旗掲揚がなされると考えがちだ。しかし，じつは頌歌と，旗は各 NOC が定めることが可能であり，それは必ずしも国歌・国旗である必要はない。現状各 NOC が国歌，国旗を登録しているにすぎず，結果的に国歌が斉唱され，国旗が掲げられているに過ぎないのである。しかもブランデージ時代以降，国歌斉唱と国旗掲揚がナショナリズムを助長することから，これを廃止する案が繰り返し出されている。さらに 1968 年，第 67 回 IOC 総会では「完全な国歌国旗廃止案」は過半数の IOC 委員が賛成票を投じている。しかし憲章との兼ね合いで 3 分の 2 以上の支持を得ることが明記されていたために廃止するには至らなかったにすぎない（黒須 2012, 2014）。

　〈芸術競技〉の変遷をみているとオリンピックがクーベルタンの目指したオリンピズムからは大きく隔たっていることがわかる。また東京大会における〈芸術展示〉は，オリンピズムから逸脱していたといわざるを得ないだろう。われわれはこうした事実をあらためて確認しておくべきではないだろうか。

【注】
1 ）和田（2016）によれば，1906 年のオリンピック・コングレスは，単なる諮問会議ではなかった。これはオリンピック・ムーブメントを推進するための重要な会議で，クーベルタンのイニシアティブではじめられた。IOC 総会とは別に IOC の方向性を明確にするための重要な会議とされる。
2 ）和田（2016）から多くのクーベルタン言説について引用している。和田論稿には IOC で公開になっているものの未邦訳文献が多く掲載されている。さらに，この章ではマカルーン（1988）が引いているクーベルタン言説についても同様に用いていることを断っておく。
3 ）ヘレニズム的理想とは，均整のとれた肉体美を目指すこと。

第3章　オリンピック〈芸術競技〉〈芸術展示〉〈文化プログラム〉

　西洋文明はヘレニズム（＝ギリシア・ローマ），ヘブライズム（＝ユダ
ヤ・キリスト教）の二大原理によって構成される。ヨーロッパ中世におい
てキリスト教がその原理的中心であった時代には肉体は軽視され，美しい
ものとみなされることはなかった。しかし，ルネサンス以降，ヘレニズム
的原理が復興すると，人間の肉体そのものが称揚されるにいたる。ヘレニ
ズム世界では神々は立派な肉体を持っていると考えられ，その模造品とし
ての人間の肉体は鍛え上げる対象と見なされた。

4）ヨーロッパにおける古代オリンピックに関する研究は，われわれが想像
する以上に早い段階でおこなわれている。

　イタリア人のビットリノ・ダ・フェルトレ（Vittorino da Feltre, 1378-
1446）とヒエロニムス・メルクリアルス（Hieronymus Mercurialis, 1530-
1606），ドイツ人の詩人ハンス・ザクス（Hans Sachs, 1494-1576）が古代
オリンピック研究をした。ジャン＝ジャック・ルソー（Jean Jacques Rous-
seau, 1717-1768）も体育奨励に言及した件でオリンピックを取り上げてい
る。古典学者でベネディクト修道会のベルナー・ド・モンフォコン（Ber-
nard de Montfaucon, 1655-1741）は，オリンピックへの憧憬から，ギリシ
ア観光を促した。ドイツの古代芸術学者ヨハン・ヨワヒム・ヴィンケルマ
ン（Johann J Wincklmann, 1717-1768）にいたると，訪問だけでは飽き足
りず，ドイツ全土をめぐって寄付を募り，古代オリンピックの遺跡を発掘
する計画まで練っていた。ただし，これは実現していない。

　ヴィンケルマンが与えた影響は大きく，美術界のみならず，作家のゲー
テやシラー，ワーグナーにまでいたる。その伝統を通奏させるドイツ考古
学研究所が発掘隊を組織して1875年オリンピアを発掘した。発掘したエ
ルンスト・クルティウス（Ernst Curtius, 1814-1896）は1852年ペロポン
ソスを旅行し，帰国後オリンピックに関する講演をベルリンでしている。
講演では古代オリンピック遺跡発掘について言及し，支持者を増やし，ギ
リシアにも影響を及ぼした。

　クルティウスに触発されたギリシアでは，古代オリンピックを模した競
技会が1859年から断続的に開催された（クーベルタン1962，メゾー1973，
三島1988）。このギリシアでおこなわれていたオリンピックが，じつはク
ーベルタンにも大きな影響を与えている。第1回大会のアテネ実施も，こ
の競技会が先行していたことと無縁ではなかった。

　それまでギリシアのみならず，ヨーロッパの各地で「オリンピック」の

71

第1部　スポーツをみる

名を冠した運動競技会は開かれていた。近代オリンピックには連ならない「オリンピック」はヨーロッパ各地にみられた。イギリスでは早く 1612 年にバーミンガムに近いチッピング・カムデンで，ロバート・ドーバーなる人物が「コッツワルド・オリンピック大会」と称する運動競技会を開いている。この点については日本オリンピック委員会監修（1994），佐山（2017）などに詳しい。

さきのクルティウスがオリンピアを発掘した契機は，ハインリヒ・シュリーマン（Heinrich Schliemann, 1822-1890）のトロイヤ遺跡発掘にある。この事実からも如何に近代ヨーロッパが古代ギリシアを求めたかがわかる。さらに体操の創始者の一人とされるヨハン・グーツムーツ（Johann Christoph Friedrich Gutsmuths, 1759-1839）や，「ドイツ体操の父」と称されるフリードリヒ・ヤーン（Friedrich Ludwing Jahn, 1778-1852）が輩出される背景にも，ドイツのこのような文化的土壌があったのである。

5）古典的名著として知られるトマス・ヒューズ『トム・ブラウンの学校生活』に登場する校長のモデルともなった人物としても知られる。

6）プラトンは古代ギリシアの哲人。古代ギリシアの三大哲人は，ソクラテス，プラトン，アリストテレスで，ソクラテスに著作はなく，すべて弟子のプラトンが残した。

7）ペイシストラトスは古代ギリシアの政治家。リュケイオンはアリストテレスが教えた学園とされる。

8）実存主義で知られるフリードリヒ・ニーチェ（Friedrich Wilhelm Nietsche, 1844-1900）はクーベルタンの生まれる 20 年前に生まれている。この時期にニーチェは身体と精神の調和をさらに超えて，観念論を背後世界論として否定し，肉体への回帰を説いた。彼は古代ギリシア古典文献学者で，1872 年『音楽の精神からのギリシア悲劇の誕生』（邦題『悲劇の誕生』）を刊行している。この本を絶賛したのは一人，バーゼル大学で同僚のヤーコブ・ブルクハルト（Carl Jacob Christoph Burckhardt, 1818-1897）のみだった。ブルクハルトは古代ギリシア，ルネサンス文化史を講じている。

9）ブランデージは「ミスター・アマチュア」の異名をもつほどアマチュア規定に厳格な人物として知られた。プロの画家とはどのような資格なのか。そこで最終的に〈芸術競技〉参加者は全員プロフェッショナルとみなし，プロが参加する以上，競技ではなく展示として実施すること決定された。

第3章　オリンピック〈芸術競技〉〈芸術展示〉〈文化プログラム〉

実際，ベルリン大会に日本が出品した作品を見ると東山魁夷，棟方志功，山田耕作の名前が挙げられている。

10）その内容は，十字架にかけられたイエスの墓に，マグラダのマリアとヤコブの母マリアが香炉と花を持っておとずれ，イエスの遺骸を探すが姿がみえない。驚いているところに天使の声が聞こえ，復活が告げられる。するとイエスが出現して勝利の舞を舞い，そのうちに昇天する。この能の本文については田中（1993）に掲載されている。

11）注3）参照。

12）ここで「人間中心主義」「自文化中心主義」とあるのは，キリスト教世界においては自然と人間が対立的に把握され，人間があらゆるものを支配する世界観が存在したことを意味している。東洋の自然観にもとづく芸術活動と接触することで，西洋はそれまでと異なる様相の芸術作品をつくりだしていった。またキリスト教世界は，キリスト教以外の宗教を異教として認めてはこなかった経緯がある。このような異文化に対する不寛容な態度を，自らの文化のみを重視する「自文化中心主義」という。

13）工藤は読売アンデパンダン展などに出品し，過激なアクション表現をしたことで知られる。個展のたびにハプニングを起こす手法を用いた。

14）この「相対化」とは，オリンピック自体を絶対化せず，客観的に見つめ直すことを意味する。「弁証法的」とは反対意見をあえてぶつけ，よりよい考え方を導きだそうとする営み。

15）1935年，ヒトラーは総統兼国家主席，国防軍最高司令官に就任した。翌1936年，第20回ベルリン大会が開催されたときには開会宣言までしている。この大会はナチスの政治宣伝に利用された。〈芸術競技〉も例外ではない。1932年ロサンゼルス大会で9つであった芸術種目は，ベルリン大会で15種目まで増やされている。

　　正確にいえば，ドイツ組織委員会は当初，映画部門やダンス部門を新設して〈芸術競技〉の種目を増やそうと目論んだ。しかしIOCとクーベルタンの反対で，部門を細分化して種目数を増やしている。アーリア人種の優越を説くナチスは，メダルをできるだけ多く獲得し，諸外国にその優位性と国力誇示をしようとしたのである。実際，810にわたる展示はオリンピック史上最大の〈芸術競技〉となる。しかも，フランス，ノルウェー，イギリスからの出品がなかったことも手伝って，ドイツは多くのメダルを獲得した。

第 1 部　スポーツをみる

　〈芸術競技〉が実施された 1912 年第 5 回ストックホルム大会から 1948
年の第 14 回ロンドン大会までの 7 大会で金 45 個，銀 53 個，銅 49 個，合
計 147 個のメダルが授与されている。うち最もメダルを獲得したのがドイ
ツで 23 個だった。ナチスによってベルリン大会は政治利用されたのだが，
ルネサンス以降，伝統的に古代ギリシア，なかでもオリンピックを憧憬し
てきたドイツの人々にとって，その政治喧伝の効果は，われわれが考える
以上に大きいものだったのだろう。

【参考文献】

クーベルタン，ピエール・ド（大島健吉訳），1962，『オリンピックの回想』
　　ベースボール・マガジン社。

大日本体育芸術協会，1936，『第十一回オリンピック芸術競技参加報告』大
　　日本体育芸術協会。

今村嘉雄，1964 年 10 月 5 日朝刊，「スポーツ史展」『毎日新聞』毎日新聞社。

稲垣浩二，1988（9 月号），「芸術オリンピックを知っていますか」『芸術新
　　潮』新潮社。

木村毅，1964 年 10 月 20 日夕刊，「日本にも立派な伝統：日本スポーツ史展
　　の意義」『毎日新聞』毎日新聞社。

黒須朱莉，2012，「IOC における国歌国旗廃止案の審議過程——アベリー・
　　ブランデージ会長期を中心に——」『一橋大学　スポーツ研究』第 31 号。

黒須朱莉，2014，「IOC における『完全なる国歌国旗廃止案』の消滅」『一橋
　　大学　スポーツ研究』第 33 号。

楠見千鶴子，2004，『ギリシアの古代オリンピック』講談社。

マカルーン，ジョン・J（柴田元幸ほか訳），1988，『オリンピックと近代：
　　評伝クーベルタン』平凡社。

無署名，1964 年 10 月 13 日夕刊，「能楽祭」『毎日新聞』毎日新聞社。

無署名，1964 年 10 月 21 日朝刊，「東西文化みごとに調和／「キリスト能」に
　　感嘆の声」『毎日新聞』毎日新聞社。

無署名，1973 年 10 月号，『芸術新潮』（特集：ミュンヘン・オリンピック
　　「東西美術展」）新潮社。

メゾー，フェレンス（大島鎌吉訳），1973，『古代オリンピックの歴史』ベー
　　スボール・マガジン社。

三島憲一，1988（9 月号），「肉体・権力・スポーツ」『is（特集：スポーツの

たくらみ)』ポーラ文化研究所。

文部省，1970，「第4章　協力の経緯とその内容」『オリンピック東京大会と政府機関等の協力』文部省。

村川堅太郎，1963，『オリンピア』中央公論社。

宝生九郎，1968（9月号），「宝生会会報"オリンピック"と"水道橋能楽堂"」『宝生』。

日本オリンピック委員会，1994，『近代オリンピック100年の歩み』ベースボール・マガジン社。

日本体育学会体育史専門分科会編，1967，『日本スポーツ百年の歩み』ベースボール・マガジン社。

小川勝，2016，『東京オリンピック――「問題」の核心は何か――』集英社。

斉藤正治，1973（1月号），「工藤哲巳がミュンヘン・オリンピックで」『美術手帖』新潮社。

佐山和夫，2017，『オリンピックの真実：それはクーベルタンの発案ではなかった』潮出版。

鈴木良徳，1982，『続　オリンピック外史』ベースボール・マガジン社。

田中允，1993，『未刊謡曲集　続12』古典文庫。

東京都，1965，『第18回オリンピック東京大会東京都報告書』東京都。

和田浩一，2016（11月号），「筋肉と精神の「偉大な結婚」――近代オリンピックにおけるスポーツと芸術の融合」『現代スポーツ評論』35号。

和田浩一ほか，2015，「オリンピックの創出とクーベルタンのオリンピズムを問う」『奈良女子大学スポーツ科学研究』第17号。

柳沢新治，2014（2月号），「オリンピックと能楽」『観世』檜書店。

矢野純一，1964（10月号），「日本的日本4　オリンピックと伝統」『音楽の友』音楽之友社。

吉田寛，2016（11月号），「オリンピックにおける芸術競技」『現代スポーツ評論』35号。

◆ COLUMN 1 ◆

「しない」スポーツ
── 読む・聞く・見るの「スポーツ」メディア史

石田あゆう

　多くの人にとってスポーツはメディアを通じて見るものであり，読むものであろう。読むものといえばマンガ。野球なら『ドカベン』から『Major』，テニスなら『エースをねらえ！』から『テニスの王子様』，サッカーであれば『キャプテン翼』から『DAYS』，他に『SLUM DUNK』（バスケ）や『アラベスク』（バレエ），『ハイキュー!!』（バレーボール），『はじめの一歩』（ボクシング）から，『YAWARA！』（柔道）や『弱虫ペダル』（自転車），『あさひなぐ』（薙刀）に，はては『ちはやふる』（競技カルタ）まで，「スポーツ」は日本マンガの一大ジャンルをなしており，優れた作品が数多く存在する。人気の作品は，アニメ化，映画化，舞台化といったメディア・ミックスされることでさらに愛読者を広げている。私たちは一つの体で，擬似的に数多くのスポーツを楽しめるというメディア環境に住んでいる。

　日本におけるスポーツを「読む」メディアの歴史は，新聞へとさかのぼる。今も人気の高校生による春と夏の甲子園野球大会（「全国高等学校野球大会」。当時は，「全国中等学校優勝野球大会」といった）は，それぞれ毎日新聞社と朝日新聞社が主催するメディア・イベントとして知られる（有山1997）。朝日新聞社が夏の野球大会を始めたのは，1915（大正4）年のことである。その歴史は大正から昭和，平成へと続き，2018（平成30）年には第100回の記念大会を迎えた。球場に足を運ぶだけではなく，試合の経過と結果をニュースとして

COLUMN 1 「しない」スポーツ

「読む」，新聞読者を楽しませるイベントとして，甲子園の野球大会は始まった。

プロリーグに目を向けてみれば，2018年現在，日本のセントラル／パシフィック両リーグ合わせて12球団が存在するが，セ・リーグの読売ジャイアンツや中日ドラゴンズも，同じく読売新聞と中日新聞という新聞社を経営母体とする。野球の試合経過やその勝敗はメディアにおける重要なニュース記事であると同時に，娯楽のコンテンツであり，球団スポンサーにメディア関連企業が名を連ねるのは不思議ではない。今日では，横浜DeNAベイスターズや福岡ソフトバンク・ホークス，そして東北楽天ゴールデンイーグルスとインターネット関連企業がその名を連ねる。新聞を「読む」ことに始まり，インターネット配信のニュース速報を「読む」時代へ。それは2000年代に入ってからのプロ野球界の大きな変化であった。

「読む」時代を経て，スポーツは「聞く」時代へと移行する。いわゆるスポーツの実況放送が始まるからだ。1927（昭和2）年に日本初のラジオによるスポーツ実況中継も，先の朝日新聞社主催の野球大会であった。1925（大正14）年に日本のラジオ放送が始まって2年後のことであった。

同じく「聞く」スポーツとして当時人気を博したのが「早慶戦」である。早稲田大学と慶応義塾大学による野球対戦だが，この試合の実況放送は，日本のお笑い「漫才」も生み出している。

アチャコ　球はぐんぐんのびています
エンタツ　のびてます
アチャコ　のびてます，のびてます
エンタツ　来年までのびます！
アチャコ　そないのびやへんがな
エンタツ　はぁ
アチャコ　レフト，センターともにバック

第 1 部　スポーツをみる

　　エンタツ　バックバック
　　アチャコ　バックバック
　　エンタツ　オールバック
　　アチャコ　これ散髪屋やがな

エンタツアチャコ
（提供：時事通信フォト）

　今日では見慣れた二人の演者の声のかけ合い（しゃべくり）。1933 年に吉本興業のエンタツ・アチャコが演じた「早慶戦」は，「ネタ」の披露と「オチ」による笑いという当時新しく生まれた話芸であった。「早慶戦」という野球放送の実況アナウンスをモチーフにしたお笑いは，ラジオで聞く娯楽として人気を博した（山口 2010）。

　「読む」「聞く」ときて，それは「見る（観る）」スポーツへ。オリンピック中継が壮大な国際的メディア・イベントであることをはじめとして，大坂なおみがテニスのグランドスラムで初優勝したシーンや，大谷翔平のメジャーリーグ挑戦を，ほとんどの人はメディアを通じて見ているのが一般的であろう。

　「見る」，つまりテレビの始まりにおいてもスポーツは重要な役割を果たしている。野球中継もさることながら，なんといってもテレビ普及に一役かったのが，「空手チョップ」の必殺技を持つレスラー，力道山のプロレス中継である。スマートフォンによる「いつでも・どこでも」の動画視聴も広まりつつあるが，テレビはいまも家庭のリビングで見られている。とはいえ，一家に一台となる以前，それは駅前やデパート，電器店の店頭などの屋外におかれ，みんなで楽しむものだった。それは「街頭テレビ」と呼ばれ，狭いリングでの選手のスピード感あふれる動きは，映像として視聴者を魅了した（吉見 2010）。結果，「テレビはプロレスにより，プロレスはテレビによって，認知された。力道山はテレビのおかげでヒーローとな

COLUMN 1 「しない」スポーツ

り，テレビはヒーローを生むことで視聴者を獲得した」（猪瀬
1990：268-288）。

　テレビはスポーツ選手を有名にする。才能あふれる選手たちの活
躍は，メディアの注目するところとなり，誰もがよく知るスポーツ
選手となれば，タレントやアイドルらと同じように CM にも起用
されるなどして，ますます皆から見られる存在となるからだ。とき
にその有名性ゆえにスポーツ選手自身が，「政治」と「国民」をつ
なぐ，「メディア」となることもある。

　政治家のなかには一定数，有名な元スポーツ選手がいる。元オリ
ンピック選手や元プロ野球選手らに加え，元文部科学大臣の馳浩，
1989 年に「消費税に延髄斬り」を掲げて参議院議員に初当選した
アントニオ猪木ら元プロレスラーも多い。マイクパフォーマンスが
求められるのは，政治家もレスラーも同様であるためだろうか。国
会議員の輩出ルートとしてプロレス業界が存在していることは明ら
かだ。そこに「見る」スポーツを演出するテレビの影響力をうかが
うこともできるだろう。

【参考文献】
有山輝雄，1997，『甲子園野球と日本人』吉川弘文館。
猪瀬直樹，1990，『欲望のメディア』小学館。
山口誠，2010，「「聞くスポーツ」の離陸」，吉見俊哉・土屋礼子編『叢
　　書　現代のメディアとジャーナリズム 4　大衆文化とメディア』
　　ミネルヴァ書房所収。
吉見俊哉，2010，「テレビを抱きしめる戦後」，吉見俊哉・土屋礼子編
　　『叢書　現代のメディアとジャーナリズム 4　大衆文化とメディ
　　ア』ミネルヴァ書房。

◆第2部◆

スポーツをする

第4章 道具とスポーツ

ランニングの視点から

小山桂史

1 走りで健康を支える

　笹川スポーツ財団の「成人のジョギング・ランニング実施率の推移（1998-2016年）」という調査の結果によれば，走る運動に取り組む人は1998年の675万人から2016年では893万人へと，約1.3倍も増えている（公益財団法人 笹川スポーツ財団2016）。それに伴ってマラソン大会も増えている。マラソンに参加しようとモチベーションを高める人が増えているのだろう。たとえば，東京マラソンのフルマラソンに参加した申込者数と当選倍率は2007年では約3倍で，2016年では約11倍にまで上がっている。多くの運動がある中，多くの人が走る運動を選ぶ理由はいくつかある。誰の予定にも左右されることなく，一人でいつでもどこでも実施できる。さらには環境制限も少なく，多少の雨でも実施できる。何より単純な動作で自分のペースでおこなうことができる，といったメリットがあるといえるだろう。

　とはいえ，なぜ多くの人が運動をするのだろうか。

　ちなみに，筆者は中学生から大学生まで10年間，陸上競技部の長距離種目の選手であった。だが，大学卒業後には走る目的がなくなり，しばらく運動しないでいたところ，現役時代に比して10kg以上も体重が増えてしまった。それを機に，体重の維持，健康維持・増進を目的としてジョギングを再開した。おそらく，多くの人

第2部　スポーツをする

が筆者と同じ健康維持・増進を目的としてジョギングをしているのだろう。

『東京スニーカー史』によると，日本での最初のジョギングブームは第二次世界大戦後における交通機関の急速な発達や，生活や仕事のオートメーション化による運動不足によって起きたとされる（小澤 2016：40）。とくに中年層が健康に対する危機感から走る運動に取り組んだという。

ところで，走るとなぜ痩せるのだろう。そこで痩せる理由を科学的に考えてみたいのだが，そのためには，そもそも太る理由を知る必要がある。太る，つまり体重増加のメカニズムは身体が消費するエネルギーよりも貯めるエネルギーが多いからだ。ここで，そのメカニズムを確認してみることにしよう。

エネルギーは人の身体を動かす源で，3つのリン酸が結合されたアデノシン3リン酸（ATP）[1]という分子に蓄えられる。身体を動かしてエネルギーが必要な時には，ATPからリン酸が1つずつ離れてエネルギーが補充される。ただATPからリン酸を切り離し続けると，最終的にはATPが無くなり，エネルギーを補充することができなくなる。それではATPをなくさないためにはどうするのか？　そのために人はATPを体内で作る。そして，その作る過程に人の痩せる理由が隠されていた。

ATPを作る過程はATP-CP系，乳酸系，有酸素系の3つある（安部・琉子 2010：87-98）。まずATP-CP系は，名前にあるCPというクレアチンリン酸が関係する。身体がエネルギーを必要とする時，ATPからリン酸が1つ離れてアデノシン2リン酸（ADP）となる。このADPに，クレアチンリン酸のリン酸が結合することでATPが作られる。

乳酸系は解糖系や乳酸解糖系と呼ばれ，ATPを作る過程で糖を使う。糖がピルビン酸に分解され，ピルビン酸が乳酸に変換される

時に ATP が作られる。

　有酸素系は，ピルビン酸と脂肪によって生成されたアセチルコエンザイムエーがミトコンドリア内で酸素を供給されることで ATP が作られる。この時，乳酸がピルビン酸に変化して，有酸素系の過程を経て，ATP が作られる。乳酸は疲れの指標というイメージを持つかもしれないが，それは間違いで，ATP を作る重要な役割を果たす。

　これらの過程を理解すると，無酸素運動，有酸素運動という呼び方についても，短い運動は酸素を使わないから無酸素運動，長い運動は酸素を使うから有酸素運動と呼ぶ人がいるかもしれないが，そうではないことに気づく。ATP を作る過程で酸素を使うかどうかという視点では，ATP-CP 系や乳酸系は酸素を使わず ATP を生成するため無酸素運動，一方で有酸素系は酸素を使って ATP を生成するため有酸素運動という表現になるかもしれない。ただ実際，どのような運動も酸素が必要で，たとえ息を止めたとしても，心臓は動いて肺から酸素を取り入れている。したがって体内が無酸素な状態での運動はあり得ない。すべての運動が有酸素運動なのである。

　さて，本題の痩せる理由である。上記の説明から痩せるための秘密が ATP を作る過程に隠されているのだが，そのことに気づいただろうか。

　乳酸系と有酸素系では，ATP を作る過程で食事から得た糖と脂肪を必要とする。運動でエネルギーを消費すれば，エネルギーがなくならないように糖と脂肪を使って ATP を作る。したがって，飲食で摂取する糖と脂肪よりも，エネルギーを作るために使用する糖と脂肪が多くなれば，身体をまとう脂肪が少なくなり，痩せることにつながる。それでは実際に，糖や脂質のエネルギーはどのように使われるか，マラソンを例にして考えてみよう（安部・琉子 2010：99‑103）。

第2部　スポーツをする

　人間は食物から得たエネルギーを脂肪と糖に変換して体内に蓄える。体内に蓄えられる時の糖質と脂質の1gあたりのエネルギー量はそれぞれ約4kcalと約7kcalである。糖は肝臓と筋にグリコーゲンとしてそれぞれ約100gと約400gが蓄えられ、エネルギーに換算すると約2000kcalほど蓄えられることになる。

　一方の脂肪は、たとえば、体重60kgで体脂肪率が15%だとすると9kg、つまり6万3000kcalほど蓄えられる。一般に運動時のエネルギー消費量を概算する際には、体重1kgが1kmを移動すると約1kcalを消費すると計算される。たとえば、体重60kgの者が42.195kmのマラソンを完走すると、60×42.195＝2531.7kcalのエネルギーが消費される計算になる。糖によるエネルギー貯蔵量は脂質によるエネルギー貯蔵量と比べると非常に少なく、糖のみの分解によるエネルギー供給ではマラソンを完走することは難しい。脂肪は健康の観点から良いイメージを持たれないが、脂肪のエネルギーをなくしてはマラソンを完走することはできない。運動による脂肪と糖の利用率が健康維持・増進、またはマラソンのタイムを縮めることにもつながるのだ。

2　エネルギーを消費させるシューズ

　糖や脂肪を使ってエネルギーを消費すれば痩せる。それでは、いったい、走ることでどれくらい痩せられるのだろうか。それを理解するためには、もう少しエネルギーについて学ぶ必要がある。

　じつは、エネルギーは運動しなくても、絶えず使われている。今、読者が本を読んでいても、寝ていても、生きるためには必ず使用されている。このように生きるために必要最低限に消費するエネルギーを基礎代謝量という。基礎代謝量は年齢、性別、身体組成によって異なり、最近ではこれらの情報から基礎代謝量を推定することが

86

できる。市販の体重計もその一つだ。基礎代謝量は多くの人が1200 kcal から 1500 kcal くらいに該当し，高ければ生きるためだけに多くのエネルギーを消費しているということを意味する。

　それでは基礎代謝量が高い人は痩せやすく，基礎代謝量だけで痩せることはできるのだろうか。たしかに，基礎代謝量が高い人は痩せやすいかもしれない。ただ前述した通り，基礎代謝量は年齢，性別，身体組成によって異なっている。したがって，年齢，性別，体重が同じ者を比較した時に，基礎代謝量が高ければ，痩せやすいということになる。筋量を多くすれば，痩せやすい体型になれるということを耳にする。筋は多くのエネルギーを消費するので，筋量が増えれば，基礎代謝量も増えるからだ。ただ基礎代謝量だけで痩せることは非常に難しい。なぜなら，1 日 3 食を摂取すると，多くの人の場合，摂取する総エネルギーが基礎代謝量を上回るためである。したがって，基礎代謝量以外でエネルギーを消費する必要があり，そのために運動を実施することになる，というわけだ。

　厚生労働省の「健康づくりのための身体活動基準 2013」では，運動で消費するエネルギー量を「身体活動の量（メッツ×時間）×体重」で計算できる（厚生労働省 2013）。メッツは運動強度を表し，安静の状態に比べて何倍の強度であるのかを表す。たとえば，ウォーキングが 4.3 メッツ，ジョギングが 6.0 メッツとされ，運動強度は安静状態と比べるとウォーキングが 4.3 倍，ジョギングが 6.0 倍高い。たとえば，60 kg の体重の人が 1 時間走ると，消費エネルギー量は 6.0（6.0 メッツ×1 時間）×60（kg）＝360 kcal となる。360 kcal というと，だいたい菓子パン 1 個，もしくはおにぎり 2 個，もしくは缶ビール 2 本に相当する。これらを飲食するだけで，相殺されてしまうため，1 時間走ってたったの 360 kcal しか消費しないのかと残念に思う人もいるだろう。ただし，ものは考えようである。多くの人が朝，起きてから夜，寝るまで，立つ，歩く，階段を上るなど

第 2 部　スポーツをする

の活動を日常的におこなっており，それらの全活動量も考慮しなければならないからだ。

　塵も積もれば山となる。生活する中でこれらの運動時間を少しでも増やすことがエネルギー消費を高めることにつながる。

　とはいっても，「運動する時間なんてない」と言う人も多いことだろう。朝は出かける支度，子どもの世話，その後は夜まで仕事，ややもすれば残業，そのあと飲み会でエネルギーを摂取して，帰宅，運動時間を確保するのはなかなかむずかしい。

　じつは，そういう多忙な人を支援するために作られたシューズがある。靴一つで運動量に変化が生じるのだ。このシューズは他のシューズとは靴底の形状が異なる。一般的なシューズの靴底が平らであることに対して，このシューズの靴底は前後に大きく湾曲している。この靴底の形状の違いが，とくに立つ，歩く時にエネルギーの消費量を高めてくれる（Koyama *et al.* 2012）。

　靴底が前後に湾曲したシューズは一般的なシューズと比べると，立っている時や歩いている時に靴底と地面との接触面積が減り，姿勢が不安定になる（Landry *et al.* 2010）。とくに立っている時では，身体が前後方向に揺れる。たとえば，電車に乗る時，吊革につかまる場合とつかまらない場合では，身体を揺らさないようにしようとすると，どちらが身体に力を入れなければならないだろうか。もちろんそれは，吊革につかまらないで，乗車している時だ。姿勢が不安定になると，姿勢を安定させるために筋が余計な力を使い，さらに，普段は使用してない筋も力を使うため，エネルギーを過剰に消費する。痩せるためには消費するエネルギー量を少しでも増やす必要がある。

　摂取するエネルギー量を減らすことも痩せることに効果的である。とはいえ，美味しい物を食べたいという欲求には勝てず，食事制限が運動よりも遥かに辛いと感じる。自制はなかなかむずかしい。

第4章　道具とスポーツ

　そうなれば，やはり普段の生活でエスカレーター，エレベーター，車，電車に頼るのではなく，自身の脚を使って身体を運んで，少しでも多くのエネルギーを消費することに取り組むよりほかない。前記したシューズの他に，さまざまな健康に関する道具が販売されている。まずは自身の身体で健康を促すことが最善の手段で，その促しを支援する役割を道具が担っているのだ。

3　走る運動に伴う驚くべき衝撃力

　運動には，健康に対する効果があることはたしかである。しかし，運動に伴う疲労，四肢への負荷は大きく，継続的に運動するためにはそのことに注意しなければならない。とくに足への負担が大きい。

　前述したシューズはエネルギーを多く消費させる特殊な役割があった。一般に履くシューズは怪我から守る機能を重視して作られている。習慣的に走る人からは足，膝，腰などが痛い，もしくは病名で足底腱膜炎[2]や腸脛靭帯炎[3]といった言葉をよく耳にする。これらは走る運動で引き起こされた炎症による痛みである。

　厄介なことに，習慣的に走る中で引き起こされた慢性的な痛みは大抵の場合，すぐには治らない。一度は痩せることに成功した，もしくはタイムを縮めることに成功したとしても，中断を余儀なくされ，体重やタイムが元に戻ることは珍しくはない。だからこそ，走る運動に取り組む者は怪我なく継続的に実施し続ける必要がある。それでは，なぜ走ることで怪我をするのか，そして未然に怪我を防ぐ方法はないのか。

　走ることで怪我をする理由の一つに衝撃力がある。読者は衝撃力と聞くと，どのようなことを思い浮かべるだろうか。走った時には身体にどのくらいの衝撃力が作用しているか知っているだろうか。

　走る運動の衝撃力は足が地面に接地している間に発生する。足が

89

第 2 部　スポーツをする

空中にある時は地面から衝撃力を受けることはない。それでは，走ることなくその場で静止，たとえば，座った状態や立った状態での衝撃力を尋ねられると，どのように答えるだろうか。衝撃力はゼロになるだろうか。答えはそうではない。立つためには，地面から体重と等しい力を受ける必要がある。この力があるからこそ，安定した姿勢で立てるのだ。衝撃力は地面から作用される力であり，それは人が地面に作用する力と同じ大きさである。これが力学の法則の一つである作用・反作用の法則である（阿江・藤井 2002：49）。

　筆者が専門とするバイオメカニクスでは地面から受ける力を地面反力と呼び，衝撃力の指標の一つとして考える。実際に走った時の力は板状のフォースプレート[4]という特殊な装置で計測され，3つの方向（身体が走る向きに対して前後，左右，鉛直）に分けられる。前後方向の力は推進力に関係し，鉛直方向の力は衝撃力に関係する。走力とはつまり，前後方向の力である推進力のことだ。後ろ向きの力（減速力）を小さくして，前向きの力（加速力）を大きくすると，身体は加速する。衝撃力を考える時には，鉛直方向の力を見る必要がある。実際に走った時の鉛直方向の力は図 4 - 1 になる。

　図 4 - 1 を見ると，衝撃力の最大値は体重のおおよそ 2.5 倍から 3 倍で，この大きさが片足に作用する。衝撃力と聞くと，この最も高い値のみを考えると思うが，それだけではない。図 4 - 1 に示した最も高い値を含めた①から⑤の項目が衝撃力の指標である（小山 2014，De Wit *et al.* 2000，Divert *et al.* 2005）。①から⑤は，①最初に突発的に高くなる値，②最も高い値，③①までに要する時間，④単位時間当たりの衝撃力（①を③で除した値），⑤足全体の着地した間に総合してどれくらいの力がかかっているのかを示している。これら①から⑤を全て衝撃力と呼んでいる。走る動作を思い浮かべると，多くの人が踵から着地して，足裏全体が地面と接して，その後，つま先立ちとなり，足が地面から離れる。

90

第4章 道具とスポーツ

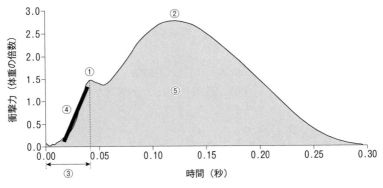

図4-1 走った時の鉛直方向の地面反力

①は足が地面と接触した瞬間に作用する力で、受動的な力（passive peak force）と呼ばれる。受動的とは、この瞬間、身体を支える、もしくは身体が着地した力を一方的に受けることを意味している。

②は、能動的な力（positive peak force）と呼ばれる。この時、①とは逆に、身体を支えるのみならず、身体を前進させる力を地面から受け取ることを意味して、能動的が使用される。

③と④について、④は①を③で除した値で、たとえば、①が同じであったとしても、作用するまでの時間の③が異なれば、足に作用する衝撃が異なるという考え方である。たとえ①が同じ値であったとしても、長い時間で作用した力なのか、短い時間で作用した力なのかの違いで、怪我の危険性が異なる。短い時間で作用した力の方が怪我の危険性は高い。

⑤は足が地面に着いてから離れるまでに作用した力の合計で、力積と呼ばれる。②と⑤の怪我との関連性については一致した見解が得られてはいない。というのも、②は能動的な力で、この力が小さければ、身体が前進することも難しくなるため、一概にこの力が弱いと良いというわけではないからだ。⑤についても同様で、受動的

91

第2部　スポーツをする

な力と能動的な力が混在し，怪我との関連を一概に結論付けること
は難しいからだ。走る時の怪我を考える上では，①，③，④が他の
②，⑤よりも重要度が高い。

　衝撃力の特徴を総合的に考えると，①，③，④を改善することで，
走る時に伴う怪我の危険性を低下させることができる。

4　シューズに関する驚くべき事実

　衝撃力を抑えて怪我を防ぐ役割を担うのがシューズである。シュ
ーズの機能性として，衝撃緩衝性，グリップ性，屈曲性，軽量性，
フィット性，耐久性，安定性，通気性などが挙げられる。なかでも，
最も重視されるのは怪我の予防に直結している衝撃緩衝性である。

　シューズを履くと，走る時には地面から直接，力を受けなくて済
む。地面と足との間にソールが存在し，そのソールが衝撃力を緩衝
するためである。そこでシューズメーカーは，衝撃緩衝性を優先し
たシューズを開発するため，企業独自の技術開発に取り組んでいる。
具体的には，重りをソールに落下させ，衝撃力を計測する。それを
開発した何種類かのソールに実施し，ベストの素材を探していくの
だ。

　またシューズには衝撃緩衝以外の機能性もあるために，ソールに
は数多くの素材を挿入する。多くのメーカーがその機能性を競い，
売り上げを競い，どのメーカーも非常に多くの異なる素材を検証し
て，シューズの機能性を高める工夫を施している。したがって，シ
ューズを履けば，衝撃力が小さくなり，怪我の危険性が低くなるの
はいうまでもない。

　ところが，衝撃緩衝をするシューズの存在が必ずしも怪我のリス
クを軽減させているとはいえないことが近年の研究で明らかになっ
てきている。シューズが怪我のリスクを抑えるという固定観念を一

第4章　道具とスポーツ

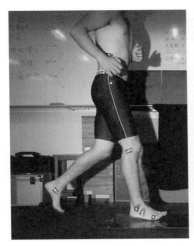

写真4-1　着地動作の相違（筆者撮影）

掃した2枚の写真をここに掲載することにしよう（写真4-1）。

　読者は2枚の写真の違いに気づくだろうか。この様な写真は学術誌『Nature』（Jungers 2010）にも掲載され，研究者の間ではさまざまな視点から議論されてきた。シューズメーカーでもシューズの衝撃緩衝機能について考えさせられることになった。2枚の写真の違いはシューズの有無による足の着地にある。左側の写真の裸足の走りは足の前方，指先側から着地し，右側の写真のシューズを履いた走りは足の後方，踵側から着地していることがわかるだろう。では，このような違いが衝撃力にどのような違いを与え，怪我を発生するリスクや走る速さなどにどのように影響するのか。

　左側の写真と右側の写真で衝撃力を比べるとことにしよう。図4-1を援用すると，①と④でシューズを履いた走りが裸足の走りと比べて大きい値を示した（Lieberman *et al.* 2010）。これは，シューズを履いた方が衝撃力の指標は大きく，怪我のリスクが高いことを示

93

第2部　スポーツをする

唆している。これまで，シューズが怪我を防ぐ道具とみなしてきた
研究者たちにとって，これは衝撃の事実であった。

　それではなぜ，裸足の走りはシューズを履いた走りと比べて，①
や④が小さくなるのだろうか。

　1970年代からのジョギングブームもあり，シューズの開発技術
は大幅に躍進している。その一方で，走る運動における怪我の発生
率は改善されないとの研究も存在する（Knapik *et al.* 2009，Knapik *et
al.* 2010）。さらに高価なシューズで走る人は安価なシューズで走る
人と比べると怪我の発生率が1.23倍を示し，高価なシューズを履
いてるランナーの方が怪我のリスクが高まることの報告もなされて
おり（Robbins and Waked 1997），シューズ開発は進展しているが，
必ずしも怪我の予防につながるという単純なものではない。だとす
れば，シューズの役割とは，いったい何なのであろうか。

5　前足部着地 vs 後足部着地

　裸足で走る方がシューズで走るより衝撃力が小さくなる理由は足
の着地動作の違いにある（Lieberman *et al.* 2010，Shih *et al.* 2013）。
写真を見ると，裸足で走る時は足の前方，指先側から着地して，シ
ューズを履いて走る時は足の後方，踵側から着地している。

　前者の走り方は前足部着地（forefoot strike），後者の走り方は後足
部着地（rearfoot strike）と呼ばれる。裸足で椅子の上から飛び降り
たり，その場でジャンプしたり，もしくは走ったりすると，おそら
く，多くの人が前足部から着地する。一方，体育授業で走り方を習
った際に，踵から着地するよう指導された人は多いのではないだろ
うか。

　ただし近年ではこの走法は適切ではないとされている。その理由
はシューズを履くだけで踵から着地する際の衝撃力が大きくなるに

もかかわらず，踵から着地しなさいと教えれば，さらに衝撃力が高まり，怪我のリスクも高まる恐れがあるためだ。実際に前足部着地で走る人と後足部着地で走る人の怪我の発生率を調べた研究では，後足部着地で走る人の方が怪我の発生率が高いことがわかっている（Daoud *et al.* 2012）。さらに前足部着地を実施させることはコンパートメント症候群[5]の症状を和らげることが研究から明らかにされている（Diebal *et al.* 2012）。走る運動のみならず，跳躍力の訓練であるジャンプトレーニング（ドロップジャンプ）においても，裸足で実施する場合とシューズを履いて実施する場合では着地動作が異なることもわかってきた（Koyama and Yamauchi 2018）。それにしてもシューズを履くと，なぜ後足部着地になるのか。

たとえば，あるランナーに裸足で走った時に前足部と後足部で着地させる。同じように，シューズを履いた時も前足部と後足部で着地させる。すると，裸足で走った時も，シューズで走った時も，前足部着地の方が後足部着地より衝撃は小さくなる。このことから，シューズを履くか否かにかかわらず，前足部着地が衝撃力を抑えられる着地方法であることがわかる（Shih *et al.* 2013）。

次に着地する地面の硬さを変えると，柔らかい地面では後足部着地になり，硬い地面では前足部着地になる。これは足の着地する場所の硬さによって着地動作を調節するためで，裸足で走る時は，着地する場所の硬さに伴う衝撃力を予想し，その衝撃力に応じて着地動作を変化させているのである（Gruber *et al.* 2013）。したがって，裸足で走った時の前足部着地の動作は，人が自然に身に付けた衝撃を緩衝する方法と考えられる。

裸足で尖ったものを踏むと痛いと感じ，熱い物に触れると熱いと感じ，次の瞬間それらの物から離れる。足裏には感覚機能が備わっている。足裏で感じた感覚を即時に身体へフィードバックして外的要因から身を守る。しかし，シューズを履いて足裏を覆うことで，

第2部　スポーツをする

着地時の衝撃力は低く，痛くないと勘違いし，足裏の感覚を鈍らせてしまう。

　したがってシューズで足裏を覆うことは足裏から身体にフィードバックする信号を阻害して，走りの着地動作の違いを発生させることになる。実際，裸足もしくは裸足に近い状態で生活する人と，シューズを履いて生活する人を比べると，裸足もしくは裸足に近い状態で生活する人は前足部着地であることが知られている（Lieberman et al. 2015）。これらを考え合わせるなら，シューズ依存が，人間が本来もつ身体への負担を軽減する方法を失わせているという推論も成り立つ。

6　進化に伴う走動作の変化

　かつて人類はシューズを履いてなかった。今から約4万5000年前にシューズを履くようになったとされ，約1万年前のヤマヨモギで編んだサンダルがアメリカのオレゴン州のフォートロック洞窟で，また約5500年前に牛の皮で作られたシューズがアルメニアの洞窟で発見されている。これらの履物は今日のシューズと比べると靴底が非常に薄く，その薄さゆえに履物への依存度は低かったと思われる。

　それにしてもかつてはどのような目的で履物を作成していたのだろうか。

　『人体600万年史』（リーバーマン 2013a：110‒148）では，人が生きることを目的として走り，人が走るための進化について書かれ，『BORN TO RUN』（McDougall 2009）ではメキシコ北部の秘境でのウルトラランナーと走る民族との違いについて描かれている。

　現在，人は両脚で身体を支え，二足で立ち，歩き，走る。一方で，人以外の動物は両手と両脚を使用して，四足で身体を支え，立ち，

歩き，走る。人は動物でありながら，唯一，常習的に二足で生活する動物とされる。ゴリラやチンパンジーの姿を想像するとわかりやすい。ゴリラやチンパンジーが四足で歩く姿はナックルウォークと呼ばれる。人も一昔前までは同じようにナックルウォークで歩き，走って生活していた（Stanford 2003：22-84）。

　人類はなぜ二足になったのか。その答えを見つけるためにはタイムスリップして，祖先の生活環境を見ればいいかもしれない。が，今では推測することしかできない。

　1871 年にダーウィンは，化石記録等がない時代にもかかわらず，人類の最古の祖先が二足になったことを推測した。かつて人類は，気温の寒暖差が激しい過酷な状況下で，生きるため，気候が安定した場所に移動する必要があった。さらに食糧を獲得するためには獲物を追って，狩る必要がある。したがって気候が安定した場所に移動するためには長時間を移動する能力が求められ，動物を狩るためには速く移動する能力が要求された。生きるためへのこれらの要求に対して，ヒトはナックルウォークでは効率的な観点から対処しきれなかったと考えられる。かりに自分でも四足で歩行したり，走ればつらさを実感することができるだろう。このつらさを改善するために，人類は二足で移動する手段を選択し，進化した。

　それではなぜ，二足動作はナックルウォークのような四足動作より効率が良いのか。

　バイオメカニクスの分野では効率は単位時間当たりの仕事（パワー），もしくは単位距離当たりの酸素摂取量（酸素コスト）で評価をおこなう。たとえば，10 kg の重りを 1 km 運ぶために要する時間が短いほど効率は良い。同じように，体重 60 kg の人が 1 km を移動した時，酸素を摂取する量が少ないほど効率は良いとされる。

　この評価基準で，四足動作のナックルウォークと二足動作を比べてみる。

第2部　スポーツをする

　四足動作のナックルウォークは股関節，膝関節，足関節を極端に
曲げた姿勢で常に重力が作用する。動作中では各関節をさらに曲げ
ようとする力が働くため，臀部やふくらはぎ周りの筋が力を発揮し
続ける状態が続き，非常に疲れる。さらに身体を前進する際には，
脚の関節を曲げることで歩幅が短くなり，移動距離を稼ぐことはで
きない。また移動時には身体も左右方向に大きく揺れてしまう。

　一方，二足動作ではどうか。身体動作の全体的な特徴を捉える時
は身体の重心（身体重心）[6]の動きで評価される。二足動作の歩行
では，身体重心は振り子が左右に揺れる軌跡と逆になり，走行では
振り子が左右に揺れるように軌跡を描く。身体重心が振り子の軌跡
を描くことは，位置エネルギー[7]と運動エネルギー[8]の観点から
実に効率が良い動作であるといえる。

　二足歩行では足が接地した直後から身体重心が上がって位置エネ
ルギーを獲得する。その後，重心の位置が下がり，位置エネルギー
を運動エネルギーに変換して身体を前方へ進める。走行においても
歩行と同様に身体重心の上下動をうまく利用して身体を前方へ進め
る。実際の測定においても，股関節と膝関節を曲げた歩き方は普通
の歩き方と比べて相当，効率が悪くなる。たとえば，体重45 kg の
チンパンジーが3 km 歩くと約140 kcal を消費するが，この140 kcal
は20 kg も重い65 kg の人が同じ距離を歩いた時の約3倍に相当す
る（Sockol *et al.* 2007）。またチンパンジーに二足と四足で歩かせる
と，四足では二足と比べて消費するエネルギーが四倍に達する
（Sockol *et al.* 2007）。このことからも，四足動作が二足動作と比べ
てどれだけ効率が悪いかがわかるだろう。理論的に話すよりも実際
に四足動作と二足動作を実施してみると，四足動作で移動すること
のたいへんさが実感できる。

　人類は生きるために四足から二足で走ることへ進化した（Bram-
ble and Lieberman 2004）。さらに原始人類と現在の我われでは走る目

98

的が大きく異なる。原始人類にとっては，筋力を余計に用いる重い
シューズは不必要で，できる限り軽量で無駄なく，移動しやすいシ
ューズが必要とされた。とはいえ，かつての人類は現在の我われの
ようにシューズを履かなくとも足に怪我を起こさなかった。現在に
おいてもシューズを履かない人々は存在する。そのことを踏まえる
と，その謎は人の足に隠されていることが考えられるのではないだ
ろうか。

7 人の足の神秘

　人類が四足から二足に進化する過程において，身体もその動作変
化に適応するために変化した。その一つが土踏まず（アーチ）であ
る。四足であった頃の足の化石を調べるとアーチは存在しない（リ
ーバーマン 2013b：59-66）。一方，現代の多くの人にはアーチが存在
する。いったい，アーチはどのような目的で形成されたのか。

　足には3つのアーチ（外側縦アーチ，内側縦アーチ，横アーチ）が
存在し，内側縦アーチの役割に着目した研究が多い。内側縦アーチ
は図4-2に示した足の踵骨，距骨，舟状骨，楔状骨，中足
骨で形成される。舟状骨を頂点として他の両端を踵骨と中足骨で結
ぶ三角形の構造で示され，トラス構造とも呼ばれる。内側縦アーチ
は骨と骨を結ぶ靱帯，関節を動かす筋と腱で構成される。それでは
内側縦アーチは人の動きに，どのように機能するのか。

　アーチの機能が，前述した着地動作に加えて，人の二足動作にお
ける衝撃緩衝の役割を果たし，さらに推進力を補助する役割も果た
していた。

　二足動作におけるアーチの役割は衝撃を緩衝する機能と，身体を
推進方向に移動させる力を補助する機能の二つあることが知られて
いる。たとえば，人が歩く，走る時には体重の2倍以上の衝撃力が

第 2 部 スポーツをする

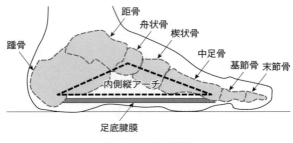

図 4 - 2 足の構造

作用する。足は地面と唯一，接触する身体部位で，衝撃力が加わる間，アーチの頂点の舟状骨が下がり，両端の踵骨と中足骨との距離が広がって，舟状骨の頂点の角度がより広くなった三角形に変形する。アーチが衝撃力に伴って変形することで衝撃を吸収する役割を果たす。たとえば，その場で座った状態から立つと，足の長さ（踵からつま先までの長さ）が長くなり，地面から舟状骨までの高さが下がる。足に体重の半分の重さが加わり，その重さで足が変形する。もしもこの変形がなければ，身体の他の部位には負担がかかってしまい，怪我のリスクを高めることになる。したがって，足のアーチによる衝撃緩衝の役割は怪我のリスクを抑えるために重要であることがわかる。このアーチ形状が視覚的に見られない足は偏平足と呼ばれ，足の病気，もしくは身体運動の良し悪しに影響するかどうかについての議論が進められている。

次に人が移動する時には衝撃力を反撥力として利用する。その際，足は衝撃緩衝性と反撥性といった，相反する機能性をそれぞれ異なるタイミングで発揮する。衝撃緩衝性は足が地面に接地した直後で，反撥性はその後になる。足が地面と接地した直後，衝撃を緩衝するためにアーチが変形する。その後，足が踵から離れ，身体も前に進もうとする時には衝撃力が次第に小さくなり，アーチに作用する力

第 4 章　道具とスポーツ

も弱まり，アーチの変形が元に戻る。アーチが元に戻ることによって反撥性の機能が発揮される。アーチを形成する三角形の底辺である踵骨から中足骨には足底腱膜と呼ばれるゴムのような弾性体が存在する。足が地面と接地した直後ではアーチの変形に伴って足底腱膜が伸びる。その後，アーチの変形が元に戻ることで足底腱膜が縮んで元の長さに戻る。

　足底腱膜の長さ変化をゴムに例えると，まず足が接地した直後ではゴムが伸ばされ，ピンと張った状態で弾性力が蓄えられる。次にアーチの変形が元に戻ることから，ピンと張ったゴムの弾性力を活かして元の長さに戻る。このゴムと同じ仕組みがアーチに備わり，アーチの弾性力が身体の移動力に貢献することと考えられている。アーチの弾性力を大きく発揮するためには足指の動作も重要となる。歩く，走る動作で足が最終的に地面から離れる瞬間には，踵は地面から浮いて，足指付近の関節が折れ曲がった状態になる。足指付近の関節が折れ曲がることで，足底腱膜が中足骨部分で巻き上げられ，さらに引っ張られた状態になる。足底腱膜が引っ張られるほど弾性力が増して，身体の推進力を増幅させようとする機能（ウィンドラスメカニズム）が発揮される（Hicks 1954, Fuller 2000）。人の足にはシューズを履かなくとも，怪我を予防する機能や運動能力を向上させる機能がそもそも備わっている。

　かつてレオナルド・ダ・ヴィンチは「足は人間工学上，最大の傑作であり，そしてまた最高の芸術作品である」と述べた。かつて人類はシューズという道具に頼らず，本来の足の機能を最大限に活用させて，身体を支えてきたのではなかろうか。

8　人を支える今後のシューズ

　我われの社会は明らかに発展し，衣食住にさまざまな恩恵がもた

第 2 部　スポーツをする

らされたことは間違いない。現在の科学技術は，たとえ大きな寒暖差があっても住む環境を整備することで好みの場所に住むことを可能にした。食糧も自給自足することなく手に入り，食糧難に見舞われることもない。交通手段も発達して，自らの脚を使わなくとも短時間かつ自動で遠方に移動することができる。我われの社会は昔よりも遥かに発展して，進化し続けている。

　一方で，人の身体はどうか。肥満体型の人が増え，生活習慣病と呼ばれる昔にない病気を発症する人も増えている。生活習慣病は病名の通り，日々の生活習慣が関係し，その習慣には運動習慣も含まれる。たとえば，運動もすることなく，飲食によるカロリーの過剰摂取が糖尿病などを引き起こすことが挙げられる。

　人の取り巻く環境は進化している。その一方，人の身体は退化している可能性がある。足もその一つなのかもしれない。ヒトが裸足で生活していた時代，地面は土と草原に覆われ，足を着く場所は比較的に柔らかく，衝撃を緩衝してくれていた。現在では，道は舗装され，硬く，時に熱を持ち，裸足で着くことは困難である。こうした状況の変化に合わせてシューズメーカーもさまざまな技術を駆使してシューズを開発し続けている。

　一方で足は，シューズの進化の恩恵に依存し過ぎ，足裏の皮膚の感覚が鈍麻させられ，前足部着地の動作が失われ，アーチの機能性も発揮しづらい状況になっている。実際，裸足で生活している人はシューズを履いて生活している人と比べると，足が大きいことが判明している（Shu *et al.* 2015）。

　また女性は外見上の魅力を重視して，足型に合わないヒールを履くことで，外反母趾という足の歪な変形を引き起こすことが知られている（Nyska *et al.* 1996）。シューズそのものの機能性は進化しているが，その一方で身体を支える足は退化してるかもしれない。足の退化を懸念する種々の議論が，近年シューズメーカーに五本指

や薄いソールの裸足に近似したシューズを開発させている。これら
のシューズは minimalist shoes，もしくは barefoot shoes と呼ばれる
（Altman and Davis 2012）。

　ランナーの間でも薄底のシューズを履いた方が良いのか，厚底の
シューズを履いた方が良いのか，議論が巻き起こっている。どちら
を履くと速くなるかについてはわかっていない。ただ minimalist
shoes や barefoot shoes を履くと走りの効率が良くなること（Paulson
and Braun 2014）や，足部筋群が鍛えられることが判明しており
（Altman and Davis 2012），これらのシューズは通常のシューズと比
べると裸足の利点を生かすことができると考えられている（Squad-
rone and Gallozzi 2011）。『一流はなぜ「シューズ」にこだわるのか』
（三村 2016）は，ランナーにとってのシューズの重要性を述べ，足
の特性を知らずにランナーのシューズを作ることはできないと主張
している。さらに速いランナーは遅いランナーと比べると，足が大
きく発達していると述べる。

　筆者はシューズを履くことを否定している訳ではない。ただ足の
機能を劣化させず，退化させないシューズが重要なのだ。たしかに，
ときには，安全な環境下においてシューズを履くことを控え，足裏
の感覚を研ぎ澄まし，痛みや温度を直接，感じた方が良いかもしれ
ない。また，裸足で足指の運動を実施して，アーチを支える筋や腱
を鍛える偏平足の改善に取り組んでもよい。人の手は普段，手袋等
で覆うことなく，頻繁に握り，荷物を運ぶ時には握力を発揮する。
それに比べて，我われは足，および足指を，手を使うほどなまで使
っているとはいえない。人の身体を支える上で足の機能は必須であ
り，今後のシューズには足が本来もつ機能を阻害しないシューズ，
またシューズの履く頻度を減らすことが求められているといえるだ
ろう。

第 2 部　スポーツをする

【注】

1 ）アデノシン 3 リン酸は，アデノシンのリボース（糖）に 3 個のリン酸基がつながった構造をもつ。エネルギー代謝の中心的役割を果している高エネルギーリン酸化合物で生体のエネルギー通貨とも呼ばれる。筋収縮，蛋白質，核酸，多糖類，脂質の合成などあらゆる生命活動に利用される。

2 ）足底腱膜炎は，足底腱膜付着部への時間的，力学的なストレスが原因とされ，ストレスの集中により生じる。初期の病状と慢性の病状の病態がある。足底腱膜の初期の炎症による病状は，圧迫や牽引によるストレスが繰り返されることで生じる。慢性の病状は，微細な外傷が短期間に繰り返され，治癒のバランスが崩れて組織の線維化，変性，腱膜の付着部の骨棘形成などの器質的変化が進むことで生じる。

3 ）腸脛靱帯炎は，膝の慢性的な障害の一つである。運動による膝の曲げ伸ばしを繰り返すことで大腿骨の外側上顆で炎症が生じ，膝の外側が痛くなる。

4 ）フォースプレートは，床反力もしくは地面反力と呼ばれる身体とフォースプレート間の相互作用に発生する力を計測する装置である。運動時に発生する鉛直方向，前後方向，左右方向の力を計測する。

5 ）コンパートメント症候群は，別名では筋区画症候群とも呼ばれ，コンパートメント（筋区画）の内圧上昇による循環障害によって筋や神経の機能障害が生じる症状である。

6 ）身体重心は，身体の各部分に作用する重力を一つにまとめた合力の作用点で，全身の運動を表す時に代表な点として表される。

7 ）位置エネルギーは，ある位置で物体にたくわえられるエネルギーである。たとえば，重力加速度 g として，質量 m の物体が基準面から h だけ高い位置にあると，その物体が持つ位置エネルギー E は E＝mgh となる。つまり質量が同じ場合には，高い位置であればあるほど位置エネルギーが高い。

8 ）運動エネルギーは，物体の運動に伴うエネルギーで，物体の速度を変化させる際に必要な仕事である。たとえば，質量 m の物体が速度 v で運動すれば，運動エネルギー K は，K＝1/2mv2 と表される。つまり，同じ質量であれば，速いほど運動エネルギーは高い。

【参考文献】

安部孝・琉子友男，2010，『これからの健康とスポーツの科学』，講談社，pp.

87‑103。

阿江通良・藤井範久，2002，『スポーツバイオメカニクス 20 講』，朝倉書店，p. 49。

Altman, A. R., Davis, I. S., 2012, "Barefoot running: biomechanics and implications for running injuries," *Current Sports Medicine Reports,* 11(5): pp. 244‑250.

Bramble, D. M., Lieberman, D. E., 2004, "Endurance running and the evolution of Homo," *Nature* 432(7015): pp. 345‑352.

Daoud, A. I., Geissler, G. J., Wang, F., Saretsky, J., Daoud, Y. A., Lieberman, D. E., 2012, "Foot strike and injury rates in endurance runners: a retrospective study," *Medicine and Science in Sports and Exercise* 44(7): pp. 1325‑1334.

De Wit, B., De Clercq, D., Aerts, P., 2000, "Biomechanical analysis of the stance phase during barefoot and shod running," *Journal of Biomechanics* 33(3): pp. 269‑278.

Diebal, A. R., Gregory, R., Alitz, C., Gerber, J. P., 2012, "Forefoot running improves pain and disability associated with chronic exertional compartment syndrome," *The American Journal of Sports Medicine* 40(5): pp. 1060‑1067.

Divert, C., Mornieux, G., Baur, H., Mayer, F., Belli, A., 2005, "Mechanical comparison of barefoot and shod running," *International Journal of Sports Medicine* 26(7): pp. 593‑598.

Fuller, E. A., 2000, "The windlass mechanism of the foot. A mechanical model to explain pathology," *Journal of the American Podiatric Medical Association* 90(1): pp. 35‑46.

Gruber, A. H., Silvernail, J. F., Brueggemann, P., Rohr, E., Hamill, J., 2013, "Footfall patterns during barefoot running on harder and softer surfaces," *Footwear Science* 5(1): pp. 39‑44.

Hicks, J. H., 1954, The mechanics of the foot. II. "The plantar aponeurosis and the arch," *Journal of Anatomy* 88(1): pp. 25‑30.

Jungers, W. L., 2010, "Biomechanics: Barefoot running strikes back," *Nature* 463(7280): pp. 433‑434.

Knapik, J. J., Brosch, L. C., Venuto, M., Swedler, D. I., Bullock, S. H., Gaines,

第 2 部　スポーツをする

L. S., Murphy, R. J., Tchandja, J., Jones, B. H., 2010, "Effect on injuries of assigning shoes based on foot shape in air force basic training," *American Journal of Preventive Medicine* 38(1 Suppl)： pp. 197‑211.

Knapik, J. J., Swedler, D. I., Grier, T. L., Hauret, K. G., Bullock, S. H., Williams, K. W., Darakjy, S. S., Lester, M. E., Tobler, S. K., Jones, B. H., 2009, "Injury reduction effectiveness of selecting running shoes based on plantar shape," *Journal of Strength and Conditioning Research* 23(3)： pp. 685‑697.

公益財団法人 笹川スポーツ財団 HP，2016，https://www.ssf.or.jp/report/sldata/tabid/381/Default.aspx，2018 年 9 月 1 日閲覧。

厚生労働省 HP，2013，https://www.mhlw.go.jp/stf/houdou/2r9852000002xple-att/2r9852000002xpqt.pdf，2018 年 9 月 1 日閲覧。

小山桂史，2014，「ランニングにおける足の機能」『RUNNING style 69』，枻出版社，pp. 18‑21。

Koyama, K., Naito, H., Ozaki, H., Yanagiya, T., 2012, "Effects of unstable shoes on energy cost during treadmill walking at various speeds," *Journal of Sports Science & Medicine* 11(4)： pp. 632‑637.

Koyama, K., Yamauchi, J., 2018, "Comparison of lower limb kinetics, kinematics and muscle activation during drop jumping under shod and barefoot conditions," *Journal of Biomechanics* 69： pp. 47‑53.

Landry, S. C., Nigg, B. M., Tecante, K. E., 2010, "Standing in an unstable shoe increases postural sway and muscle activity of selected smaller extrinsic foot muscles," *Gait & Posture* 32(2)： pp. 215‑219.

リーバーマン，ダニエル．E，2013a，塩原通緒訳『人体 600 万年史（上）：科学が明かす進化・健康・疾病』，早川書房。

リーバーマン，ダニエル．E，2013b，塩原通緒訳『人体 600 万年史（下）：科学が明かす進化・健康・疾病』，早川書房。

Lieberman, D. E., Venkadesan, M., Werbel, W. A., Daoud, A. I., D'Andrea, S., Davis, I. S., Mang'eni, R. O., Pitsiladis, Y., 2010, "Foot strike patterns and collision forces in habitually barefoot versus shod runners," *Nature* 463(7280)： pp. 531‑535.

Lieberman, D. E., Castillo, E. R., Otarola-Castillo, E., Sang, M. K., Sigei, T. K., Ojiambo, R., Okutoyi, P., Pitsiladis, Y., 2015, "Variation in foot strike patterns among habitually barefoot and shod runners in Kenya," *PLoS One* 10(7): e0131354.

McDougall, C., 2009, 近藤隆文訳『BORN TO RUN 走るために生まれたウルトラランナー VS 人類最強の"走る民族"』, NHK 出版。

三村仁司, 2016,『一流はなぜ「シューズ」にこだわるのか』, 青春出版社。

Nyska, M., McCabe, C., Linge, K., Klenerman, L., 1996, "Plantar foot pressures during treadmill walking with high-heel and low-heel shoes," *Foot & ankle international* 17(11): pp. 662-666.

小澤匡行, 2016,『東京スニーカー史』, 立東舎。

Paulson, S., Braun, W. A., 2014 "Mechanical and physiological examination of barefoot and shod conditions in female runners," *International Journal of Sports Medicine* 35(9): pp. 789-793.

Robbins, S., Waked, E., 1997, "Hazard of deceptive advertising of athletic footwear," *British Journal of Sports Medicine* 31(4): pp. 299-303.

Shih, Y., Lin, K. L., Shiang, T. Y., 2013, "Is the foot striking pattern more important than barefoot or shod conditions in running?," *Gait & Posture* 38(3): pp. 490-494.

Shu, Y., Mei, Q., Fernandez, J., Li, Z., Feng, N., Gu, Y., 2015, "Foot morphological difference between habitually shod and unshod runners," *PLoS One* 10(7): e0131385.

Sockol, M. D., Raichlen, D. A., Pontzer, H., 2007, "Chimpanzee locomotor energetics and the origin of human bipedalism," *Proceedings of the National Academy of Sciences of the United States of America* 104(30): pp. 12265-12269.

Squadrone, R., Gallozzi, C., 2011, "Effect of a five-toed minimal protection shoe on static and dynamic ankle position sense," *The Journal of Sports Medicine and Physical Fitness* 51(3): pp. 401-408.

スタンフォード・C, 2003, 長野敬訳・林大訳『直立歩行——進化への鍵』, 青土社。

第5章 筋肉への欲望とその帰結

信仰的言説としてのインナーマッスル

廣瀬立朗

1 はじめに

インナーマッスルなる用語がある。インナーマッスルとは，身体の深部に位置する筋肉のこと，表層にあるアウターマッスルと大別される。インナーマッスルの多くは関節付近にあり，関節動作を安定させる働きをする。それに対してアウターマッスルの多くは関節動作を起こす働きをする。このアウターマッスルを鍛えるといわゆるムキムキの身体になる。従来のトレーニングはこちらに重点をおいてきた。しかし，1995年以後，日本ではインナーマッスルの重要性が強調されはじめる。

「インナーを鍛えれば，ハードなトレーニングは必要なし」。こうした雑誌記事を目にすると，新しい筋肉の存在（新しい筋肉概念）が救世主のように映じてくる。「アウターマッスルはいらない」。基礎代謝の限りない向上。そして理想のスタイル。そんな言葉と恣意的に連想が結びついてしまう。しかし記事をよく読んでみるなら，その効果はどうもあやしい。

たとえば，「ドローイン（息を吐きながら腹を凹ませること）で体幹に芯を作れば，コアは強い力を発揮する」などという小見出しをみると，専門家なら首をかしげざるを得ない。ちなみに記事にはドローインで芯を作るというのがどのようなことを意味するかは記されていない（「体幹に芯をつくるイメージでコアを安定させる」）。おそ

109

第 2 部　スポーツをする

らく，腹圧を高めることが芯を作ることを意味しているのだろう。

　体幹はいわゆる胴体である。胴体は肋骨と骨盤によりそれぞれ支えられ安定した胸部と下腹部，また背骨だけの不安定な腹部に分けられる。腹部には筋肉群に囲まれた腹腔と呼ばれる空間に内臓が存在している。運動時には下半身の力を上半身に伝えるために胴体を安定させる必要がある。その時，腹部筋肉群と呼吸を使い腹腔内の圧力を上げ，背骨を前から支え，曲がらないようにして安定させる。

　しかし，ドローインでは腹圧は高まることはなく，むしろ従来知られているバルサルバ法[1]の方が，はるかに効果があるとされる。ドローインでは腹圧を高めたとしても，多くて圧は 38 mmHg であり（Tayashiki *et al.* 2016b），腹筋群に力を入れ，息を吸って止めるというバルサルバ法では，おおよそ 200 mmHg を超えるとされる（Goldish *et al.* 1994）。

　ドローインとバルサルバ法については詳しく後述する。が，このことからわかるように体幹部の安定を目指すなら，従来のトレーニング法を用いた方が効果は大きいとわかる。同様に従来のトレーニング方法がインナーマッスル・トレーニングより優れていることは少なくない。

　とはいえ，ネット上には「マラソンに必要な筋肉はボディビルダーのようなアウターマッスルではなく，しなやかで強いインナーマッスルです」といった言説があふれている。

　そこで本章では，近年注目されているインナーマッスルに対する，このような過剰な期待，あるいは誤解についていくつか紹介し，解説を加える。とくに誤解しやすい点は，多くがインナーマッスル・トレーニングに期待するあまり，実際にはアウターマッスルとの連携を必要とするにもかかわらず，インナーマッスルのみで完結しているような印象を与える点にある。このことについて事例を示し，解説することにしたい。

110

第5章 筋肉への欲望とその帰結

2 インナーマッスルの誕生

2.1. インナーマッスルの語誌

本題に入るまえに，そもそも「インナーマッスル」なる用語が，いつごろから見られるようになるのか確認しておこう。インナーマッスルという言葉を，トレーニング分野で最初期に用いたのは立花龍司とされる。

立花は1995年刊行『ベースボールプレーヤーズ　TCA理論【肩編】──野球選手のための肩の強化法──』（日刊スポーツ出版社）においてこの語を用いている。

> "インナーマッスル" という言葉を，初めて聞いた人も多いでしょう。では "ローテータ・カフ" はどうですか。これなら，投手をやっている人であれば，近年よく耳にしているのではないでしょうか。
> 　インナーマッスルとは，ローテータ・カフに代表される肩の深部にある小さな筋肉を指しています（近年いろいろな解釈があるようですが，本書ではインナーマッスル＝ローテータ・カフと理解してください）（立花1995：9）。

ここでローテータ・カフに限定して，インナーマッスルの語を用いている。立花はこれに先行する1994年刊行の著書『ピッチャーズ／コンディショニング』（日刊スポーツ出版社）では「ローテータ・カフ」（肩腱板）については言及しているものの，「インナーマッスル」なる語は用いていない。ちなみに，『現代用語の基礎知識』（自由国民社）では「インナーマッスル」は2002年から立項されているから，この語が用いられて20年ほど経過していることになる。

さらに補足すればインナーマッスルは和製英語であり，欧米の研究論文やトレーニング用語では「インナー（inner）」を冠するなら

111

第 2 部　スポーツをする

「インナー・コア・マッスル（inner core muscle）」「インナー・マッスル・ユニット（inner muscle unit）」の語を用いるのが一般的である。「インナー・マッスル（inner muscle）」はみられない。日本でインナー・マッスルと総称される筋群は欧米では「ディープ・マッスル（deep muscle）」を用いるのが一般的なようである。

2. 2.　インナーマッスルの概要

　この語を用いた立花のインナーマッスルは，前記引用にあるようにローテータ・カフに限定されていた。ローテータ・カフは，4 つの筋肉を総称した呼び名で，棘上筋，棘下筋，小円筋，肩甲下筋の，とくに肩甲骨から上腕骨骨頭付近（大結節・結節間溝）に付着する，板のようになっている腱のことを意味する。しかし現状，広く用いられているインナーマッスルの語はローテータ・カフに限定されているわけではない。

　現状インナーマッスルは大きく①肩部，②腹部，③股関節部の 3 つに大別される。

　①肩部のローテータ・カフは前記した。②腹部には，内腹斜筋，腹横筋，横隔膜，骨盤底筋群，③股関節部には，骨盤と大腿骨を前面からつなぐ，大腰筋，小腰筋，腸骨筋，これら 3 つを総称して腸腰筋という。さらに後面には梨状筋，中殿筋，小殿筋のこれらの筋群がインナーマッスルとされる。

　それぞれのインナーマッスルの機能は骨を動かすことにある。①肩部（＝ローテータ・カフ）では棘上筋が上腕の外転と外旋，つまり腕を上げる，外側にひねる働きをする。棘下筋と小円筋は上腕の外旋，つまり腕を外側にひねる働きをする。肩甲下筋は上腕の内旋，つまり内側にひねる働きをすることになる。また棘上筋以下の筋群は関節がグラグラしないよう，安定させる働きをしている。

　②腹部・内腹斜筋は体幹部の回旋，屈曲，側屈をおこなう。つま

り，上体をひねる，また上体を横にまげるなどの働きをする。ちなみに前屈の場合は腹直筋によってなされるためアウターマッスルということになる。さらに腹横筋は腹をへこませる働きをしている。

　③股関節部・腸腰筋は股関節の屈曲，大腿骨を前方や上方に動かす，つまり股関節を曲げる働きをする。中殿筋と小殿筋は股関節の外転，つまり腿を外側に開く働きをする。梨状筋は股関節を外旋，つまり外側にひねる働きをする。これらが主なインナーマッスルの働きとなる。

　これらのインナーマッスルをトレーニングする当初の目的はプレハブにあった。プレハブとはケガや障害を起こさないための予防的アプローチのことである。

　立花はプロ野球の近鉄バファローズ・コンディショニングコーチとして活躍していたから，当然，野球に関連するインナーマッスル，なかでも投手のプレハブに関連する①肩部（ローテータ・カフ）のみに注目していた。

　一般的に投手の投げる動作は6つの局面に分けられる。ワインドアップ，ストライド，コッキング，加速，減速，フォロースルーである。各局面で使用されるインナーマッスルは肩甲下筋がコッキングと加速に用いられ，棘上筋と棘下筋は減速とフォロースルーに用いられる。

　投球フォームで腕を上げ，上腕が外転してから内転する際，肩甲下筋は力を発揮しながら引き延ばされる。投げ終わり，球が手から離れ，棘上筋と棘下筋は上腕にブレーキをかけることで減速し，フォロースルーとなる。投球フォームで腕を上げ振りかぶる段階で，肩甲下筋は力が入った状態で強く引っぱられるため「エキセントリック収縮[2]」が起こる。この「エキセントリック収縮」が筋線維に微細な損傷を与え，この損傷から起こる炎症が筋肉痛である。さらに，この損傷が蓄積されると「肩を壊す」状況を引き起こす。そ

第2部　スポーツをする

のため多投・連投が控えられる。こうした「エキセントリック収縮」による筋肉損傷を最小限に抑えるため，インナーマッスル・トレーニングの重要性が提唱されたのであった。

つまり当初インナーマッスル・トレーニングはプレハブにあったとわかる。

では，現在ではどのような効果を期待してインナーマッスル・トレーニングが実施されているのだろうか。具体的に見てみることにしたい。

3　インナーマッスル・トレーニングの具体的検証例

3. 1.　現状インナーマッスル・トレーニングに期待されている事柄
（誤解と効果）

インナーマッスル・トレーニングはそもそも筋トレとしてイメージされるものから隔たっている場合が多い。従来，筋トレとして考えられるのは重い負荷を筋肉に与えるイメージだろう。スポーツ選手の筋トレといえば，ウエイトトレーニングにみられるスクワットやベンチプレス（シャフトを持ち上げる行為等々）のイメージとなる。これらはアウターマッスルを効果的に肥大させるために開発されたトレーニング方法であった。

これに対してインナーマッスル・トレーニングに期待されているのは運動量の少なさと手軽さだろう。市販されている健康雑誌には誤解されうる記事が再見される。たとえば，インナーマッスルを鍛える前の5か条として「急ぎすぎ注意」「呼吸を止めるな」「ポジション定めよ」「回数制限あり」「高負荷禁止」なる項目が掲げられる。「回数制限あり」「高負荷禁止」といった項目から，このトレーニングに期待されている事柄がうかがえるだろう。それは運動量の少なさと簡便さである。

114

第 5 章　筋肉への欲望とその帰結

　実際，インナーマッスル・トレーニングはゴムチューブや，バランスボールといった簡単な道具で実施できる。しかも運動量が少ないにもかかわらず，それまで鍛えられていなかった筋群に刺激を与えるため，これまで以上に基礎代謝を上げることができるかのようにイメージされていることが少なくない。

　つまり効率的に痩せられるイメージがインナーマッスル・トレーニングに期待されているといえそうだ。さらにダイエットに関連して，つまり腹を凹ませるトレーニングとしても期待されている。

　またインナーマッスル・トレーニングを紹介する記事の多くが姿勢に言及している。「生活の乱れは服装に表れるというけれど，インナーマッスルの乱れは姿勢に表れる」などとしてインナーマッスル・トレーニングによって姿勢が改善されることがうたわれることが多い。その延長線上に姿勢を改善し，さらに前記した腹圧を高める「インナーマッスルをコルセット」にすることで運動時のパフォーマンスを上げることが可能となるとの言説も多く見受けられる。スポーツ選手たちが始め，そして，ここまで定着したインナーマッスル・トレーニングであるから，このトレーニングに期待されているのは，アウターマッスル・トレーニングより簡便で負荷が少ないこと，ダイエット効果（腹部が凹む，あるいは腹圧の上昇），運動時におけるパフォーマンス向上だろう。

　また，トレーニングに関係なく，アウターに対するインナーのイメージは反対のものをイメージさせる。〈表層（浅い）／深層（深い）〉〈大きい筋肉／小さい筋肉〉これらは相対的事実だが，実際とは異なるイメージもここに付加されていくことになる。〈速筋線維（以下「速筋」）／遅筋線維（以下「遅筋」）〉，しかもトレーニングとしては〈高負荷／低負荷〉ということになる。ただし，これについては後述するが，小さい筋肉であっても負荷が大きければその筋肉は肥大する。インナーマッスルと呼ばれる筋群もトレーニングすれば

115

第2部 スポーツをする

当然効果が出る。が，高負荷や限界回数をかけなければ肥大しない。したがって代謝も上がらないことはいうまでもないだろう。にもかかわらず，インナーマッスル・トレーニングでは「回数制限あり」「高負荷禁止」が喧伝されている。

さらに，これまで焦点をあてられてこなかった筋群であることも手伝って，未開発の部位を新たに鍛錬する対象とみなし，それまで以上の基礎代謝を期待する人々にとって可能性を秘めた筋群のように映じているようだ。ゆえに，このトレーニング方法が現在なお流行しているのかもしれない[3]。

しかし，つぎにインナーマッスルと呼ばれている筋群に対するトレーニングの科学的検証結果についてみてみることにしよう。

3.2. 実証研究1：インナーマッスルは〈遅筋〉優位ではない

そもそも筋肉は〈速筋〉と〈遅筋〉に大別される。大きな力を発揮して速く縮む〈速筋〉と，小さな力を発揮してゆっくりと縮む〈遅筋〉である。筋肉が作用するときには力の弱い〈遅筋〉から動員され，やがて〈速筋〉が作用する。つまり小さな力が必要なときには〈遅筋〉が活躍し，逆に大きい力が必要な際には〈速筋〉がこれに加わる。もちろん，例外もある。ジャンプなど瞬発的に大きな力を必要とするときは〈速筋〉のみが作用する。

従来，アウターマッスルには〈速筋〉，インナーマッスルには〈遅筋〉が多いとイメージされてきた。おそらく，これはふくらはぎの腓腹筋とヒラメ筋の筋線維組成が関係しているのかもしれない。

ふくらはぎには腓腹筋とヒラメ筋が隣接して機能している。この場合，骨格に近いヒラメ筋に〈遅筋〉が多く，外側にある腓腹筋に〈速筋〉が多いことが知られる。ここから内側に〈遅筋〉，外側に〈速筋〉との類比がはたらき，アウターであれば〈速筋〉，インナーであれば〈遅筋〉がイメージされるのだろう。

116

第 5 章　筋肉への欲望とその帰結

表 5 - 1　インナーマッスルにおける〈遅筋〉の割合

筋肉名	〈遅筋〉の割合	論文著者名　※タイトルについては後掲
棘上筋	50%, 54%, 60%	Srinivasan *et al.* 2007, Lovering *et al.* 2008, Kim *et al.* 2013
棘下筋	41%, 48%	Lovering *et al.* 2008, Srinivasan *et al.* 2007
小円筋	49%, 49%	Srinivasan *et al.* 2007, Lovering *et al.* 2008
肩甲下筋	37%, 38%	Srinivasan *et al.* 2007, Lovering *et al.* 2008
大腰筋	40%	Arbanas *et al.* 2009
内腹斜筋	18%	Márquez *et al.* 1990
横隔膜	42%, 45%, 50%	Levine *et al.* 2002, Levine *et al.* 1997, Doucet *et al.* 2004

（筆者作成）

　そのため，インナーマッスル・トレーニングでは「深部に存在する〈遅筋〉であるインナーマッスル」に効果的な方法として「低負荷」が提唱される。

　しかし，アウターであれ，インナーであれ，どちらの筋群も〈速筋〉〈遅筋〉の両方を含んでいる。そのことは生理学ではよく知られる。

　それではインナーマッスルにおける筋線維組成の実態について研究論文をみてみよう。じつは各インナーマッスルにおける筋線維組成研究はかなり以前からおこなわれている。

　種々の研究論文におけるインナーマッスルの〈遅筋〉の割合を総合してみると以下のようになる。

　表 5 - 1 をみてわかるように報告によりいくらか違いはあるが，どの報告でも**インナーマッスルだからといって，〈遅筋〉の割合が高いわけではない**。想像以上に少ない。多くて 54%（あるいは60%）に過ぎないことが先行研究からわかっている。しかし，〈遅筋〉として，インナーマッスルはみなされ，さらに，そこに低負荷

117

第 2 部　スポーツをする

の運動法が提唱されていることになる。

3.3.　実証研究 2 ：低負荷トレーニングは「教育」効果のみ

　「インナーである以上，低負荷でなければいけない」。これまでの
インナーマッスル・トレーニングでは，そう考えられてきた。従来
の低負荷トレーニングについての紹介記事を読んでいると，2 つの
事柄がみえてくる。

　くり返しになるが，インナーマッスルは〈遅筋〉が多く，小さく，
弱いゆえに，低負荷な運動が推奨されてきた。これについてはイン
ナーマッスルは〈遅筋〉の割合は必ずしも高い訳ではなかった。従
って，この理屈は成り立たない。

　また，一方で高負荷のトレーニングではアウターマッスルを使っ
てしまい，インナーマッスルは使われなくなる，と思われがちであ
る。「大きな力を発揮するシーンではアウターが優先的に使われる
ため，インナーは働きにくい」といった記述がそれにあたる。しか
し，これに根拠はなさそうである。

　インナーマッスルは低負荷でなければ機能しないかのように記述
される。が，高負荷状況でアウターが活動するとき，インナーがま
ず活動し，そのうえでアウターが加わるに過ぎない。アウターマッ
スルが作用しているときは，インナーマッスルも作用している。し
たがって，高負荷のトレーニングをしたところで「インナーは働き
にくい」などということはない。

　高負荷時にアウターが作用している際，インナーも同時作用して
いることについては，肩の回旋動作に関する研究，およびラットプ
ルダウン時の筋活動に関する研究で証明されている。次にこれに関
する 2 つの論文について紹介しよう。

論文 1 「一般的なローテータ・カフ・エクササイズにおける肩筋群の動員パターン」

まず，肩の回旋動作を用いて負荷を漸増したインナーマッスル研究がある。

被検者は上腕を体側に付け，肘を 90 度曲げた状態から肩の内旋と外旋をおこなった。対象とする筋は棘上筋，棘下筋，肩甲下筋，大胸筋，広背筋，三角筋後部である。

はじめに全力で内旋外旋運動の最大筋力と筋活動量を計測した。

最大筋力の 10% - 20% の負荷を低負荷，45% - 55% の負荷を中負荷，60% - 70% の負荷を高負荷とした。それぞれの負荷を用いて内旋外旋運動をし，その時の筋活動量を検討する。

負荷が増加するに伴い，内旋運動ではアウター・マッスルである大胸筋と広背筋，インナーマッスルである肩甲下筋の筋活動量は同様に高まっていった。さらに外旋運動でも負荷の増加とともに，インナーマッスルである棘上筋と棘下筋，アウターマッスルである三角筋後部が共に活動量を増やした（Dark *et al.* 2007）。したがってこの論文からは**高負荷においてアウターマッスルと同様にインナーマッスルは動員される**ことがわかる。

論文 2 「ラットプルダウン[4]におけるグリップ幅が筋活動に与える影響」

さらに，アウターマッスルを鍛える一般的なウエイトトレーニング種目であるラットプルダウンにおいて筋活動を調べた研究がある。

実験の概要としては高負荷である 6RM（6 回より多く挙上できない重量で 6 回挙上する）ラットプルダウンにおいてインナーマッスルである棘下筋，アウターマッスルである広背筋，僧帽筋の筋活動が観察され，実験本来の目的はグリップ幅を変更しながら筋活動の変化をみるものだが，その際の計測値をみると，やはり**アウターマッスル同様にインナーマッスルが動員されている**ことが報告されている（Andersen *et al.* 2014）。

第 2 部　スポーツをする

　以上この 2 つの研究結果から負荷が大きくなってもアウターマッスル同様，インナーマッスルは動員されることが判明している。リハビリやウォーミングアップであれば低負荷でも構わないだろう。しかしパフォーマンスの向上や基礎代謝を上げるための筋肥大を目的とするのであれば，インナーマッスルであっても高負荷をかける必要があるとわかる。

論文 3　「ユース・サッカー選手におけるスタビライゼーション・トレーニング[5]が体幹筋肉と身体能力に与える影響」

　では，低負荷トレーニングが推奨されているが，実際低負荷のインナーマッスル・トレーニングの効果とはいかなるものだろうか。インナーマッスル・トレーニングにおける代表的なものとして知られる，肘とつま先で体重を支えるプランク（アイソメトリック・トレーニング）だが，その効果もかなり疑問視されている。

　Hoshikawa らは十代のサッカー選手に対して体幹スタビライゼーション・トレーニングを施行し，体幹筋群の横断面積が増えるかを検討している（Hoshikawa *et al.* 2013）。種目はプランク，背面プランク，サイドプランク，片足スクワット，腕立て伏せを採用している。週 4 日 6 か月間これをサッカートレーニングに加えた。トレーニング前後に MRI により腹部の横断面から腹直筋，腹斜筋，大腰筋，腰方形筋，脊柱起立筋の横断面積を求めた。6 か月後，トレーニングをおこなった群とおこなわなかった群の間で 5 つの筋肉の横断面積に有意な差は見られなかった。

　これはプランクのような低負荷のアイソメトリック[6]主体のインナーマッスル・トレーニングではインナー筋群を肥大させることができないこと意味している。

120

第 5 章　筋肉への欲望とその帰結

3.4. インナーマッスル・トレーニングのドローインでは腹圧は上がらない

冒頭で記したように，ドローインといわれる腹圧を上げるための方法がインナーマッスル・トレーニングでは従来推奨されている。

その目的は体幹（「芯」）をつくることにあるとされる。人間の腹部は背骨だけで支えられている。この不安定な腹部を安定させることを目的に体幹を鍛えることが推奨され，その一環としてドローインが用いられる。

ただしドローインでは，期待するほど腹圧を上げることはできない。バルサルバ法の方が腹圧を高めることが知られる。その仕組みを記そう。

そもそも腹圧とは腹腔内にかかる圧力のこと。腹腔は，上面は横隔膜，下面は骨盤底筋，側面は腹横筋に覆われたいわゆる消化吸収系内臓が収められた空間である。

腹圧を上げる方法は，まず腹腔側面の腹横筋と底面の骨盤底筋群を収縮させる。そして吸気し，横隔膜を下げることにより腹腔内の圧力をあげる。たとえると，腹横筋と骨盤底筋群がシリンダーで横隔膜がピストンとなる。ピストンが下がることでシリンダー内の圧力が高まるイメージになる。

腹に力を入れ，横隔膜を下げると肺に空気が入る。空気を吸ってさらに息を止める。こうすることで圧力が上がる。そして体幹を安定させることができる。じつはこれが冒頭紹介したバルサルバ法である。つまり，自然に力んだ際，息を止める動作にすぎない。

しかしドローインと呼ばれる呼吸法がインナーマッスル・トレーニングでは推奨されてきた。繰り返しになるが，ドローインは息を吐き，腹を凹ませ，腹横筋を動員させて体幹を安定させるとされる。しかし，じつは息を吐くことで横隔膜は緩む。つまり腹腔の横の面は固定できるが，上の面を抑えないので**腹圧はバルサルバ法ほど上**

121

第2部 スポーツをする

表5‐2 ドローイン／バルサルバ法の腹圧比較

方　法	圧　力	論文著者名
平常状態	5〜7 mmHg	大谷ら 2013
ドローイン	⊿9.9 mmHg ⊿11 mmHg 38 mmHg	Tayashiki *et al.* 2016b Tayashiki *et al.* 2016a Hagins *et al.* 2004
バルサルバ	⊿116 mmHg 214 mmHg 340 mmHg	Tayashiki *et al.* 2016b Goldish *et al.* 1994 McGill *et al.* 1990

（⊿は平常腹圧からの増加量）　　　　　　　　　　　　　　（筆者作成）

がらないのである。ドローインで体幹を鍛え，芯をつくることはむ
ずかしいだろう。

　現にドローインはトレーニング現場では腹横筋を「教育」（動員
を学習させる）する目的に変わりつつある。

3.5. インナーマッスル・トレーニングでスポーツパフォーマン
　　 スは向上しない

　インナーマッスルを鍛えればスポーツパフォーマンスがすぐにも
向上するようなことが雑誌やインターネットなどにみられる。果た
してインナーマッスル・トレーニングは運動時のパフォーマンスを
上げるのであろうか。興味深い論文がある。それを次に紹介しよう。

　**論文4　「短期的なスイスボールトレーニングが体幹の安定性とラ
　ンニング効率に与える影響」**

　バランスボールを用いた腹部インナーマッスル・トレーニングが
ランニング・パフォーマンスに与える影響を検討した研究である
（Santon *et al.* 2004）。

　被験者はバスケットボールとタッチフットボールの選手である。

　バランスボール・トレーニングを実施する群と，実施しないコン

トロール群に分け比較する。バランスボールでのトレーニング種目は，インナーマッスルにアイソメトリック収縮をさせるものを中心とした。

両群選手のパフォーマンス向上を計測するためランニング実験も併せておこなった。ランニングに関してはランニングマシン上にて，最大酸素摂取量と速度当たりの酸素摂取量からランニング・エコノミー（各走速度における酸素摂取量：燃費）も算出した。ランニング・フォームを確認するために身体にマーカーを付け，走動作を横から撮影した。これらのテストと測定はトレーニングをおこなう前後に施行した。

6週間のトレーニング後，インナーマッスルの機能を検証した。Sahrmann test のスコアと，つま先をバランスボールに乗せ，腕を伸ばした姿勢の保持時間はトレーニング群において有意に増加した。コントロール群では変化がみられなかった。

ランニング・パフォーマンスの指標となる走速度，最大酸素摂取量，ランニング・エコノミー，ランニング・フォームには両群とも変化がなかった。

これらの結果からわかることは，バランスボールによるインナーマッスル・トレーニングでは腹横筋と腸腰筋の筋力と筋持久力が高まった。インナーマッスルの強化には効果は見られたが，ランニング・パフォーマンスは向上しなかった。つまり，この実験では**腹部インナーマッスルはランニングにダイレクトに関係であるわけではない**ことが判明した。

一般的にはランニングは単純で簡単な運動と思われがちである。しかし冷静に考えてみれば，ランニングは全身運動であり，インナーのみ強化したところで目に見える記録の向上につながるわけではなかった。全身運動である以上，全身の筋肉を使う。すなわちアウターとインナーの動員がカギとなるのではないか。そう推測できる。

以上のように，いくつかの論文から見えてきたことを，もう一度

第 2 部　スポーツをする

ら列してまとめておくことにしよう。

> インナーマッスル・トレーニングはインナーマッスルに効果
を及ぼしている。しかし，低負荷と回数制限ありではその効果
は最小限にとどまる。
> どのような負荷であってもインナーマッスルとアウターマッ
スルは負荷に応じて両方ともに動員される。
> インナーマッスルによる腹圧を高めることで「芯をつくる」，
上体のバランスを向上させることはできる。しかし腹圧を高め
るのであれば従来のバルサルバ法が有効である。
> また「ポッコリお腹を凹ませる」，つまり腹を凹ます，ある
いはダイエット効果を期待して基礎代謝を上げようとするので
あれば，アウター／インナーの区別に関わらず，筋肥大をさせ
る必要がある。しかし低負荷，回数制限ありでは筋肥大はしな
い。
> さらにインナーマッスル・トレーニングは多くのアスリート
によってパフォーマンスを向上させるものとして期待されてい
る。しかし，かなりの強度で腹部インナーマッスル・トレーニ
ングを実施した集団と，実施しなかったコントロール集団との
間では，走力には差はなかった。紹介した論文ではパフォーマ
ンスを走速度に限定しているが，少なくとも腹部インナーマッ
スル・トレーニングでは走速度パフォーマンスを向上させるこ
とはできないことが判明している。

4　おわりに

　そもそもアウター／インナーと分断されると，単なる概念に過ぎ
ないものが，実態としてあたかも独立して存在するかのような印象

第 5 章　筋肉への欲望とその帰結

になる。そのイメージが手伝ってか，冒頭で記したように「マラソンに必要な筋肉はボディビルダーのようなアウターマッスルではなく，しなやかで強いインナーマッスルです」といった表現にすらなる。

　しかし，インナーマッスルの最初期の提唱者・立花（1995）は，そもそもインナーマッスル・トレーニングにプレハブを期待し，その目的もさることながら，次のように述べている。

　　小さな筋群ながら，関節の近くにあって重要な役割をする"インナーマッスル"です。アウターマッスルを生かすも殺すも，このインナーマッスル次第です（立花 1995：2）。

　さらに「インナーマッスルである棘上筋を十分に強化せず，鍛えやすいアウターマッスルの三角筋ばかり強化してしまうと，効果をあげることにはならず，逆に障害を誘発することになってしまいます」。つまり，立花はインナーマッスルの重要性をアウターマッスルとの兼ね合いで強調していた。立花のいうとおり，アウター／インナーどちらも重要なことはいうまでもない。ただ本文で確認したように，アウターを鍛えることは，同時にインナーを鍛えることにかかわっている。繰り返しになるが，筋肉は遅筋が起動しはじめ，高負荷な場合，これに速筋が加わる。連動して機能しているのである。インナーもアウターも単体では機能していない。

　ただし，記述となると便宜的にアウター／インナーが区別され，インナーの機能を強調するあまり，働きがあたかも自己完結しているような印象を与えたことで誤解を生じたのであろう。たとえば以下のような，立花（1995）の記述がそれに該当しているのかもしれない。

125

第 2 部　スポーツをする

> インナーマッスルを十分すぎるほど鍛えず，通常のウエイトトレーニングでアウターマッスルばかり強化すると，障害発生という観点から見ても，非常にマイナス。逆に発生率は高くなってしまいます（立花 1995：18）。

　こうした言説が累積し，インナーマッスルは独り歩きした。結果，新しく鍛えられる筋肉を渇望する人々によってそれは消費されている。しかし，そこに科学的根拠がまったくない，とはいわないが，その根拠はうすいと言わざるを得ない。インナーマッスルは前述したように外来語ではない。和製英語である。こうした包括概念は研究論文で用いられてはいない。そこで各々の筋群の研究を一つひとつ丹念にみれば，それぞれのインナーマッスルと称される筋に関してその機能は検証されていた。それらを参照すれば紹介したような誤解は生じなかったはずだろう。しかし根拠もないまま受け入れられ，さらにインナーマッスルから体幹，コアと名称を流転させながら，さらなる流行をみせている。

　こうしてインナーマッスルは一つの信仰になった。そういえなくもない。

　近年インナーマッスルは他方面でもさらなる流行の兆しをみせている。それは基礎代謝を上げ，ダイエットはしたいが，筋肉はつけたくない女性たちによってである。彼女たちは外見上マッチョにはなりたくない。したがってアウターは鍛えたくない。かといってガリガリの痩身ではなく，健康的な痩身を求めはじめている。今回は健康雑誌やインターネットに掲載されている事柄を多く取り上げた。美容系雑誌にどのようなインナーマッスル・トレーニングの言説が累積しつつあるのか，それが気になるところだ。

第5章 筋肉への欲望とその帰結

【注】

1）腹部のインナーマッスルを動員して腹に力を入れて息を吸って止める。腹腔を腹筋群の箱に入れ横隔膜の蓋で押さえることにより，腹腔を押すことで圧力を与える。風船を手で押さえると内部の圧力が高まることと似ている。この圧力が高まると背骨が前から支えられ前に曲がりにくくなる。この方法はバルサルバ法またはブレーシングとも呼ばれる。重いものを持ち上げるときに自然と呼吸を止めることがあるが，それはこのバルサルバ法を用いている。バルサルバとは人の名前で，17世紀に生まれたイタリアの解剖学者で耳の専門であった。気圧や水圧の変化で耳抜きをするときに，鼻をつまんで口を閉じ肺の空気を鼻から出そうとし鼻腔内圧を高める。バルサルバはこの方法を用いて中耳の研究をした。

2）エキセントリック収縮とは，筋肉の発揮する力が引っ張るものの重さや力より小さいとき，筋肉は力を発揮しながらも引き伸ばされる状態のことである。たとえば腕相撲で負けているとき，肘屈曲筋群は力を発揮しながら伸張している。そもそも「エキセントリック（Eccentric）」は，「ecc（外へ）」「centric（中心の）」からなる。

3）ちなみに，立花の著書にすでに次のような件がみられるから，ややもすると，こうした文章が曲解され，やがてインナーマッスル・トレーニングは軽い運動で簡単に身体を鍛えることができるというイメージにつながっていったのかもしれない。

　　　インナーマッスルの強化は，言い換えれば"教育する"といった意味もあり，ごく簡単なトレーニングを根気よく続ければ成果があります。故障者でも，誰でもできます。ごく軽めの負荷（20～30回でできる負荷）で刺激を送ればいいのです（立花 1995：18）。

4）ラットプルダウンとは，背中主に広背筋を鍛えるマシントレーニングの一つ。シートに座りウエイトがケーブルについたバーを握り，懸垂のように引いて下ろす。

5）スタビライゼーション・トレーニングとは，体幹の安定性を高めるトレーニング。ポーズを維持するようなエクササイズが一般的である。

6）アイソメトリック収縮とは，筋肉が発揮する力と引っ張るものの重さが同じとき，力はつり合い，筋肉は力を発揮しても筋肉の長さは変わらない

127

第 2 部　スポーツをする

状態のことである。Isometric［iso（同じ）metric（長さ）］。

【参考文献】

Andersen, V., *et al.,* 2014, "Effects of grip width on muscle strength and activation in the lat pull-down." *J Strength Cond Res.* Apr; 28(4): pp. 1135-1142.

Arbanas, *et al.,* 2009, "Fibre type composition of the human psoas major muscle with regard to the level of its origin" *J Anat.* Dec; 215(6): pp. 636-641.

Dark, *et al.,* 2007, "Shoulder muscle recruitment patterns during commonly used rotator cuff exercises: an electromyographic study." *Phys Ther.* Aug; 87(8): pp. 1039-1046.

Doucet, M., *et al.,* 2004, "Adaptation of the diaphragm and the vastus lateralis in mild-to-moderate COPD." *Eur Respir J.* Dec; 24(6): pp. 971-979.

Goldish, G. D., *et al.,* 1994, "Postural effects on intra-abdominal pressure during Valsalva maneuver." *Arch Phys Med Rehabil.* Mar; 75(3): pp. 324-327.

Hagins, *et al.,* 2004, "The effects of breath control on intraabdominal pressure during lifting tasks." *Spine* Feb; 29(4): pp. 464-469.

Hoshikawa, *et al.,* 2013, "Effects of stabilization training on trunk muscularity and physical performances in youth soccer players. *J Strength Cond Res.* Nov; 27(11): pp. 3142-3149.

Kim, S. Y., *et al.,* 2013, "Fiber type composition of the architecturally distinct regions of human supraspinatus muscle: A cadaveric study" *Histol Histopathol* 28: pp. 1021-1028.

Levine, S., *et al.,* 2002, "Bioenergetic adaptation of individual human diaphragmatic myofibers to severe COPD." *J Appl Physiol.* Mar; 92(3): pp. 1205-1213.

Levine, S., *et al.,* 1997, "Cellular adaptations in the diaphragm in chronic obstructive pulmonary disease." *N Engl J* Med. Dec 18; 337(25): pp. 1799-1806.

Lovering, *et al.,* 2008, "Fiber Type Composition of Cadaveric Human Rotator Cuff Muscles" *J Orthop Sports Phys Ther.* Nov; 38(11): pp. 674-680.

Márquez, A., *et al.,* 1990, "Ultrastructural fiber typing of human abdominal muscles obliquus internus and obliquus externus." *Acta Cient Venez.*; 41(1): pp. 40‑42.

McGill, *et al.,* 1990, "Relationship between intra-abdominal pressure and trunk EMG." *Clin Biomech.* May; 5(2): pp. 59‑67.

大谷俊介ら，2013，「Abdominal Compartment Syndrome の病態と治療」『日本腹部救急医学会雑』33(5)。

Rafael, F., *et al.,* 2009, "Shoulder Muscle Recruitment Patterns and Related Biomechanics during Upper Extremity Sports" *Sports Med*; 39(7): pp. 569‑590.

Santon, *et al.,* 2004, "The effect of short-term Swiss ball training on core stability and running economy." *J Strength Cond Res.* Aug; 18(3): pp. 522‑528.

Srinivasan, R. C., *et al.,* 2007, Fiber type composition and maximum shortening velocity of muscles crossing the human shoulder. Clin Anat. Mar; 20(2): pp. 144‑149.

立花龍司，1994，『ピッチャーズコンディショニング』日刊スポーツ出版社。

立花龍司，1995，『ベースボールプレーヤーズ　TCA 理論【肩編】――野球選手のための肩の強化法――』日刊スポーツ出版社。

Tayashiki, *et al.,* 2016a, "Effect of abdominal bracing training on strength and power of trunk and lower limb muscles." *Eur J Appl Physiol.* Sep; 116(9): pp. 1703‑1713.

Tayashiki, *et al.,* 2016b, "Intra-abdominal Pressure and Trunk Muscular Activities during Abdominal Bracing and Hollowing." *Int J Sports Med.* Feb; 37(2): pp. 134‑143.

第6章 水の文化史

水分摂取言説の変容と日射病／熱射病／熱中症

星　秋夫

1　はじめに

　2006年6月ベースボール・マガジン社主催「スポーツ科学フォーラム」が再構成されて雑誌『スポーツゴジラ』（第23号　2018年）で「シンポジウム・今だから話す『日本スポーツの迷信』」として掲載されている。シンポジウム参加者は，柔道の古賀稔彦（1967年～），水泳の鈴木大地（1967年～），バレーボールの益子直美（1966年～）の3人である（敬称略）。その冒頭「信じられないタブー体験」としてテーマが与えられ，古賀稔彦が口火を切っている。やや長くなるが引用してみたい。

① ──現役時代の水分摂取について伺います。練習中などに水は飲めていましたか？　パネルにキーワードを書いてお話しください。
　　古賀　塩ですね。自分が現役時代の柔道は気力と根性でした。練習中に水なんか飲むやつは根性がないと決まっていました。水は自分自身への甘えとして，禁物でした。ただ指導者も少しずつ考えて，変化していきます。汗はしょっぱい。体から塩分が出てしまうのはよくないと考えるようになります。それで真夏の窓を閉め切った体育館での猛練習の時に，ステージにドーンと塩の山を盛っていました。喉が渇いたら水を飲むのではなく，塩をなめろ！　といわれるようになりました。厳しい稽古でドクドク汗を流したら，一緒に流れた塩分を体内に補充する。耳にした時は良さそうに思いました

131

第2部　スポーツをする

　（笑い）（古賀ほか 2018：39）。

　「（笑い）」ごとではない。もし，発汗後，水分摂取をせずに塩を
なめれば，余計に喉が渇き，血圧が高くなってむくみが生じること
になり，むしろ悪影響が生じることになる。一度その塩をなめるこ
とにトライした選手は，二度となめなかったと記されている。当然
だろう。
　おまけにその「猛練習」「厳しい稽古」は真夏に窓を閉め切った
体育館でのこと，水なしで 2 時間から 3 時間は当たり前だったとつ
づき，「サウナみたいに蒸し暑い中で猛練習しても水は絶対に飲め
なかった」という。おまけに先生が水を飲めないよう監視していた
というから驚かされる。
　このシンポジウムでは，さらに益子直美もキーワードを「バケ
ツ」として，やはり「水を飲むのは根性がないと言われていまし
た」，練習時間が長引き，どうしても水を飲みたくなる，そこで教
室に備え付けの掃除用バケツに，前日から水を入れて倉庫に隠し，
練習中その水を手ですくい，隠れて飲んでいたと語る。しかし，同
世代の 3 人のうち水泳の鈴木大地はそのようなことはなかったよう
で，彼が掲げたキーワードは「ごくごく」だった。
　もちろん，指導者によっても認識は異なるだろう。しかし，私ご
とになるが筆者は 1954 年生まれで，中学・高校・大学と陸上部で
活動していた。状況は古賀・益子両氏と変わらなかった。当然，水
を飲んではいけない。その際，指導者にいわれたのは，やはり「根
性みせろ！」「水を飲めばバテる」というものだった。似たような
話は枚挙にいとまがない。タレントの壇蜜のエッセイ集『どうしよ
う』（2016：104-105）にも同内容の記述があり，そのなかでは 40
代の男性の話が紹介されている。ちなみに 30 代の壇蜜自身は「水
分補給は絶対だめとは言われなかったが，推奨はされていなかった

132

ことを記憶している」とあるから，やはり現在のように水分摂取が
奨励されている状況ではなかったと推測できる。少なくとも現在の
40代までは水分摂取に関する迷信が生きていたようである。

　水分摂取をしなければならない科学的根拠については後述するが，
基本的に水分がなければ人間は生きてはいけない。近年の研究では
水分摂取をしないことがパフォーマンスを大幅に低下させることも
わかっている。

　ちなみに科学的トレーニングが推奨されている現状においてすら，
重量別競技では水抜きをして体重の調節（短期の減量）を図るが，
これはパフォーマンスを低下させることがわかっている。さらに計
量後に水分摂取をしたとしても，30分以上経過しなければ，体内
に水分は十分浸透せず，やはりパフォーマンスは低下することにな
る。

　いったい，なぜ「水を飲むな！」という水分摂取を禁じる言説が
これほどまで広がりをみせたのか，水分摂取がなぜ「根性」の有無
と相関するのか，本章ではこの点について若干の検討を加えたうえ
で，水分を摂取しないことで引き起こされる熱中症について解説を
加えていくことにする。さらに，「日射病・熱射病」ではない「熱
中症」が登場してきた背景について，あわせて言及する。

2 「水飲むな！」のアルケオロジー

2.1. 「水飲むな！」の源流／武田千代三郎「水抜き」「油抜き」
鍛錬法

　いったい「水飲むな！」とする言説の出処は如何に？　といって
も直接の出どころについてはよくわからない。しかし，先行研究
（棚田ほか1980，武藤ほか2007，今泉2018）によれば，武田千代三郎
『理論実験競技運動』（博文館1904〔明治37〕）とのかかわりが指摘

第2部　スポーツをする

されている。ここでは，この『理論実験競技運動』の主に「水抜き」「油抜き」の議論をみてみることにしたい。

　武田千代三郎は東京帝国大学卒の内務官僚で，学生時代には日本スポーツの父・ストレンジの薫陶を受け，ボート部で活躍，内務省から出ると秋田・青森ほか各県で知事などを務めている。1913（大正2）年には大日本体育協会副会長にも就任し，1917（大正6）年に実施された京都 – 東京間マラソン・リレーを「駅伝競走」と名付けたことでも知られる。さらにいえば，『理論実験競技運動』でも「第六篇　競技道」の項目が存在するが，武田は剣術（「撃剣」）に剣道，柔術に柔道，角力に角力道があるように運動に競技道の必要性を強調した人物としても知られる。

　この「水抜き」「油抜き」の議論は同書の「第三篇　體勢訓練　第二章　疲労の軽減」のなかの「第一節　體重の軽減」にみられる。この箇所では競技運動の歩技・走技・跳躍・競漕などを想定し，競技者にとって重要なのは筋肉量を増やすこと，さらに筋肉以外の重量を軽減することを説いている。「競技者が正式の體勢訓練をしやうと思はゞ是非此の手段を採らなければならぬ。此の水抜き油抜きの目的はたゞ無用の體重を滅殺する」。そこで「運動に関係なき物質を駆除」することを提案する。駆除すべき対象は水分と体脂肪である。鍛錬はその除去を目的とし，武田はその鍛錬を「水抜き」「油抜き」と称し，その方法などを記している。これは，武田のオリジナル練習法で，現代の我われの感覚でいえば「水抜き」は脱水，「油抜き」は体脂肪の除去を意味する。

　②　水分は吾人體軀組成分の大部分を占め生活に必要なるものである。然れども其の量必要以外に超過するときは運動の妨げとなる。水抜きに依りて不用の水分を駆出すると第一に汗が少なくなる。次には血液が濃厚になりて，多量の酸素を吸収し得る様になり，機械的

及び化学的に著しく心臓の労働を減少する。體勢訓練を正式に行ひ
たる競技者は如何なる劇働中でも比較的心臓の鼓動が静かにして長
く其の拍子を亂さないのは全く此の理由に因るのである。脂肪は牛
や豚の内臓の間に蓄積せられ，又液體となりて血液内又は筋肉組織
内に充ちて居る。此の脂肪が燃焼すると水蒸気及び炭酸瓦斯となり
て，苦熱發汗又は息切れ等の併發的疲労となり競技者の運動を妨げ，
其の意力を抑壓するものであることは詳しく前篇に説いた通りであ
る（武田 1904：151）（傍線筆者）。

　体重を減らすことで競技に有利になる。しかも，「水抜き」は水
分を出し切ると発汗が少なくなり，血液が濃くなることで酸素吸収
が促され，心臓への負担が減り，拍動が軽減されると説明を加える。
さらに「油抜き」は体脂肪が少なければ（あるいはなければ），競技
中に発熱しない，ゆえに暑くて苦しくなることはないというのであ
る。

　しかも，武田は「水抜き」「油抜き」の方法もかなり具体的に詳
述している。「色々あるが，其の最も普通に行はれて居るのは，
襯衣や着物や外套を重ね着して数里の道を疾歩する」「蒸し風呂に
浴し，又は暖爐を焚きて室内の温度を高め静座する」「乾燥蒸風呂
に浴する」（一部ルビ筆者補筆）。なかでも厚着をして歩くのが最も
簡便とするから，サウナ・スーツ的な方法がすでに推奨されている
とわかる。しかも，その際水分摂取を促す記述はみられない。

　この「水抜き」鍛錬の推奨こそ「水飲むな！」という言説の源流
とされている。

　1916（大正5）年刊行の吉田章信『運動生理学』（南江堂書店）に
おいても「疲労及修練」で脱水に言及した箇所に「身體ノ水分ヲ減
スルハ一搏動量ノ赤血球數ヲ増加シ作用筋ヘノ酸素及食素ノ供給ヲ
潤澤ナラシメ心臓ノ作用ヲ經濟的ナラシムル為必要ナリ之カ為遊技

第2部　スポーツをする

的修練ニ於テハ飲料ヲ制限スルト共ニ強ク發汗セシム」とあり，武
田と同じく脱水の重要性を強調して，水分摂取を控えるように促し
ている。さらに「發汗法トシテ蒸気浴，熱気浴ヲ行フ」と記述はつ
づき，発汗の方法まで，ほぼ武田の記述を踏襲している。吉田の著
書では「然レトモ『ジョツキー』修練ニ於テ行フ如キ過度ナル發汗
ニ依リ過度ニ體重ヲ減少セシムルハ健康上有害ナリ」と，体重減少
への注意が促されてはいるものの，こうした脱水を奨励する「水抜
き」言説が一時期広がりを見せたことがうかがえる。

　武田は内務官僚であったことはすでに述べた。彼の経歴の中でも
とくに教育・体育関連で有名な業績が兵庫県書記官時代の御影師範
学校での陸上競技指導であった。その指導を受けた生徒たちは競技
力を向上させて好成績を収め，近県にその名をとどろかせる。じつ
は「水抜き」「油抜き」は『理論実験競技運動』刊行の 2 年前
（1902〔明治35〕年）に御影師範での指導方法として『教育界』（「競
走術」と題し，第 1 巻第 8 号から第 12 号まで）に連載された。そこに
「水抜き」「油抜き」はすでに紹介されていたのである。当時の内務
官僚の位置づけからすれば，その影響力はかなり大きなものだった
と推測可能だろう。

　ここまで紹介した説明では水分摂取をしないことを奨励している
に過ぎない。「水抜き」「油抜き」の鍛錬には「意力」を用いた説明
が付随しており，それが根性論につながる要素を準備したようであ
る。次にそれをみてみることにしたい。

2.2.「水飲むな！」と根性論の源流

　そもそも武田は以下の 5 つを疲労として掲げる。
　1．苦熱／2．呼吸の切迫／3．筋肉の疼痛／4．神経の衰弱／
5．意力の衰弱
　これらを減ずるには「苦しみに耐え」「辛抱し切る」精神力の鍛

第6章　水の文化史

錬が必要である。とくに大切なのは5．に掲げられる「意力」であり，これが発汗や発熱で減退することで忍耐が減じる，したがって辛抱できなくなるというのである。引用②傍線箇所で運動のさなかの発熱を「苦熱」と表現しているが，武田はとくに，この「苦熱」こそが選手の「意力」を減退させるとしている。さらに，その一方で「意力」なくして「水抜き」「油抜き」の鍛錬はできないとも説く。

③　吾人はこれに「水抜き」「油抜き」との名稱を下して居て随分競技者泣かせの非常に苦しき鍛錬法である。此の鍛錬は極度の意力を要するものであつて，容易なことでは出来ない。若し能く其の苦に耐へ得たならば即ち其の人は見事己れに克ち得たる人であつて，競技場裡己れよりも優つたものに出會ふて敗を取るとも毫も憾むる所はない競技運動が吾人の修練になるのは實にこう云ふ所に存するのである（武田1904：149）。（傍線筆者）

水分摂取をしなければ体重が減じて血液が濃くなる。さらに競技者は克己して成長すると説かれる。しかも運動競技をするとき，身体を動かすのは，「意力」であって単なるエネルギーではないとまで記している。

④　人體は一機関である，然れども此の機関は獨りで動くものではなく，意力の刺激に依りて始めて動くものである。（中略）意力が弱ければ決して其の極度の力を出すことは出来ない。この故に競技運動は極度の意力を闘はす運動である（武田1904：141）。

さらにこの考え方は「第三篇　體勢訓練　第一章　運動機関活力の増進」冒頭になると，飛躍して「競技に於いては，筋力技術の優劣よりも寧ろ意力の強弱に依りて勝敗が決せられることが多い。即

137

第2部　スポーツをする

ち俗に云ふ瘠我慢」の強い方が，いつも此の技の勝者となるのである」とあり，「第三節　意力の訓練」では，やはり「競技は意力の戦」であり，「競技者の資格中で一番重要なるものは意力即ち俗に云ふ我慢である」と述べる。すなわち「意力」は「瘠我慢」「我慢」と同義とされ，「我慢」ができなければ競技で勝つことはできない。

　これを敷衍すれば，水分摂取をしてはならず，これを「我慢」できたものは「意力」があると読み取れる。「水飲むな！」，我慢しろ，というニュアンスは，やがて「根性見せろ！」と変転した。そう類推することが可能となる。武田はさらに自ら進んで苦しみに身を投じなければ「意力」を養うことはできないとも述べる。

⑤　極度の意力を要するとき即ち吾人が極度の苦みと闘つて居るときである。而して吾人の意力なるものは平素何等の困難にも出會はず，何等の辛苦をも嘗めずに鍛錬される譯には行かない。幾度か猛火の中に投ぜられ，幾度か鐵砧の上に載せられ，鍛へに鍛へられて，始めて千艱萬苦を排して毅然として動かざることを得るに至るものである。故に此の意力を養成しやうと思はゞ，平素は勿論競技前の練習中勉めて絶えず體軀の苦痛を忍びて日一日と練習の程度を高め又其時間を長くし，成るべく自ら困苦を迎へ求めて之と闘ふことに努めなければならぬ，即ち意力の鍛錬は全く各自の決心一つに存するものと云ふべきである（武田 1904：142）。

　さらには「意力の力は獨り競技の際にのみ有用なるものではなく，人生如何なる境遇に臨みても恃みとすべきは實に此の意力であつて，競技運動が修練運動中一頭地を抜いて居るのは，全く此の意力鍛錬の最良手段であるからである」とし，人生哲学のように「意力」の重要性が述べ立てられる。

　この理屈にしたがえば生理的欲求にしたがって，水分摂取した競

第6章　水の文化史

技者に成長はないことになるだろう。

2. 3.「水抜き」「油抜き」への懐疑

さきほどからしばしば挿入したように，運動生理学など今日の学説からすれば「水抜き」「油抜き」には異論の余地がある。引用②の「水分を駆出すると第一に汗が少なくなる。次には血液が濃厚になりて，多量の酸素を吸収し得る」とあるのは明らかに誤りである。酸素吸収には血中ヘモグロビンが関与しているが，脱水状態で血液がドロドロになったとしてもヘモグロビン数には変化はない。したがって，「水抜き」によって酸素の吸収量が増えるなどということはない。

さらに「苦熱發汗又は息切れ等の併發的疲労となり競技者の運動を妨げる」とあるが，今日の医学では発汗ができなくなれば身体から熱を逃がすことはできず，体調に変調をきたすことが知られる。

水は非常に気化熱が大きい。皮フ表面で 1 ml の水が蒸発すると 580 kcal もの熱を奪うとされているから，発汗は放熱作用として体温調節機能にも重要な働きをする。水が生命維持に欠かせないものであることはいうまでもない。水分不足は脱水症状を引き起こし，熱中症などの疾患につながることになる。

とはいえ，すでに大正期のスポーツ関連書籍には「水抜き」「油抜き」を否定する記述がしばしばみられる。野口源三郎『オリンピック競技の実際』（大日本体育協会出版部，1918〔大正 7〕年）にも次のようにある。

⑥　水分は我等が身體の六割五分を占めて居る。甚だしい發汗後には非常に渇を覺えるが，これも體内の缺乏せる水分を充たさうとする本能的の欲望から来るのである。故にかやうな折には適當の飲料を攝るがよい。往時一般に行はれた油抜きの如きは非生理的であつて，

139

第 2 部　スポーツをする

今日考へると 寔 笑止の至りである。((野口 1918：29)　一部ルビ筆者
補筆)

この部分はつづけて「本能的に慾求するにも係はらず，間違つた瘠
我慢をして益々體内の水分を減少するならば，其の極は全く内蔵諸
器官の活動力を衰退させ，全身の筋力を弛緩せしむるに至るは明白
である」とあり，「瘠我慢」の語を用いるから，明らかに野口が武
田の「意力」を意識していることは間違いない。この記述の 5 年後
刊行された『オリンピック陸上競技法』(目黒書店，1923〔大正 12〕
年)でも，野口は⑥と同文を用いて，この説明を繰り返している。
また，日本がオリンピック初参加したストックホルム大会において
マラソンに出場し，「消えたランナー」として知られる金栗四三も
この「水抜き」「油抜き」を実践したことが知られる。金栗は 1912
(明治 45)年羽田で実施されたオリンピック予選大会にエントリー
し，当時の世界最高記録を 27 分上まわる 2 時間 32 分 54 秒で 1 位
になり，オリンピック出場を獲得している。その予選前，金栗は，
さきの野口源三郎と東京高等師範学校出身で，これに同校の橋本三
郎を加えた 3 人でオリンピック予選に備えて「水抜き」「油抜き」
を実践したという。その様子は明石和衛・金栗四三『ランニング』
(1916〔大正 5〕年)に詳述されている。しかし，金栗は一週間でこ
の方法を断念している。

とはいえ，野口の引用⑥に「往時一般に行われた油抜き」との記
述があるから，武田の言説がかなり普及していたことをうかがわせ
る。

先行研究(武藤ら 2007)では前記した吉田章信『運動生理学』の
「水抜き」「油抜き」に継承され，さらに 1933(昭和 8)年から
1934(昭和 9)年にかけて陸軍戸山学校で実施された無水行軍(節
水行軍)が精神鍛錬の要素を加えて実施されたことが「水飲む

第6章　水の文化史

な！」を継承拡大させたとの推測をしている。ただし，武田が「體重の減殺」を意図して，「水抜き」「油抜き」を提案していることからすれば，吉田は過度の減量を戒めているから，必ずしもそのまま鵜呑みにされてきたわけではなかったのだろう。武田が内務官僚であり，政治的にも権限があったこと，さらに『理論実践運動競技』が最初期の運動生理学関係書籍であったことが大きく影響したと推測可能だろう。

　また，すでに野口による武田批判がなされていても1921（大正10）年刊行の寺田瑛『陸上競技の研究』（序文・金栗四三）「飲料攝取の可否」には次のようにある。

　　⑦　常にはそれ程でもないが，運動後には非常に飢を覺えるから，大
　　　概の初歩者は満足する程水を飲んだり湯を飲んだりするが，それは
　　　却つて汗を多量に發散させ，疲勞を早くするから，成るべく我慢し
　　　て，極く少量の水を飲むに止めて置くべきである。／井戸水は黴菌
　　　の虞さへなければ好いけれど，水道に越したことはない（寺田
　　　1921：37）。

　一度定着したため，その学説の影響力が通奏するのか。科学的根拠よりも立場が重んじられたのか。よくわからない。

　さらに推測をたくましくしてみよう。先行研究（武藤ら2007）は行軍との関係で「水飲むな！」が根性論と習合すると直接的に推測している。しかし，もともとは根性との関係ではなく，引用⑦後半にみられる飲料水の衛生状態に関係していたのかもしれない。行軍中に不衛生な水を飲むことを戒めたと考えれば，むしろ合理的な判断でむやみに水分摂取を避けるよう促されたといえる。しかし，この注意勧告がやがて軍隊との関連で再び根性（「意力」）の問題に還元されたとも推測可能だろう。

第 2 部　スポーツをする

3　水分不足からくる熱中症／スポーツドリンク開発からみた水分補給の重要性

3. 1.　熱中症とその語誌

　前記したように明石・金栗の『ランニング』（明石・金栗 1916）には具体的な「水抜き」「油抜き」の様子が記される。

⑧　……此の毎日三・四里の練習は酷すぎる。それに水はあまり飲んではならぬと云う事を聞いて居たから朝は汁も汁は吸わず内の實のみ食い，食後の茶も，茶碗半分位飲んで其の外一切水は飲まぬ。間食も悪いと聞いてやらなかつた。處が毎日三里も走ると少なくとも汗が出る疲労はする。一方水分を供給せぬから體は瘠せる氣持ちがし體重も思い切つて減じ，皮をツマメば老人の様な皮膚の皺。疲れの度を過ぎて夜は身體があつくて，轉々寝れない。少し歩いても足がふらつく僕は後一週間目頃になつて，之は到底堪へきれないと思つた。……（明石・金栗 1916：112）

　また，御影師範での陸上競技指導については前記した。その様子は『兵庫県立御影師範学校創立五十周年記念誌』『兵庫県立御影師範学校創立六十周年記念誌』にみられる（棚田 1980）。その様子の一端を見てみよう『五十周年記念誌』西川順之「忘れざること」のなかに「生徒は二三年前から，毎年京都大学に開催された運動會に出陣して，啓發旗競走に勝ち續け，武田式油抜き練習を盛んにやり，ランニングに於ては全国に覇を稱へ，意気大に盛んであつた」と記され，さらに『六十周年記念誌』藤原優「三十年前の思出」には次のようにある。

⑨　徒歩部は其の當時も中々盛んでありまして，特に啓發旗競走は當時の呼物であり，我が校が連戰連捷して来てゐたので其の練習も

142

第6章　水の文化史

中々猛烈を極めました。所謂アブラ抜練習法の實施であります。
……／十一月三日の出場に應ずるため十月始めから練習を開始いた
しました。水飲むな，菓子食ふな，果物もいけないといふのですか
らたまりません。飯，卵，ほうれん草，花かつをの一點ばりです。
／十月の始めといへばまだ暑いのに，冬シャツ二枚，冬服，冬外套，
しかも外套の頭巾をふかくかむてて手拭いで其の上から首をしめる。
動かないでも汗がにじみます。それで今日は，西宮往復，今日は六
甲山頂の縦走，須磨の往復，舞子の往復と，駈足の猛練習です。／
……十日も立つと眼が凹む，肉がおちる，顔が黄色くなる，小便が
赤くなる。紅顔の美青年は一朝にして羅漢の相貌です（兵庫県御影師
範学校同窓会 1936：489）。

　引用⑧⑨どちらも脱水症状を示し，水分摂取をしていないため
に汗をかくことができず，体温調節機能が破綻している。上記の2
例は重症化していないものの，身体から熱をにがせなくなると体温
が上昇し，体調の変調をきたすことになる。
　脱水とは，体重の2％以上の水分が失われた状態と定義される。
　脱水がはじまると，のどの渇き，呼吸・心拍数の増加等，生体的
負担が増加し，運動をおこなう際に多大な疲労感が生じ，血流量お
よび発汗量が減り，深部体温が上昇してくる（Costill *et al.* 1970）。
それに伴い，身体は熱を拡散させるために，できる限りの血液を皮
膚へ送ることで体温上昇を抑え，発汗量を増やそうとする。しかし，
ヒトの血液量は体重のおよそ13分の1程度であり，発汗が多くな
ってくると，活動中の筋肉，肺やその他の臓器に酸素濃度の高い血
液を届けるために必要な血流内の水分量が減ることになる。そして，
血漿浸透圧が増加すると，下垂体からバソプレッシン（ADH）が分
泌される。ADH が分泌されると腎臓での水分の再吸収が増加する。
その結果，血液浸透圧，血液量，血圧を維持するために尿量が低下
してくる（入来 2003）。運動を継続し，発汗による水分の損失をつ

143

第2部　スポーツをする

表6-1　熱中症の病態

1）熱失神：皮膚血管の拡張によって循環不全となり，脳の虚血を引き起こすことにより生じる。症状として，顔面蒼白，全身の脱力感，めまい，失神などを生じる。
2）熱疲労：大量に発汗して著しい脱水状態になることにより生じる。症状として，脱力感，倦怠感，めまい，頭痛，吐き気などを生じる。
3）熱けいれん：大量に発汗し，水だけを摂取して血液中塩分濃度が低下した時に生じる。症状として，足，腕，腹部の筋肉の疼痛，けいれんなどを生じる。
4）熱射病：異常な体温上昇（時には40℃以上）によって中枢神経障害をきたした状態をいう。症状として，頭痛，めまい，嘔吐などの症状から運動障害，錯乱，昏睡に至る。熱中症の中で最も重症であり，死亡する危険が非常に高いので，速やかに集中治療のできる医療機関に搬送する必要がある。
※1）～4）これらの病態はそれぞれ関連しており，すぐに重症化する可能性がある。

出典：星秋夫，樫村修生「熱中症の語源と定義」『桐蔭スポーツ科学』1，pp. 3-9，2018。

づけると血漿への水分移動は維持できなくなり，結果的にパフォーマンスが低下することになる。

　事実，脱水による体重減少率が2％になるとパフォーマンスは5％，体重減少率が5％になるとパフォーマンスは30％低下することが認められている。また，20％脱水すれば死に至ることになる。運動部活動では脱水を「奨励」したことを考えれば，科学的トレーニングを実施すれば，戦績，および記録は，じつはさらに向上した可能性すらあるのである。

　また，この御影師範の学生の場合をみてもわかるように「水抜き」「油抜き」は，暑熱環境を意図的に悪化させて脱水する行為で，今日の知見からすれば，いずれも熱中症と考えられる。

　表6-1に示したように熱中症はその病態によって4つに分類される（別枠）。

　熱中症発症の主たる原因は高温環境にあるため，現在では高温環境を表す指標にWBGT（湿球黒球温度）を用いて，その危険性を明示して予防を可能にしている。WGBTは気温，湿度，気流（風），輻射熱（直射日光）を考慮しており，熱中症の指標として広く用い

144

られている。ちなみに顔色の変調1）や倦怠2），足のふらつき3）
は熱中症の病態を示している。

　この「熱中症」は使用されて間もないこともあり，熱射病や日射
病と誤用されることが多いとの指摘もある（小川2001）。たしかに，
『現代用語の基礎知識』（自由国民社）の「熱中症」項目を調べると
1989年版には見当たらず，1992年版「スポーツ科学用語の解説」
から立項され，「……暑熱障害を総称」とある。したがって一般化
するのは1990年前後で，最近のこととわかる。ただし，『現代用語
の基礎知識』でも英語表記は年度によって，まちまちで「heat dis-
order」「heat illnesses」「heat stroke」「heat injury」と，統一性を欠
いている。

　暑熱障害が直射日光の作用による場合は「日射病（Insolation）」
となり，直射日光だけでなく，うつ熱が体温上昇を引き起こし，中
枢神経障害を伴う場合は「熱射病（heat stroke）」となる（中井ら
2007）。つまり，現在では日射病も熱射病も，熱中症に一括されて
いるにすぎない。

　ただし「熱中症」なる語自体は最近できた用語ではなく，ドイツ
語「Hitzschlag」（英語で「heat stroke」）の訳語で，これに「熱中症」
とあてたのは明治の文豪・森鷗外とされる。「熱中症」の初出は
『衛生新篇』で，この書籍は日本初の近代的衛生学教本として知ら
れる。

　近代日本の衛生学は，ヨーロッパ，なかでもドイツのそれが移植
されて定着し，そこから自立・発展していく歴史なのだが，その草
創期に鷗外は大きくかかわっていた。鷗外は，森林太郎が本名で衛
生学者として知られる。明治20年代から30年代にかけて北里柴三
郎や緒方正規らとともに当該分野で指導的役割を果たした。

　運動生理学関連書籍でも早い時期に「熱中症」を立項しているも
のもある。1926（大正15）年刊行，関正次『運動解剖及生理学』

第2部　スポーツをする

（廣文堂書店）がそれで，もちろん今日の定義とは異なり，「熱中症（熱射病）」とし，「我國陸軍に於いては熱中症・日射病を總稱して喝病と稱せり」としている。定義はともかく⑧⑨の時代にもすでに暑熱障害については言及されていたのである。にもかかわらず，「水抜き」「油抜き」は奨励され，そののちまで「水飲むな！」という言説が継続したといえる。

3.2.　スポーツドリンクの起源／スポーツドリンクからみる水分補給

　熱中症対策には水分補給が重要なことはいうまでもないが，発汗は単なる脱水ではない。引用①で古賀稔彦は「喉が渇いたら水を飲むのではなく，塩をなめろ！」といわれていた。エピソードの真偽はともかく，たしかに「汗はしょっぱい」。しょっぱい成分の主なものはナトリウムなどの塩分である。したがって，発汗すると体内から塩分が出てしまう。そこでこの欠乏を防ぐためにナトリウム等のミネラルを水分と同時に補充する必要がある。

　日本体育協会の熱中症予防指針（川原ら 2006）では，運動時には水分だけでなく，塩分の補給も同時にすることとし，運動をする前に，まずコップ1杯の水分と塩分補給をすること，1‐2時間の競技の場合は競技 30 分前に 250‐500 ml，競技中 1000 ml を飲みきること，2時間以上の運動では競技 30 分前に 500 ml，競技中1時間あたり 500‐1000 ml を飲むことを推奨している。さらに，一度に飲む量は 200 ml 前後，それを 10‐15 分間隔で飲むこと，カフェインを含むお茶やコーヒー等の利尿作用があるものは脱水を助長するため避けること，より体温に近い常温のものをすすめている。

　水は主に小腸で吸収され，その吸収速度は1時間 200‐700 ml，これが運動時になると1時間 800‐1200 ml で，これは発汗量の1時間当たり 800‐1400 ml とほぼ同量になる。近年のスポーツ医学では，

第6章　水の文化史

グルコースとナトリウムの両方を含んだ飲み物は小腸での吸収を促
進させ，6‐8％糖分濃度の飲料は，水よりも吸収が30％速くなる
こと，さらに糖分の濃度が高くなりすぎると水分の吸収が遅くなる
ことがわかっている。つまり，運動時の水分補給には6‐8％糖分
濃度の飲料が吸収効率がいいことになる。しかも糖を含む飲料は胃
腸障害を防ぐことがわかっているので，運動時にはスポーツドリン
クが推奨されることになる。

　スポーツドリンクが製造されるようになるのは1960年代アメリ
カでのこと。このころアメリカン・フットボール（以下アメフト）
選手の発汗に伴う脱水症や熱中症による死亡が多発している。選手
はプロテクターを装着し，激しい運動をするため，練習時の大量発
汗が推察される。事実，アメフト練習中に，1時間当たり1‐2ℓの
発汗をすることが報告されている。

　炎天下での練習による選手の体力消耗や，熱中症を防ぐため，水
分補給の必要がある。効率よく水分摂取が可能な飲料を探していた
フロリダ大学アメフト部（チーム名称"フロリダ・ゲーターズ"）監
督が同大学の医学部泌尿器科教授ロバート・ケードにそれを依頼す
る。そこで開発された飲み物が，アイソトニック飲料のゲータレー
ドである。これが世界初のスポーツドリンク誕生となった。

　ゲータレードの商品名は，チーム名と「エード」（ade：レモネー
ド（lemonade）等，飲料の意）の合成語であった。1967年ゲーター
ズは，ゲータレードを公式に飲用しはじめ，同じ年に初のオレンジ
ボウルに進出を果たしている。さらに1968年ゲータレードは，
NFL（National Football League：全米プロフットボール連盟）のオフィ
シャル・スポーツドリンクに認定された（玉木ら2005）。

　それでは，日本のスポーツドリンクの先駆けは何か。それは大塚
製薬のポカリスエットである。

　この商品は1973（昭和48）年大塚製薬社員が，出張先のメキシ

147

第 2 部　スポーツをする

コで腹痛のため入院したことを契機として開発がはじまる。入院時栄養摂取が難しい状況で「こんなとき，ゴクゴク飲みながら栄養も一緒に補給できる飲み物があればいい」とその社員は思ったという。帰国後，医者が長時間の手術を終えて，水分補給にリンゲル液を飲用している姿を目にした当該社員は，「飲む点滴液」のアイディアを思い付き，さらに，そこから発汗により失われる水分と電解質（イオン）を補給できる飲料開発をはじめることになる。当然，先行商品ゲータレードを意識し，それに対抗すべく，塩味を加えて甘みとのバランスを調整し，「飲む点滴」から「汗の飲料」とコンセプトを変容させ，1980 年アルカリイオン飲料と銘打って「ポカリスエット」が発売された（大塚製薬公式サイト 2018）。

　ゲータレードはアイソトニック飲料，ポカリスエットはアルカリイオン飲料，そもそもどう違うのか。飲料物は体液への浸透圧（およそ 285±5 mOsm/L：Osm/L〔オスモル〕は，分子またはイオンが水に溶ける濃度を表す単位）の度合いで決められており，表 6 - 2 のように区分される。

　したがって，アイソトニック飲料とハイポトニック飲料の違いは，単純に炭水化物（糖質）の含有量により区別される。糖質が全体の 2.5% - 8 % のものがアイソトニック飲料で，2.5%未満ならハイポトニック飲料といわれる。アルカリイオン水とはアルカリ性のイオン（電解質）を含む飲料のことであり，ナトリウム等がこれにあたる。したがって，アルカリイオン飲料はアイソトニック飲料，ハイポトニック飲料どちらにも含まれることになる。

　ハイポトニック飲料には運動による発汗で，体液が薄くなっている状況においては水分が腸管で速く吸収されること，糖分が少ないためカロリーが低く，減量時の飲料に向いているというメリットがある。一方，アイソトニック飲料は，安静時においては同じ浸透圧のため吸収が速いこと，糖質が多く含まれているので，長時間の運

第 6 章　水の文化史

表 6 - 2　飲料物の区分

○ハイパートニック飲料：血漿（体液）の浸透圧より高い飲料である。水分が身体に
　吸収されにくい飲み物となる。代表的なものに，コーラ（650 mOsm/L），100％天
　然果汁（600-700 mOsm/L 程度）などがある。
○アイソトニック飲料：血漿（体液）の浸透圧とほとんど同じ飲料である。身体が飲
　み物の浸透圧を体液よりも低くしてから，水分が身体に吸収されるのでハイポトニ
　ック飲料より時間がかかる。いわゆるスポーツドリンク（260-330 mOsm/L 程度）
　はこれに当たる。
○ハイポトニック飲料：血漿（体液）の浸透圧より低い飲料である。ハイポトニック
　飲料は，体液より浸透圧が低いため，体内に吸収されやすい。水分の吸収はアイソ
　トニックのものより早くなり，さらに水より浸透圧が高いため，体外への排出は水
　補給よりは低くなる。いわゆる OM1 等の経口補水液（200-250 mOsm/L 前後）はこ
　れに当たる。
○水は，一番早く身体に吸収されるが，急速に体液が薄くなってしまうため，身体が
　体液の浸透圧を元に戻そうとし（体液の Na 濃度を一定に保つことを優先），尿として
　体外に排出していってしまう為「自発的脱水」をおこす。「お茶」や「水」などの
　浸透圧は 0-50 mOsm/L 程度となる。

（著者作表）

動のエネルギー源になるというメリットがある。（佐藤・長澤編
2010）。

　これらスポーツドリンクに配合されている成分からも，スポーツ
選手にとって単なる水分補給だけでなく，適度な糖度と，ナトリウ
ムなどミネラル成分が重要だとわかる。

4　おわりに／「水中毒」（低ナトリウム血症）

　ここまで「水飲むな！」言説をたどりつつ，水分不足，脱水，お
よび熱中症についてみてきた。

　いずれの症状ともに水分摂取が重要なことはいうまでもない。運
動による脱水がその他ミネラルも同時に体外に放出してしまうこと
は前記した。しかし，じつは過度の水分摂取も問題となることを最
後に紹介しておきたい。

149

第 2 部　スポーツをする

　ナトリウム不足の状態で水分のみ過度に摂取すると血中ナトリウム濃度が大幅に低下してしまう。つまり水の飲みすぎが体内の塩分濃度を薄めてしまうのである。すると「低ナトリウム血症」となり，さまざまな障害が発生する。いわゆる「水中毒症」である。詳しくみてみよう。

　長時間の運動をした際，汗から失われたミネラルを補給せず，水分のみ過剰に補給すると血中ナトリウム濃度が大幅に低下し，低ナトリウム血症が生じる。結果，細胞外液の浸透圧の低下によって細胞内に水分が入り，細胞の膨潤が起こる。これが脳細胞の機能を障害したり，溶血を起こしたり，あるいは肝細胞を傷害してその機能を損ずることになる。重篤化すれば生命にかかわる。

　正常な腎臓は，体内の塩分濃度の調節や水分の排出量をコントロールし血圧の調節をしているが，血液中のナトリウムイオン濃度（mEq/L）が低下すると以下の症状が生じることになる。

　　130 mEq/L‐軽度の疲労感

　　120 mEq/L‐頭痛，嘔吐，精神症状

　　110 mEq/L‐性格変化や痙攣，昏睡

　　100 mEq/L‐神経の伝達が阻害され呼吸困難などで死亡

　高齢者は若齢者と比べると喉の渇きに気付く感覚が低下しており，脱水症状を起こしても，自発的に水分補給することが困難である。また，高齢者は水およびナトリウム負荷に対する腎臓の反応が遅い傾向にあるため，低ナトリウム血症発症のリスクが高くなる。さらに，女性は男性と比べると一般的に発汗率が低く，女性の運動選手では水分過剰，いわゆる運動誘発性低ナトリウム血症の発生リスクが高いとされている。

　近年のジョギング・ランニングブームにより，多くの人がマラソンに参加するようになった。このことに関連し，マラソンなどの競技会中の低ナトリウム血症による死亡事故が注目されている。

第6章 水の文化史

　マラソンをはじめ，ウルトラマラソン，自転車，トライアスロンなどのレースについて，2000人以上の競技者を対象に体重減少量と血清ナトリウム濃度の関係をみると，ゴール後に体重が増えた選手は，水を飲み過ぎたために低ナトリウム血症となる傾向が認められ，さらに，その重症患者の多くが水を飲み過ぎてゴール後に体重が増加したことが認められている（Noakes *et al.* 2005）。

　低ナトリウム血症はトップランナーにはほとんどみられず大半が市民ランナーである。市民ランナーのようなビギナーは運動中に発汗していないにもかかわらず，「運動時にはできるだけ水分補給をした方がよい」という勧告を律儀に守り，その結果，水分の過剰摂取になっている可能性が考えられる。したがって，運動時の水分補給として，発汗量の70-80％程度の飲水が推奨されている。この飲水率が脱水の予防，水中毒の予防にも適している。

　水分摂取と根性とは全く無関係なものであり，運動量に見合った水分摂取量を心掛けなければならない。

【参考文献】

明石和衛・金栗四三，1916，『ランニング』菊屋出版部。

Costill, *et al.,* 1970, Fluid ingestion during distance running, Archives of environmental health, 21: pp. 520-525.

壇蜜，2016，『どうしよう』マガジンハウス。

星秋夫・樫村修生，2018，熱中症の語源の定義，桐蔭スポーツ科学1，pp. 3-9。

兵庫県御影師範学校同窓会，1928，『兵庫県立御影師範学校創立五十周年記念誌』。

兵庫県御影師範学校同窓会，1936，『兵庫県立御影師範学校創立六十周年記念誌』。

今泉隆裕，2018，「『水飲むな！』『根性みせろ！』の起源（1）／武田千代三郎『水抜き』『油抜き』訓練法」『Sportsmedicine（スポーツメディスン）』206（11月号），ブックハウス・エイチディ。

151

第2部　スポーツをする

入来正躬，2003，『体温生理学テキスト』文光堂。

自由国民社編，1989，1992，『現代用語の基礎知識』自由国民社。

川原貴ら，2006，「スポーツ活動中の熱中症予防ガイドブック」日本体育協会。

古賀稔彦ほか，2018，「シンポジウム・今だから話す『日本スポーツの迷信』」『スポーツゴジラ』第23号。

武藤芳照ら，2007，「健康を支える水」『J. Natl. Inst. Public Health』56（1）。

中井誠一ら，2007，『高温環境とスポーツ・運動——熱中症の発生と予防対策——』篠原出版新社。

Noakes, T. D., *et al,* 2005, Three independent biological mechanisms cause exercise-associated hyponatremia: evidence from 2,135 weighed competitive athletic performances, *Proceedings of the National Academy of Sciences of the United States of America,* 102: 18550‑18555.

野口源三郎，1918，『オリンピック競技の実際』大日本体育協会出版部。

野口源三郎，1923，『オリンピック陸上競技法』目黒書店。

小川徳雄ほか，2001，『医学用語「解體新書」』診断と治療社。

大塚製薬公式サイト，2018，「ポカリスエットの誕生秘話」https://pocarisweat. jp/prodacts/story/，2018年1月10日閲覧。

佐藤隆一郎・長澤孝志編，2010，『わかりやすい食品機能栄養学』三共出版。

関正次，1926，『運動解剖及生理学』廣文堂書店。

武田千代三郎，1904，『理論実験競技運動』博文館，（『社会体育スポーツ基本史料集成　第2巻』大空社，1992年所収]）。

玉木雅子ら，2005，「市販スポーツドリンクの最近の動向」人間総合科学会誌1（1），pp. 56‑62。

棚田真輔，1980，『武田千代三郎の競走術に関して：明治期後期から大正期にかけて隆盛をみた油抜き訓練について（研究資料 No. 28)』神戸商科大学経済研究所。

寺田瑛，1921，『陸上競技の研究』日本評論社。

吉田章信，1916，『運動生理学』南江堂書店。

◆ COLUMN 2 ◆

山ガール

中村律子

　記録的な酷暑が続く8月上旬，JR大糸線は，老若男女，夏山を楽しむ登山者で満員だった。今や登山人口は750万人ともいわれる。私の目の前には，ロングのワンピースドレスにサンダル履きで登山用ザックを背負った20代後半と思われる女性2人と，その両横に半ズボンの下に高機能サポートタイツにトレッキングシューズを履いた男性2人の4人グループが立っている。これが「山ガール」「山ボーイ」たちなのかとおもわず感心して眺めていると，隣に座っていた70代前半の女性から「どこの山に登られるのですか」と声をかけられた。

　その女性は，友人と4人で白馬岳に登る約束だったが途中で具合が悪くなり登頂はできずとも白馬周辺を散策したいと，白馬岳から下山してくる友人3人と白馬駅で待ち合わせているとのことだった。若いときは，ほぼ毎週のように，夫や友人たちと北アルプス，八ヶ岳，北海道から屋久島までの日本の山々を登っていたが，結婚，子育てのため山登りを中断，50代後半から再び山へ登り始めたのだという。「山と山をつなぐ稜線歩き，ジグザグを登りきって尾根筋へ出ると視界がひらける，雪と岩のコントラスト，満点の星空。若いときは，あの山に登りたい次はこの山へと登頂する楽しみがあったけれど，この年齢になると，山の麓を散策し草花や鳥の声など四季を感じる山歩きもいいですね」と。

　白馬駅に到着すると，「山ガール」「山ボーイ」大勢の登山者たちとともにその女性も降りていった。「だれにとっても，どんな年齢

153

第2部　スポーツをする

でも，どんな楽しみ方であっても，山はいい」と思いながら，私は，
彼女／彼らを車窓から見送った。

● 山ガールとは

　大糸線で見かけた20代後半の男女の出で立ちから「山ガール」
「山ボーイ」と書いたけれど，いつ頃から「山ガール」という言葉
が登場し，話題になったのだろうか。

　はじめてカラフルなファッションでアウトドアを楽しむ女性たち
が取り上げられるようになったのは2009年頃のことだ。そのころ
盛んになりはじめた野外フェス，山フェスに若い女性たちも出かけ
るようになる。彼女らをターゲットに，山歩きを要する会場までの
アプローチのためのファッション，メイク，さらには山での料理，
山テントでの過ごし方などを紹介する雑誌（2009年の『ランドネ』，
『Hiitte』，『falō』などの女性向け登山雑誌）が次々に出版されるよう
になる。それをきっかけに，「一般的に，"山ガール"とは，20代
～30代の独身で経済的に余裕があり，流行に敏感な女性登山者の
総称のようだ」（山と渓谷社 2011：48）としてブームが定着したよう
である。

　3K（きつい，汚い，危険）の代名詞，男性領域のスポーツと認識
されてきた登山に，颯爽と登場した山スカートにカラフルなサポー
トタイツなどのファッションで山を楽しむ「山ガール」は，その後
の登山イメージを塗り替えたといっても大げさではない。いっけん
偶発的で一時的にみえるけれど，「山ガール」に至るまでには，女
性登山への長い歴史の積み重ねがあったのだ。板倉（1992）を手が
かりに，すこしみておこう。

● 女人禁制の山行から女性登山家の軌跡

　山は信仰の対象であり，霊山であったことから修験道の場，修行

154

COLUMN 2　山ガール

の場で男性中心におこなわれ，女性の入山は禁止されていた。1872
年3月27日太政官布告第98号「神社仏閣ノ地ニテ，女人結界ノ場
所有之候処，自今被廃止候条，登山参詣等可為勝手事」において，
「比叡山女人結界」以来千年にわたる霊山の一部において女人禁制
が解かれ，女性も山行が可能となった。それ以前に女性の山行がな
かったのかといえばそうでもなさそうだ。女人禁制前の1832年に，
富士講の一派である不二道を統括した老行者小谷三志によって選ば
れた高山辰（たつ）が先達5名とともに男装し10月に富士山登頂
を成し遂げたことが知られている。とはいえ，本格的に女性の山行
は，日本の登山の近代化が始まる1900年代前半といわれる。

　1874年ウィリアム・ガウランドやアーネスト・サトウらの六甲
山登山，1888年頃からウォルター・ウェストンによる日本アルプ
スでの登山活動などの黎明期を経て，日本でもヨーロッパスタイル
の近代登山の始まりを迎えることになる。毎年7月に上高地で開か
れる「ウェストン祭」で有名なウェストンにより，イギリスのよう
なアルパインクラブを日本でも創ることを強く勧められ，1905年
日本山岳会が設立された。創設翌年には，日本山岳会の山岳会員女
性第一号として野口幽香の名前が記されている。また，日本山岳会
が設立される前の1902年に，県立長野高等女学校が学校登山を開
始し4年生全員が筒袖の着物にくくり袴，わらじ，白鉢巻姿で戸隠
山に登山し，その後，富士山登頂もおこなっている。1917年には
村井米子が強力とともに富士山登頂，黒田初子は1931年に厳冬期
槍ヶ岳に女性初の登頂をなしている。また，佐藤（後の中村）テル
は日本最初の女性山岳会であるYMCA山岳会を1931年に創設。
当時の女性たちの登山は，経済的にも恵まれた良家の子女の趣味，
強力や山案内人を雇う，男性の同行を得るなどの登山であったもの
のその足跡は輝かしいと板倉は論じている（板倉1992：51）。

　戦後になると，大学山岳部や社会人山岳会に女性の入部が目立ち

第 2 部　スポーツをする

始める。1949 年には，日本山岳会の中の東京支部に婦人部が創設される。1950 年代〜60 年代は，後藤董子（のちに小倉，早稲田大学山岳会初の女性部員）が男女混合隊とととともにキリマンジャロ登頂，先述の黒田，佐藤，板倉らはヨーロッパアルプス，ニュージーランド遠征を実現する。その後，板倉は 1955 年に女性だけの山岳会であるエーデルワイス・クラブを創設する。

　1970 年代になると，1971 年には女性初のヨーロッパ三大北壁登攀をなした今井通子（現・高橋），女性隊のみでエベレスト登頂（1975 年）を遂げた田部井淳子は 1992 年日本人初の七大陸最高峰登頂を達成している。体力・筋力・技術面では女性は男性より劣ると言われ「男の領域」だった登山が，卓越した登山の知識と技術をもった女性登山家によって女性にも開かれた世界であることが証明されていった。また，小倉を始めとして，女性登山家たちは，女性のための登山教室や女性だけの山の会，山岳同好会を誕生させている。登山未経験者だけでなく，家事や子育てなどで登山を中断していた中高年女性，「男性に連れて行ってもらう」登山から自立したいと考えていた女性たちに，山に登るための知識や技術をもとに一歩一歩頂をめざす山の魅力と安全な山登りの計画などを伝えていくようになる。

● 登山＝3K を変えたのは「山ガール」？

　1990 年代には，「百名山登山ブーム」が到来する。深田久弥（1964）『日本百名山』をもとにした NHKBS テレビ（1994 年から現在も続いている）の「日本百名山」が始まると定年退職や子育て，老親の介護を終えた中高年世代は「百の頂に百の喜びあり」とのフレーズに百名山登山を目指すようになる。また，アウトドア用品店では，登山ザック，ウェア，テントの軽量化・コンパクト化に着目し快適な登山用品を実現させていく。さらには，アルパインツアー

COLUMN 2　山ガール

株式会社，クラブツーリズムや朝日旅行などの大手旅行業界が百名山などの登山ツアーを企画するようになる（山形 2013：197）。これらの登山用品開発と登山ツアーによって，これまで「男性に連れて行ってもらう」登山，女性たちには 3K だった登山，山岳部や山岳会，同好会に所属しなければ行けなかった山の頂へ，「安心，安全，一人でも参加」できることになり，瞬く間に新たな登山スタイルとして広がっていった。しかも，登頂をめざすピークハントだけではなく，自然と親しむ，健康志向などと相まった登山のスタイルも定着していく。

　20 世紀が終わる頃には，女性登山の先駆者たちの開いたフロンティアの上に，軽量かつカラフルでファッショナブルなアウトドア用品開発，旅行社の気軽に参加できる登山ツアー商品の販売などによって，登山はもはや老若男女すべてに開かれたアウトドアスポーツへと展開していたのだ。それにかぶせるように，アウトドア用品店は 1999 年頃から後に一大ブームを巻き起こす Fuji Rock Festival などの野外音楽祭や山フェスを仕掛け，フェスに参加する若者たちにカラフルなファッションやアウトドア用品を，会場だけでなく自社の情報誌によって発信していく。

　ほぼ時期を同じくしてはじまる「女子ブーム」（女子会，大人女子，歴女，鉄女，カメラ女子，森ガールなど）も見逃せない（馬場他 2012，米澤 2014）。1970 年代のフェミニズム運動を経て 1975 年国連国際女性年，わが国でも 1985 年男女雇用機会均等法，1999 年男女共同参画社会基本法が制定されるも一向に男女格差はなくならない，社会進出も進まないことに閉塞感，不充足感を抱いた女性は少なくない。この女性（たち）は，男も女も関係ない，年齢や社会的な制度や規範に囚われることなく主張する，性別に拘る（ジェンダー・センシティヴ）ことから抜け出して，自分たちで楽しいこと，面白いことを自由におこなうようになったともいえる。つまり，カラフル

八ヶ岳の山小屋

奥高尾

　なファッションと登山用品が垣根をこえて混交し、ジェンダーフリー、ユニセックスな登山として、「山女」が「山男」登山を軽やかに超えて変えていく。これこそが「山ガール」を生み出す原動力だったのだ。

　ファッションばかりが先行し登山知識や技術が伴わないのではないかと山ガールへの冷ややかなまなざしが向けられるなかで、女性登山のフロンティア田部井は「みなさん、山に登って美しくいきいきとなること、山に登る女性はかっこいい、次の世代を育てる女性こそ登山の楽しみをみつけてほしい」（2010：1）と「山ガール」を応援してきた。マスコミをはじめとするメディア、ビジネス業界によって創り出された「山ガール」は2010年の流行語大賞の候補に

COLUMN 2 山ガール

もなった。それまで山男に代表される登山の代名詞となっていた3Kは，「山ガール」や女性登山者によって定着したファッションと登山スタイルによって「かろやか，きれい，かっこいい」などの "K" にとって代わられようとしている。

● 山の世界が山ガールを変える

女人禁制が解かれ，女性の山行きが本格化した明治期から100年後，内外の名峰登攀を成した女性登山家たちが先駆けとなって，それから50年後の今日では，その女性登山家たちに導かれるようにして女性たちの山登りが着実に登山の裾野を広げてきた。湊かなえが2012年から雑誌に連載し，その後テレビドラマ化された『山女日記』に登場する「山女」たちの山との出会い，山に癒やされる姿，自身の人生を紡ぐストーリーに共感する女性も多いのではないだろうか。

山ガールがブームとなって約10年を迎え，ファッションだけで語られてきた山ガールも，すでに多様化の時期を迎えている。2016年5月に日本最年少でエベレストに登頂し，その後2016年7月にデナリに登頂して世界七大陸最高峰登頂を達成した南谷真鈴の軽やかな山登り，大糸線でみかけたファッショナブルな彼女ら，70代前半の女性たちと同じように登山する女性，『日本百名山』を『花の百名山』（田中 1980）に持ち替えてトレッキングする俳女などなど，みんな活き活きと山行きを楽しむ山ガールだ。そして私を含めて山ガールたちは，山の世界に魅せられ惹かれ，山からいただくさまざまな恵みに感謝しながら，これからも思い思いのスタイルで山へ登り続けることだろう。もちろん，もう一つの "K" である山の「危険」が，きれい，かっこいいだけの山登りではないという山＝自然からの教えと戒めであることも忘れずに。

159

第 2 部　スポーツをする

【参考文献】

馬場伸彦・池田太臣編，2012，『「女子」の時代！』，青弓社。

深田久弥，1964（2003），『日本百名山』，新潮文庫。

板倉登喜子他，1992，『日本女性登山史』，大月書店。

湊かなえ，2014（2016），『山女日記』，幻冬舎文庫。

小倉董子，1990，『女の山歩き山登り』，山と渓谷社。

田中澄江，1980，『花の百名山』，文藝春秋。

田部井淳子，2010，『田部井淳子のはじめる！　山ガール』，NHK 出版。

山と渓谷社，2011，『山と渓谷　今年も山ガール？』，山と渓谷社。

山形俊之，2013，「平成登山ブームに関する一考察」湖北紀要(34)，湖北短期大学，pp. 189-204。

米澤泉，2014，『「女子」の誕生』，勁草書房。

◆第3部◆

スポーツをささえる

第7章 スポーツと呪術

アフリカにおけるサッカーをとおして

田原範子

1 スポーツと祈り

　アフリカ大陸の人びとにもっとも身近なスポーツはサッカーである。私が調査をしている東アフリカの小さな村でも，子どもたちはプラスチック・バッグ（レジ袋）で作ったボールを蹴って遊び，テレビでサッカーの試合がある日にはビデオ小屋が満員になる。日曜日は青年組が結成する村代表チームが遠征して対抗試合をする。町では職場対抗の試合もおこなわれる。

　2022年ワールドカップ・カタール大会ではモロッコが，アフリカ勢として初のベスト4進出を果たし「アフリカ勢のパイオニア」と呼ばれた。しかし，2018年のロシア大会では決勝トーナメントにも進むことができず，当時の新聞記事に「かつて世界を驚かせたようなアフリカの『ワイルドさ』が影を潜める」，「型にはまらないアイデア，瞬発力，跳躍力に優れた選手の特徴を生かした戦い方が十分にできているか」などと報じられた（『朝日新聞』2018.7.1 朝刊）。「ワイルド」「爆発力」などという言葉で，アフリカ・サッカーの個性や選手の身体能力の高さを表現する報道は少なくない[1]。こうしたアフリカの独自性を強調する記事のなかでも「魔術信じる？　信じない？　アフリカサッカー界，根強い影響　W杯」は人びとの耳目を集めた（『朝日新聞』2002.6.12 夕刊）。これは，アフリカのサッカー・チームがブラックマジック（呪術）を使って相手チーム

第3部 スポーツをささえる

写真7-1 ウガンダの村のサッカーチームのキャプテンがみせる華麗なリフティング。筆者撮影。

を呪うという内容である。こうした報道に触れて、アフリカの人びとは超人的な瞬発力や跳躍力をもっているのだと思う人がいるかもしれない。また、アフリカには愚かな迷信がまだ残っているのかとあきれる人もいるかもしれない。または、魔術を使ってまで勝とうとするなんて…と違和感をもつ人もいるかもしれない。

しかし一方、私たちは、日常生活のなかで逆境におかれた人間が祈るような気持ちをもつことに、違和感を覚えはしないだろう。受験の時に、合格祈願の絵馬を書いた人もいるかもしれない。日本には癌封じ寺もあれば、縁切り神社もある。神社仏閣の絵馬をたぐってみれば、そこには病気を得た人、人間関係に悩む人たちの切なる願いが綴られている。私たちの日常生活は、こうしたさまざまな祈りによってささえられている。魔術や呪術もまた、私たちの生活をささえる祈りと地続きだと考えれば、呪術とスポーツの地平はつながるかもしれない。スポーツの世界には偶然や奇跡があふれている。スポーツは競技であり、それに参加する人びとは何かを成し遂げたいという願望を持っている。そのプレイをささえるのが、祈りであり魔術である。本章では、こうした人間の力では制御できないモノ

第7章　スポーツと呪術

やコトについて，思いを巡らしてみよう。

2　アフリカにおけるサッカー

　サッカーは欧州の植民地化の歴史のなかでアフリカにもたらされた。アフリカにおけるサッカーの歴史を振りかえることは，植民地下における統治制度や人種主義を克服する営みを学び，政治とサッカーの関係を知ることでもある。

2.1.　欧州による植民地化とサッカー

　19世紀の英国において，スポーツと宗教は新しい道徳観の核として上流階級の教育に取り入れられた。サッカーに必要な，冷静さ，チームワーク，男らしさという価値観は，パブリック・スクールを卒業した若者たちによって拡散される。1870年代以降，アフリカ大陸はヨーロッパによる争奪戦にさらされた。宣教師，軍人，統治者，教師によって，キリスト教とともに，クリケット，サッカーがアフリカ大陸に持ち込まれる。ザンビアのキャスター，デニス・リウェウェは次のように話す。

　　　探検家のリビングストン博士は，ザンビアにサッカーを伝えた人物です。彼は3つの物を持ってやって来たそうです。聖書と救急箱そしてサッカーボール。こうしてザンビアのサッカーは始まったのです。（日活 2003）

　宣教師は学校を作り，サッカーを教えた。ガーナには1903年ジャマイカ人の宣教師によってサッカーが伝えられた。当時のサッカーは，紙のボールをはだしで蹴りあうというものだった。入植者たちが多く住む海岸地域でサッカーが盛んとなり，1911年にアクラ

165

第3部　スポーツをささえる

でサッカー・チームが結成された。

　また北部アフリカでは，兵士たちがサッカーを伝えた。フランス外人部隊がモロッコへ，英国軍がエジプトへ。すでに 1880 年代にはカイロで試合がおこなわれていた。1922 年に独立したエジプトは，1928 年のアムステルダム五輪のサッカーの試合でトルコを破った。しかし，他のサハラ砂漠以南のアフリカにおいて，統治政府は地元民をおとなしくさせるために有効だからという理由で，サッカーを認めていた。サッカーは社会を統制するための手段であった。イギリスの歴史家ジェームズ・マンガンは言う。

　　　入植者たちは地元民の利益のためだけではなく，自分たちの利益を考えていました。植民地を保有することが仕事だったからです。そこで人びとに植民地的な思考を与え，優越と服従の形を作りました。この支配の形は見事に成功したのです。（日活 2003）

　植民地統治下で人種隔離政策がおこなわれていたカメルーンでは，白人だけのサッカー・チームに対抗して，黒人だけのチームが結成された。エチオピアはイタリアによる植民地支配の後，1942 年に解放され独立する。この年は，エチオピアのサッカー史上における転換点となった。独立を記念して，エチオピア人のストライカー，イドネカチュ・テッセマが率いるエチオピア人のチームが，和解のための試合を企画し，現地のイタリア人チームとの試合を実現させたのである。その後，国籍，人種，宗教を超えて試合がおこなわれるようになった。

第7章　スポーツと呪術

2.2. アフリカにおけるサッカーの展開

1957 年，アフリカ・サッカー連盟（以下，CAF）が誕生する。当初，エチオピア，スーダン，エジプト，南アフリカの五か国が，アフリカ・ネイションズカップの開催を決定した。しかし，南アフリカの代表は，1950 年代に制定された人種隔離法のため人種混成チームは派遣できないと主張した[2]。CAF は，人種別のチームにこだわる南アフリカを「アフリカ・ネイションズカップに参加する資格はない」と除名した。

1957 年のアフリカ・ネイションズカップではエジプトが優勝し，2 年ごとに開催国を替えて選手権がおこなわれることが決定された。当時，「私たちは一つの大陸，一つの運命」を掲げるパンアフリカニズムの機運がたかまり，アフリカ統一機構が 1963 年に設立された。その年ガーナで開催されたアフリカ・ネイションズカップでは，ガーナのサッカー・チーム「ブラックスターズ」が優勝する。「アフリカ独立運動の父」と呼ばれたガーナの初代大統領クワメ・ンクルマは，サッカーはアフリカの誇りと統一の手本になると信じていた。こうして 1960 年代半ばにはサッカーを政治に利用する動きが進んだ。

ザイール（現コンゴ民主共和国）のモブツ・セセ・セコ大統領は，サッカー・チーム「レパーズ」の活躍が，自らの指導者としての威光を示すと考えた。1974 年のアフリカ・ネイションズカップで，レパーズは，ガーナのブラックスターズを破って優勝した。そして初めての国際試合（西ドイツ）への遠征時，ザイールのサッカー協会は，優秀な呪術師を代表チームと一緒に西ドイツへ派遣した。当時を知るジャーナリストは次のように話した。

　　　同行した呪術師はいろいろな荷物をもっていました。変な臭いのするものもありました。玉ねぎをあちこちに植えたり。「墓地へ行

第3部　スポーツをささえる

ってこれをしろ」「これを食べろ」など，とにかく妙な事を言うんです。（日活 2003）

　レパーズは，スコットランドとの初戦で健闘する。大敗を予想されたにもかかわらず，2対0という小差での敗退を実現したのだ。ところが，その試合後，約束されたボーナスは到着しなかった。選手の志気は下がったまま，次のユーゴスラビア戦では9対0と大敗を喫した。ブラジル戦では，ブラジル側のフリーキックをザイール側のディフェンダーがボールを先にハーフウェイラインまで蹴るという事態が起きた。この誰もが驚いたプレイの背景には，試合前にモブツ大統領から選手へ届けられたメッセージ「ブラジルに4ゴール以上与えて負けたら，おまえたちは国に帰ってこられない」があったという（ブルームフィールド 2011：134-135）。帰国したレパーズの選手たちを，空港で迎える人は誰もいなかった。富や名誉が手に入ると信じていた選手の夢は破れ，このワールドカップは「ザイールの屈辱」として記憶されることになった。

　人種隔離政策を脱却したカメルーンは，1970年代終盤，サッカー大国になる。1982年，ワールドカップ・スペイン大会では，ペルー，ポーランド，イタリアと対戦し，すべてに引き分け，健闘した。1990年イタリア大会には，アフリカからカメルーンとエジプトが出場した。カメルーン・チーム「不屈のライオンたち」は，アルゼンチンを下して決勝トーナメントに進み，コロンビア戦にも勝利した。大統領の命を受けて38歳で出場したロジェ・ミラは，この試合でゴールを決めて英雄となった。ゴールを決めて踊るミラのダンスは，ミラ・ダンスと呼ばれこの大会を象徴するものとなり，アフリカのサッカーを世界に知らしめることになった。しかし，アフリカへの注目により，世界中からスカウトが集まり，才能を認められた若い選手たちは富と名誉を求めて国外へ流出していくことに

168

なった[3]。

2.3. アフリカ・サッカーにおけるブラックマジック（呪術）

日韓共同開催された FIFA ワールドカップ（2002 年）を控えて，アフリカ選手権決勝トーナメントの準々決勝がマリ共和国でおこなわれた。その時テレビカメラは，カメルーンのサポーターたちが，棺を抱えて，カメルーン対エジプトの試合会場近くを行進する姿を捉えていた[4]。棺には対戦相手のエジプトの旗が巻かれている。やがてサポーターたちは，空き地に急造した祭壇に棺を供えると，蝋燭に火をともし，以下のような呪文を唱えた。

　　　　カメルーンはエジプトを葬る……コートジボアールは葬った，トーゴは葬った……

テレビのナレーションは，「敵を呪う伝統的なブラックマジックの儀式です。……呪いの儀式はアフリカ・サッカー独特の風習です……」と説明する。さらに準決勝のカメルーン対トーゴの試合で事件は起きる。試合開始直前のスタジアムでカメルーンの GK コーチが警官に逮捕されたのだ。ナレーションは以下のように解説する。

　　　　カメルーンのコーチをマリの警官たちが取り囲みました。抵抗するコーチを力づくで芝生の外に引きずり出しました。警官たちは何かを探しはじめました。じつは，コーチがマリに対して呪いを仕掛けたと疑っていたのです。

ピッチ上の一人の警官が誇らしげに片腕を高々と上げる姿が映し出される。その指先に小さなものが掲げられている。

第 3 部　スポーツをささえる

　　小さなみかんの皮を見つけました。呪いの証だと掲げました。その場でコーチは逮捕されました。

　コーチは芝の状態を確かめただけだと弁明したものの，CAF は，騒ぎに責任があるとして，コーチに一年間の出場停止処分を言い渡した。サッカーにかかわる呪術的実践は，アフリカでは盛んにおこなわれてきた。フリーライターの岡崎優子は，ケニアのあるサッカー・チームの遠征に同行した際，チームのマネージャーが，水の入ったジュース瓶に紙を詰め込んでいるのを目撃する。マネージャーは，「この水は海で，この紙は船。ほら，こうやって振ると紙は沈んだろう？　つまり，相手が沈没したってことなんだ」（岡崎 1994：32）と説明した後，呪文を唱えながら，瓶の水を選手一人ひとりに振りかけ，相手チームのゴールにまいた。なぜなら，それぞれの町のスタジアムにはブラックマジックで勝利を願ったモノがゴール近辺に埋めてあるので，聖水を撒いて，その効力を打ち消さなければならないからだという。

　ナイジェリアと英国で育ち，アフリカ諸国で取材をした英国の新聞記者，イアン・ホーキー（2010）は，2000 年，アフリカ・ネイションズカップの舞台裏で起きた事件の詳細を報告している。準決勝セネガル対ナイジェリア戦では，ナイジェリア・サッカー協会の役員が試合中にセネガル側のゴール裏へ駆けより，ブラックマジックに使われたらしき二つのモノを取り除いた。決勝のナイジェリア対カメルーン戦では，ロッカールームに呪いがかけられたという両チームからの主張があり，両チーム合意の上で呪術師が呼ばれ，儀式がおこなわれた。こうした経緯を踏まえて 2002 年，CAF は，ピッチ上に呪術師を立ち入らせてはならないという「呪術禁止令」を発令した。

　こうした呪術にかかわる営みを，ジョークだと笑い飛ばす人もい

第 7 章　スポーツと呪術

るだろう。また，アフリカ特異な文化だと思う人もいるだろう。はたしてそうだろうか。

3　祈りと呪い

　夢や希望をかなえるために努力しつつ祈ること，または他人の成功を羨望することは私たちの日常的な営みの一つであろう。こうした祈りや呪詛は，人間の原初的な営みである。そしてこれらは，「生の技術」ともいうべきものとして文化的社会的に制度化され，日常生活に深く根を下ろしている[5]。

3.1.　宗教と呪術

　大航海時代，ヨーロッパ人たちは，新たな大地を「発見」し，そこに住む人びとを「未開人」と名づけ，土地を略奪した。19 世紀，ヨーロッパによる世界各地の植民地化が完成した頃，植民者たちと一緒に活動していた人類学者たちは，その土地でおこなわれている信仰や儀礼などを，呪術として報告する。本節では，東アフリカのフィールドワークをおこなった人類学者の阿部年晴（1997）にならって，呪術を「この世界に何らかの変化を生じさせることを目的とする技術的行為の一種と見なす」ことにしよう[6]。その中心には，「願望の表明や目的とされる事態の表現」がある。願望を実現するために呪術がおこなわれる。それは，言葉・モノ・動作を組み合わせた儀礼を伴うもので，当事者と当事者の家族や親族などの関係者たちの参加によりおこなわれる[7]。文化人類学は，異文化における呪術的儀礼，ウィッチクラフト，占い，タブーなどの研究をとおして，社会制度から排除されたモノやコトに光を当てることになった。

　宗教・儀礼・神話を研究したジェームズ・フレイザーは，呪術の実践について 2 つの類型を定義した。一つは「類感呪術」（homeo-

171

第3部　スポーツをささえる

pathic magic) である。呪術師は模倣によって特定の効果を狙う。ある人を呪うために，その人に模したワラ人形に釘を打ち込むのはその一例である。また，雨乞いのために，火を焚いて煙を出し，太鼓を打ち鳴らして水を撒くというのも，雨が降る状態を模倣することで実際に雨を降らせようとする呪術である。そこには「類は友を呼ぶ」というべき原理が働いている。もう一つは「感染呪術」(contagious magic) である。「いったん複数のものが接触すると，離れ離れになっても影響しあう」ことを前提とし，一部に及ぼした操作が全体に作用するという考え方に基づくものである。たとえば，相手の髪の毛やつめを焼きながら呪文を唱えるのは，その一例である。かつて誰かの一部であったものに何か行為を加えると，それがすでに本人の手を離れても，特定の効力があると考えられる。

　異次元の話のように感じる人もいるかもしれない。しかし，実はこうした考え方は，私たちの日常的な認識方法の一つである。イギリスの人類学者エドマンド・リーチは，私たちが何かを形容する場合の言葉の用い方，すなわち語用法にこうした認識方法が現れていると指摘した（リーチ 1981：64-71）。たとえば「隠喩（メタファー）」は，「皿のような月」のように，丸い皿と丸い月という形の類似しているものを連合させることで成立している。また「換喩（メトニミー）」とは，「夏目漱石を読む」というように，本来は「夏目漱石（が書いた作品）を読む」という意味だが，著者の夏目漱石と書いた作品との関係を連合することで理解される。つまり，私たちにとって日常的な表現方法である類似物を連合させる隠喩と隣接過程にある物を連合させる換喩は，それぞれ類感呪術と感染呪術と共通する認識枠組を基盤としている[8]。呪術における考え方と，私たちの日常的な認識とはつながっているのだ。

　さらに今日の人類学においては，異文化における「呪術」を宗教的実践として捉え，「呪術・宗教的」と包括する。かつて，宗教と

172

呪術を区別することは，異文化を侵略し植民地化するヨーロッパ人にとって，自己と他者を分けるための重要な課題だった。彼らの拠点であるヨーロッパにおいてキリスト教は，16世紀の宗教改革を経て人びとに普遍的な価値観を提供するものとなっていた。阿部（1997）は次のように述べる。

　　キリスト教のような普遍主義的宗教は土着の伝統的な宗教と競合しながら勢力を確立するので，その過程で自らの優越を印象づけるために何らかの「不思議な業」，超常的な行為を行う必要がある。しかし，同時に他宗教の類似の行為を，自分たちの行為と区別して貶め正当性を剥奪する必要がある。そこで他宗教の「不思議な業」を「呪術」と呼ぶ。そして，この意味での宗教と呪術の問題は，普遍主義的宗教の成立期に限られる問題ではなく，そうしたタイプの宗教が勢力を拡張する場面では常に起こっているのである（阿部1997：344）。

　つまりヨーロッパで生みだされたのは，以下のような考え方であった。宗教とは，キリスト教のように，超常的な奇跡を起こす存在はただ一人の神だとする一神教へと発展するものであり，八百万の神を信仰する日本的な信仰のあり方や，儀礼によって超常的な現象を起こそうとする営みは，宗教ではなく呪術である。しかし現在では，このような宗教と呪術の区別は，キリスト教世界観におけるローカルな概念であり，他の文化に適用できるものではないという認識が醸成され，両者を区別せずに，「呪術・宗教的」という言葉で表している。

　「呪術・宗教的」な諸実践を，社会に関係づけて説明するか，文化に関係づけて説明するかによって，宗教研究は大きく2つに分けられる（坂井1989：159）。前者はフランスの社会学者エミール・デ

第3部　スポーツをささえる

ュルケムに由来する考え方で，宗教現象は社会的現象であり，社会構造との関連で説明されるべきだとする[9]。後者は，1970年代以降，影響力を持ち始めたもので，象徴（記号）と意味の重要性に注目する。ポーランドの人類学者ブロニスワフ・マリノフスキーは「呪術や宗教はともに，儀礼や信仰によらないと経験的に超自然的領域にたどり着くための出口を見つけることが全くできないような状態や障害に対して，突破口を開く。…（中略）…この二つはどちらも，世俗的世界の行為とは一線を画する禁忌や慣例を伴っている。」（マリノフスキー 1997：116-117）と述べる。これら2つのアプローチに共通する認識は，人間は象徴の働きによって形成された文化的世界のなかに住んでいること，したがって宗教的行動の意味は，各々の文化がもつ象徴の体系をとおして，はじめて理解されうるということである（坂井 1989：160）。つまり，呪術や宗教の実践を日常の生活世界から分離し，現実に対する表象的なものとして捉えては，それらの実践が形作る現実を見誤ってしまうということだ。呪術的実践が現実の生活に及ぼす創造的な力について，さらに考えてみよう。

3.2.　災因論と福因論

　マリノフスキーの『西太平洋の遠洋航海者』には，日常生活における呪術とその解釈が紹介されている。農作業やカヌーづくりや漁などのために人びとは呪文を唱え，儀礼をおこなう。なかでも危険な外洋での漁の前に唱える呪術を，マリノフスキーは逆境における未知の要因を制御するための実践であり，呪術は，その社会における神話と人間の欲求が結びついてもたらされた宗教的実践だと考えた。また，人類学者のジョン・ミドルトンとエドワード・ウィンターは，『東アフリカの妖術と邪術』で神秘的活動を魔術・魔法という言葉で表し，それを「他者の能力や活動について人間が抱く信条，

174

および自己が攻撃されたと信じたとき，それを未然に防ぎ反撃するために取る行為」（Middleton and Winter 1963：3）と定義した。

　私たちの社会においても，不幸な事態が起きた場合，過去を振り返り，何らかの行動を探し出し，それを不幸の原因として特定し，除去するという行動が発動される。たとえば不慮の事故や災難にあった場合，前世や祖先の因縁との関係で問題を見出し，お祓いや儀礼や喜捨によって解決しようとする宗教実践は少なくない。そうした回顧的な理論と行動の基盤を提供するのが，その社会における災因論である。東アフリカを対象にフィールドワークをする人類学者・長島信弘（1987）は「不幸の原因の追及とそれに対処する手段」を災因論とよび，以下のように説明する。

　　　災因論は，実際にすでに発生したか，あるいは理論的に想定しうる
　　　災いを受けた状態（マイナスの状態）をいかに元に戻す（ゼロにする）
　　　かについての理論と行動の体系といえる。これと対照的なのが，い
　　　かに現状より恵まれた状態（プラスの状態）を獲得するかについての
　　　理論と行動の体系であり，これを「福因論」とよぶことにする（長
　　　島 1987：1-2）。

　長島の災因論と福因論の理論と行動の体系は，時間的なパースペクティブのなかに位置づけられて有意味なものになる。図7-1のように，現在の状態は，外部との関係に対応して変化し，これからも変化する。これらの関係には，さまざまな霊的存在が関係しているので，人びとは呪術的・宗教的手段によってそれらに働きかけて状況を変えることを試みる。すなわち災いの原因を除去し，幸福を実現しようするのだ。たとえば人類学者・梅屋潔（2018）は，ウガンダのパドラの人びとが，不妊という現在の状況に対して，親族からの呪いという災厄を発見し，鶏の供犠や聖水によって状況を変化

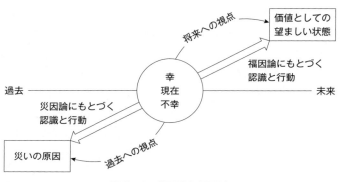

図7-1 災因論と福因論

出所：坂井 1989：171

させ解決しようとする取り組みを描いている（梅屋 2018）。

　現代社会は，「個人化」が全面的に進行する世界だといわれる。「個人化」とは，科学技術，とくに電子メディアの発達により，グローバルな現象へのアクセスが可能になり，私たちの生活から，家族，地域，職業集団というローカルな集団とのつながりが希薄になりつつある現象をさす。イギリスの社会学者アンソニー・ギデンズは，ローカルな相互行為からの「解放」によって，時間と空間の分離が進行すると指摘した（ギデンズ 1993）。それは，時計で計測された時間によって営まれる生活であり，遠くの世界とつながることで可能となる生活である。たとえば地元でコーヒーを生産していなくてもコーヒーが飲めるというように，ここには客観的時間を前提としたグローバルな空間における人間の営みがある。

　一方，宗教と呪術の実践における時間軸は，現代社会が前提とする過去から現在に至る直線的時間に基づいてはいない。現在から過去を遡及したり，現在から未来を確定したりする円環的な時間軸が，災因論の根底にはある。さらに儀礼において，時間は身体の動作と共に経過する。スポーツもまた，身体動作と時間経過を分離できな

第7章　スポーツと呪術

い実践である。このような空間と時間が共振する場において生成される人間の営みには，現代の科学では捉えきれないモノが存在している。

　次節では，不確かなもの，偶然と必然が混じりあうような偶有的なできごとに対して，人間がどのようなアプローチを試みているのかについて考えてみよう。人間の生とは不完全なものであり，スポーツにおいては，その不完全性を補償しようとする多様な実践が試みられる。

4　スポーツにおける不確定性

　スポーツは本質的に競争的であり，攻撃性と暴力性を喚起する，にもかかわらずその暴力を自己抑制するという特異性をもっている（新 2016：106）。ゲームは，ルールによって規定され，その進行による場面展開もまた秩序づけられている。スポーツにおける不確定性を飼いならそうとする日常の営みとして，ジンクスについて考えてみよう。個人的な営みであるそれが，文化的に制度化される時，儀礼というかたちをとり，応援として結実する。

4. 1. ジ ン ク ス

　横浜ベイスターズ，シアトル・マリナーズで活躍した佐々木主浩投手は，たくさんのジンクス・縁起かつぎをもっていたといわれる。ジンクスの語源は，ギリシアで吉凶の占いに使われていたイュンクス（キツツキの仲間の小さな鳥）である。イュンクスは首を左右に回すことができ，その気味悪さから不吉な鳥とみなされていた。ジンクスは，『広辞苑』第 7 版（2018 年）では，「縁起の悪いもの。また，広く，因縁があるように思われる事柄」と紹介されている。『明鏡国語辞典』第 2 版（2011 年）では，原義では縁起の悪いものだけを

第 3 部　スポーツをささえる

いうとしながら，「勝負事の世界などで，その事柄と因縁があると信じられている事柄。また，よい・悪いの縁起をかつぐ対象となる物事」と，双方向の意味を紹介している。

スポーツトレーナーの知野亨とスポーツ科学者の久保正秋は，ジンクスと共に「縁起かつぎ」という言葉に注目した。調査によれば，競技スポーツをおこなっている 15 歳から 30 歳までの人たちのうち 58％が，ジンクスや縁起かつぎを自覚しているという（知野・久保 2001：16）。知野らは，ジンクスや縁起かつぎが生まれて定着するメカニズムを「目的志向的行動」という概念を援用しながら説明する。この概念は，動物学者コンラート・ローレンツによるもので，すべての出来事のなかに何かの隠された意味を想像するように強制するメカニズムが人間にはあることを前提とし，このような強制による行動を目的志向的行動とよぶ（知野・久保 2001：17）。

　　スポーツの選手は良い結果になった試合の試合前，試合中，練習中，あるいは試合前の普段の生活で偶然に起こった事象に対して，「目的志向的行動」の働きによって，スポーツでの良い結果に対して因果関係がある事象であると考えざるを得なくなる。……ある程度の試行錯誤により，……厳格な手順が決まり，形式が決定され「ジンクス・縁起かつぎ」として習慣化していくと考えられる（知野・久保 2001：18）。

さらに，目的志向的行動により選び出された行動が習慣化し，定着していくことを「認知的不協和」という概念で説明する。既存の知識に矛盾しない情報から起こる心理状態を「協和」といい，既存の知識に矛盾する情報を受けることによる心理状態を「不協和」という。人間にとって不協和の存在は不快であるから，その不協和を低減しようとする「防衛反応」が起き，記憶を左右する。つまり，

習慣化しつつある行為に不協和なものについての記憶が捨象され，さらに偶有的な事象を保持することで「ジンクス・縁起かつぎ」として固定化される。

　スポーツに限らず，不確かなものにかかわる職業にはジンクスが存在する（村上 2002）。たとえば教育の場においては，生徒が教師の期待に沿った変貌をとげるというピグマリオン効果のように，また治療の場では，有効成分を含まない医薬品によっても効果がみられるプラシーボ効果のように，教育や医療は「信じること」を媒介として成立している。信じることには，常に不確定性がつきまとう。ジンクス・縁起かつぎとは，微細な変化を知覚し，その兆候に反応する人間の力により生みだされたものなのかもしれない。いまだ科学では解明されていないようなそれは，ときに現実を再現化したり，再現性を制御したりする，円環的な時間軸に依拠した能力だと考えることもできるだろう。

4.2. 儀礼と応援
　日本における相撲は，かつては神への奉納のためにおこなわれた。だから土俵は神聖なのだ。米国のスポーツ社会学者アレン・グットマンは，近代以前のスポーツが特定の場所や時間に縛られ，特定の階層の人びとに担われていたこと，また特定の祭儀や儀礼を伴っていたことを紹介する。そして現代におけるスポーツは，もはや大地を肥沃にするためというような理由でおこなわれることはなくなり，自己目的的（スポーツをおこなうためだけにおこなわれている）なものとなったと指摘する（グットマン 1994＝1997：33‒48）。にもかかわらず，やはりスポーツは私たちに儀礼的な行為を喚起する。ニュージーランド代表のラグビーチーム，オールブラックスは，試合前にハカとよばれるマオリのダンスを踊り，この対戦を受け入れていること，対戦相手に敬意をはらっていることを示す。また阪神タイ

第 3 部　スポーツをささえる

ガースは，毎年，西宮の広田神社で必勝祈願をおこなう。

　儀礼は「一定の世界観のもとで，超自然的な諸存在と人間との関係に関する一群の観念を前提として組織される文化的行動で，礼拝，供儀，祈禱，そして舞踏や歌唱などの身体的，言語的な定型化された行動からなっている」（坂井 1989：174）と定義される。それは，2 つの側面を備えている。一方では何かを伝え表現するものであり，他方で何かを変えるための，何かをもたらすための行為である（吉田 1984：60-62）。そして私たちの世界の秩序を，超越的な秩序におきかえる（ブロック 1989：406）。超越的な世界に由来する想像力により，私たちの世界のモノやコトは変容を遂げる。

　私たちの生活は，さまざまな儀礼によって支えられている。どの社会においても，人の一生はいくつもの段階に区分されている。ある段階から別の段階へ移行する時，たとえば妊娠，誕生，成人，結婚，葬送などの人生の節目には通過儀礼がおこなわれる。日常生活は，季節の変化や天体の運行などの暦と密接に関連している。暦の節目に対応して「集団全体の統合，連帯を強化する儀礼がおこなわれる。また，暦はたいていの場合その社会の生業に関連しており，生業の手順にそって，生産に関連した儀礼が組織される」（坂井 1989：175）。こうした儀礼は強化儀礼と呼ばれ，一般化したものは年中行事となっている。通過儀礼や強化儀礼は，文化的に規定-既定された出来事の展開に沿っておこなわれることが多い。

　さらに，ある状況を改善するためにおこなわれる儀礼として，状況儀礼がある。それは「個人を襲う病気や不幸，あるいは集団をまきこむ災害などの危機的事態にさいして，その原因を除去し状況を打開するためにおこなわれる儀礼」（坂井 1989：175）である。このような儀礼は，私たちの日常生活を支えている。現在の状況に変化をもたらすという儀礼の役割は，応援という行為につながる。たとえば，高橋豪仁（1994）は，生産にかかわる農耕儀礼と応援のあい

180

だに共通点を見いだす。

> 応援のリズムの基本型は，農耕儀礼で用いるビンザサラ[10]のリズムと一致していた。また応援のリズムの方は，3拍と7拍が核となり，女性のジェンダーを表象し，現世から神々への報告である「打ち鳴らし」の形態をとっていた[11]。このことは，応援において，豊穣を願う農耕儀礼と同じように，勝利を願い，自分のチームを勝たせようとする，日本の神話的思考に基づいた呪術的な行為が表出されているということを示唆しているのかもしれない（高橋 1994：63）。

応援は「共通な集合的衝動，つまり社会的相互作用の結果生ずるインパルスの影響下にある人々の行動」（塩原 1993：681）である。応援は，人間が生きるために不可欠な生産，そのための強化儀礼でもあり，状況を打開するための状況儀礼でもある。さらに高橋は，広島市民球場におけるインタビューにより，3塁側の応援団長の言葉を紹介している。

> ここ一番で，応援が必要になってくる。応援団は観客の熱気をグランドに引き降ろし，選手の力を倍にするのだ（高橋 1994：63）。

応援団は，観客の熱気という超越的な力をグランドにもたらす媒介者である[12]。スポーツを観戦し，応援するという感情的昂揚と集団との一体感の中で，人びとは人間存在の根源に触れる。私たちは，他人の喜びや苦痛を想像し共感する能力をもつ存在である。スポーツの不確定性を制御しようとする力は，現実と非現実の境界上に働く。人間の生の不完全性が，儀礼や応援という他者との共同のなかで補償される。身体を介した共同のなかで，儀礼や応援を支える想像力は，その空間を変容させる力を開放する。

第3部　スポーツをささえる

:5　おわりに

　私たちは，日常のモノやコトの原因をどのように説明するだろう。
たとえば誰かが重篤な病気にかかったとしよう。医者は，科学的な
検査をしてウイルスや細菌が身体に侵入したことが原因だと説明す
るかもしれない。また誰かが交通事故に遭ったとしよう。警察は監
視カメラを検証してドライバーの前方不注意が原因だと説明するか
もしれない。だが，これらの説明に欠けているのは，なぜ他でもな
い，その人が病気になったり交通事故にあったりしたのかというこ
とだ。私たちの社会では，災いの原因を科学的なエビデンスを積み
上げて合理的に説明する一方，なぜ他でもないその人が災いに遭う
のかについては，運が悪いとか偶然とかいう非合理的な説明を受け
入れている。

　しかしアフリカには，災いがなぜその人にふりかかったのかを明
らかにする思想と論理がある。それは，運が悪いとか偶然とかの非
合理的な説明ではなく，なぜその人が病気になったのか，交通事故
にあったのか，その直接的な理由を明らかにする。幸福には理由が
あり，災いにも理由があるという思想だ。このような，不確実なも
のを必然に変換する仕掛けは，日常の生活の中に埋め込まれた文化
的な装置である。私たちもまた，未来に迷い，占いに頼ることもあ
るだろう。また過去の災いを占い師による人相や手相の説明で納得
することもあるだろう。

　人間の力では制御できないモノやコトについて，私たちはさまざ
まな試みをしてきた。たとえばサッカーの勝敗を予言するドイツの
「予言タコ」もその一つだろう。1次リーグの対戦相手を決める抽
選のときに「験を担ぐことは全くないし，迷信も信じない」という
日本代表のハリルホジッチ監督の発言は，逆に，私たちがそのよう
な存在であることを表している。私たちの社会において，不確実な

第 7 章　スポーツと呪術

ものを確実なものにしようとする試みは，人が生きる日常生活のなかに埋め込まれている。宗教や呪術における儀礼，スポーツにおける応援もその一つなのだ。

【注】

1 ）アフリカのサッカーにかかわる報道には，その独自性と身体能力を報道するパターンの他に，いくつかのパターンがある。一つは，貧困な生活を脱出するための手段としてのサッカーの人気を報道するものである。たとえば「アフリカでサッカーが熱いのは，夢を運んでくれるから。……貧困層も多いアフリカ諸国。サッカーは，『お金持ちになりたい』『成功したい』と願う若者の夢をかなえてくれる，かもしれない身近なスポーツなのです」（https://globe.asahi.com/article/11874630 2018.10.13 閲覧）というものだ。もう一つのパターンは，サッカーをとおして人種差別を乗り越えようという報道だ。アフリカにルーツをもつ選手の活躍に対して，サポーターやチームメンバーから差別的な行為があることはよく知られている。たとえば「人種差別を一蹴　このピッチから　サッカー W 杯ロシア大会」（朝日新聞 2018 年 6 月 15 日朝刊）などである。多様な民族が一つのチームでプレイし，世界中の人びとが応援するサッカーだからこそ，こうした問題を乗り越えることができるというものだ。

2 ）南アフリカでは，1951 年に反アパルトヘイトを掲げたサッカー組織，南アフリカサッカー協会（SAFA）が設立し，リーグ戦とカップ戦を運営した。1952 年 SAFA は FIFA に加盟，1959 年に CAF は南アフリカを除名し，1961 年に FIFA は SAFA を加盟させ国際試合をさせる（ブルームフィールド 2011：283‐284）。CAF の抗議により，1976 年に南アフリカは FIFA を除名された。1991 年，南アフリカはアパルトヘイトを廃止する。アパルトヘイト最後の数年間，サッカーは異なる人種が一緒に交わってできる数少ない活動であったという（ブルームフィールド 2011：284）。こうしたことから，サッカーが人種差別政策の廃止を後押ししたと言われる。1996 年，ネルソン・マンデラ大統領の下，南アフリカでアフリカ・ネイションズカップが開催され，南アフリカが優勝した。

3 ）北アフリカの選手はあまり欧州へ行かない。資金力が潤沢な欧州と同じシステムでプレイできるからだとされる。また，欧州でプレイすることに

183

第3部　スポーツをささえる

は人種差別がつきまとう。欧州でプレイするある選手は次のように述べる。「チームメイトにも侮辱される，黒人は国へ帰れと唾をはかれることもある，辛いことを山ほど乗り越えなきゃならない。それで強くなれる。チームの勝利に貢献し認められるしかない。実力さえ認められれば状況は変化する。サッカーで大事なことは何よりもチームメイトの心を勝ち取ることさ」（日活 2003）。

4 ）以下の記述は，2002 年放映の NHK スペシャル「サッカー・地球の熱情　第四回　超人軍団の挑戦——カメルーン・サッカーは国家なり」による。詳細は，梅屋（2017）に詳しい。

5 ）阿部は，1980 年前後に，西ケニアのルオ人の村落社会で得たデータを検討し，「呪術は明らかに，文化的存在としての人間にとってきわめて基本的な技術であり，文化の基盤を支える技術であることが分かる」と述べる。また，現代社会で繁茂しつつあるのは，生活世界で制度化された社会関係からは切り離された，いわば個人的な呪術であるとも指摘する（阿部1997：354）。

6 ）ウィッチクラフトは妖術，ソーサリーは邪術と訳されるが，これらの総称として本章では呪術を用いる。

7 ）浜本は，この意味での呪術を「制度化された物語生成装置」と呼び，「呪術は人々の願望の表明であり，実現が願われている出来事の隠喩的な描き出しである。……願望の表明はその後の経験にある『物語』の網を投げかけるのである。ある人間の死を願ったことがあるというまさにその事実が，その人間の死に際して，その死を否応なく一つの『物語』のなかに置いてしまうのだ」（浜本 1985：121）とする。

8 ）瀬戸は，隠喩として「たい焼き」，換喩として「たこ焼き」をあげる。隠喩（メタファー）とは，類似性にもとづいて，抽象的でわかりにくい対象を，具体的でわかりやすい対象に見立てることであり，換喩（メトニミー）とは，現実世界のなかでの隣接関係に基づく意味変化である（瀬戸2017）。

9 ）デュルケムによる宗教の定義は以下のとおりである。「宗教とは，神聖すなわち分離され禁止された事物と関連する信念と行事との連帯的な体系，教会と呼ばれる同じ道徳的共同社会に，これに帰依するすべての者を統合させる信念と行事である」（デュルケム 1941：86-87）。

10）［筆者注］数十枚の短冊形の薄い木片などをひもで連ねたもので，両端

の取っ手を持って振り合わせ，板を打ち合わせて音を出す。

11）［筆者注］手じめは，証券取引所や儀式や宴会の終了時にもおこなわれ，本来は現世と霊界との霊力の交換の成立や終了を，人間の側から報告することである。これは神々への人間の報告であり，最後の一打が，実在するもの，あるいは現世の現存を表象する（高橋 1994：62）。

12）アフリカケニアの割礼儀礼の場合，媒介者は長老であり，あの世の祖先の代理人である。なぜなら儀礼が作りあげる世界における正当な権力の源泉は祖先にあるためだ（ブロック 1989：406）。

【参考文献】

阿部年晴，1997，「日常生活の中の呪術——文化人類学における呪術研究の課題」『民族学研究』62（3），pp. 342‐359。

阿部年晴・小田亮・近藤英俊編，2007，『呪術化するモダニティ——現代アフリカの宗教的実践から』風響社。

新雅史，2016，「近代スポーツとそのきしみ」『文化とコミュニケーション』pp. 105‐117。

ブロック，モーリス，1989，「イデオロギーの構築と歴史」『人類学的認識の冒険——イデオロギーとプラクティス』同文舘，pp. 387‐408。

ブルームフィールド，スティーヴ，2011『サッカーと独裁者——アフリカ13か国の『紛争地帯』を行く』実川元子訳，白水社。

知野亨・久保正秋，2001，「スポーツにおけるジンクス・縁起かつぎの原理的考察」『東海大学紀要体育学部』30，pp. 15‐20。

コール，チャック＆マービン・クローズ，2010，『サッカーが勝ち取った自由——アパルトヘイトと闘った刑務所の男たち』実川元子訳，白水社。

Collins, Tony, 2019, *How Football Began: A Global History of How the World's Football Codes Were Born,* Routledge: New York.

デュルケム，エミール，1941，『宗教生活の原初形態』古野清人訳，岩波書店。

ギデンズ，アンソニー，1993，『近代とはいかなる時代か？——モダニティの帰結』松尾精文・小幡正敏訳，而立書房。

グットマン，アレン，1997，『スポーツと帝国』谷川稔・石井昌幸・池田恵子・石井芳枝訳，昭和堂。

浜本満，1985，「呪術——ある『非・科学』の素描」『理想』9月号（No.

第3部　スポーツをささえる

628）pp. 108‑124。

花渕馨也，2017，「宗教と呪術——世界は脱魔術化されるのか？」梅屋潔・
　　シンジルト共編『新版文化人類学のレッスン——フィールドからの出
　　発』学陽書房，pp. 209‑235。

ホーキー，イアン，2010，『アフリカ・サッカー——歓喜と苦悩の 50 年』伊
　　藤真訳，実業之日本社。

北原保雄編，2011，『明鏡国語辞典（第 2 版）』，大修館書店。

リーチ，エドマンド，1981，『文化とコミュニケーション——構造人類学入
　　門』青木保・宮坂敬造訳，紀伊國屋書店。

マリノフスキー，ブロニスワフ，1997，『呪術・科学・宗教・神話』宮武公
　　夫・高橋巌根訳，人文書院。

Middleton, John and E. H. Winter edited, 1963, *Witchcraft and Sorcery in East
　　Africa,* Routledge & Kegan Paul.

モリス，デズモンド，1983，『サッカー人間学——マンウォッチングⅡ』岡
　　野俊一郎監修・白井尚之訳，小学館。

村上光朗，2002，「ジンクスの人間学——職業的ジンクスをもとにして」『福
　　祉社会学部論集』20，pp. 19‑32。

長島信弘，1987，『死と病いの民族誌——ケニア・テソ族の災因論』岩波書
　　店。

中井久夫，1982，『分裂病と人類』東京大学出版会。

新村出編，2018，『広辞苑（第 7 版）』，岩波書店。

日活株式会社，2003，『サッカーの歴史』第 6 巻（148 分，DVD）。

野島武司，2002，「現代スポーツの祝祭性と政治性」『スポーツ社会学研究』
　　10，pp. 26‑35。

岡崎優子，1994，「呪術と熱狂のアフリカン・サッカー」『東アフリカ（誘
　　惑）読本——アフリカが飛び込んでくる！』宝島社。

坂井信三，1989，「宗教と世界観」合田濤編『現代社会人類学』弘文堂，pp.
　　159‑184。

瀬戸賢一，2017，『よくわかるメタファー』ちくま学芸文庫。

塩原勉，1993，「集合行動」森岡清美他編集『新社会学辞典』有斐閣，p. 681。

鈴木直文，2013，「FIFA ワールドカップと開発——2010 年南アフリカ大会
　　が示唆するもの」『21 世紀のスポーツ社会学』pp. 140‑158。

高橋豪仁，1994，「広島市民球場におけるプロ野球の集合的応援に関する研

究」『スポーツ社会学研究』2，pp. 53‐66。

竹沢尚一郎，1987，『象徴と権力』勁草書房。

The Asahi Simbun Globe＋，「アフリカでサッカーが熱いのは，夢を運んでくれるから」https://globe.asahi.com/article/11874630，2018 年 10 月 13 日閲覧。

梅屋潔，2017，「『見えない世界』と交渉する作法──アフリカのウィッチクラフトと，フランシス・B・ニャムンジョの思想」『思想』pp. 86‐98。

梅屋潔，2018，『福音を説くウィッチ──ウガンダ・パドラにおける「災因論」の民族誌』風響社。

山田忠雄・柴田武・酒井憲二・倉持保男・山田明雄・上野善道・井島正博・笹原宏之編，2012，『新明解国語辞典（第 7 版)』，三省堂。

吉田禎吾，1984，『宗教人類学』東京大学出版会。

第8章 応援団によるささえ方

岩谷洋史

1 「応援」という現象

「応援」という言葉を広辞苑で調べると「助け救うこと，加勢」，あるいは，「競技などで，声援を送って，味方を元気づけること」という意味になっている（新村編 2018：363）。しかし，現在，その用いられ方は多様である。たとえば，「支持」「支援」といった言葉で示されるような対象も，時として，「応援」という言葉で置き換えたりすることができそうに思われるし，実際に言い表されたりもしている。「応援」とは，どこからどこまでを指し示す言葉であるのか，その定義を厳密に確定することは難しいものの，少なくともそれぞれの言葉は使われる文脈が異なっている。

たとえば，「支持」は，他人の考えや意見に対して賛同したり，あるいはその上で手助けしたりする政治的な言葉であるだろう。そして，「支援」は他者の活動や事業に対して労力を提供したり，あるいは金銭的に助けたりすることを意味する言葉であろう。

誰がどういう立場（個人の立場なのか，企業や行政などのある組織内にいる立場なのか）で，どういう時に，何をしようとしているのかという文脈に応じて，使い分けられているのであるが，応援の概念を便宜的に定義するならば，それは「対象への愛着や憧憬といった共感的心情と，自分本意の考えを退けようとする利他的／非利己的態度をともなった行為（手嶋 2008：7）」なのであろう。そういう

189

第3部　スポーツをささえる

意味で，「支持」「支援」といった現象を「応援」という言葉でもって語ってしまうのは，必ずしも利他的とはいえないそれらを修辞を凝らして表現していると言えなくもない。

　本章では，応援団について考えていきたいが，そのまえに「応援」を利他的な行為と捉えた上で，まずは，スポーツ競技の場において，声援を送って，味方を元気づける，いわゆる狭義の「応援」を見ていくことにしよう。

　ロジェ・カイヨワは，『遊びと人間』で，スポーツの試合を見物する人たち（観客）は，プレイヤーに感情を移入するという（カイヨワ 1990）。ある特定のスポーツ競技で，プレイヤーが活躍するとき，喜びの感情が湧き上がってくるのは想像に難くない。そのとき，そのプレイヤーを応援している観客は，プレイヤーの喜びを共有していると思われる。ここには，プレイヤーと観客両者の感情が同一化していると言ってもいい状況が生まれていると言える。したがって，プレイヤーが競技することに陶酔しているとするならば，観客も陶酔していることになる。

　観戦者がプレイヤーに対して発する声は，時として傍から見れば興奮による叫びとしか感じられない場合もあるが，プレイヤーに対して愛着といった共感的な心情，そして，何よりも相手のためになろう，という利他的な態度を伴っていると言える。そのとき，観戦者は，自らの身体を通じて（発声するときに同時に身体全体や一部を動かしたりもするという意味で），こういう言い方が許されるならば，競技場で試合をしているプレイヤーだけでなく，他の応援している観戦者とも共鳴（他者の行動に同感するという意味と同時に逆に他者の行動に反感するという意味で）するような経験をしていると言えるのかもしれない。亀山佳明は，このプレイヤーとの一体感とも呼び得る状態にたいして，「自己の身体図式を選手に投影してみせる同化に興奮が存在する」と述べている。彼は，「時間の流れの中で

190

第 8 章　応援団によるささえ方

次々と現れる出来事に対して，プレイヤーと観客の身体図式が接近
したり，離れたりしながら，われわれは感度の次元まで上がってい
く」と解釈する（亀山 1990：3）が，観戦者はプレイヤーとのみ関
わるのではなく，他の観戦者とも関わりをもつのである。応援とい
う行為は，そういう過程であると言える。

2　集団的な応援の発生

　スポーツ競技を見る限り，現在，見られるようなその場における
応援様式が成立するのに，少なくともプレイヤーである「応援され
る側」と観客である「応援する側」が明確に分離されていることが
必要となるだろう。見物人が観客という社会的な役割をもって，明
確にプレイヤーと分離されたのは，スポーツ競技があくまで見るべ
き対象としての地位を獲得するようになってからであろう。プレイ
ヤーと観客の間の直接的な関わりを切断して，見るべき対象として
のスポーツ競技を物理的に実現させている施設がスタジアムと言え
る。その構造は，競技をおこなうフィールド，あるいは舞台，それ
を取り囲むように配置されている観客席で構成されているが，フィ
ールドと観客席を切り離す構造をなしているのが基本である。プレ
イヤーと分断され，観客は外部者としての存在を獲得したところで，
応援という行為は成立すると言える。

　今では，当たり前のように見ている野球でも，アメリカで野球が
始められた頃は見る人とする人が入れ替わったり，飛び入りがあっ
たりということである。だが，専門分業という近代の構造の中にス
ポーツが取り込まれることによって，スポーツ技術が飛躍的に向上
し，「する人」と「見る人」の分業化が起こった（亀山 1990）。そこ
から見るスポーツを前提としたプロスポーツが誕生した。そして，
そのためのスタジアムが建設され，スポーツ競技をおこなう物理的

191

第 3 部　スポーツをささえる

な場も完全にプレイヤーと観客を分離する形ができあがってくる。つまり，近代におけるスポーツは，空間の分離によって成り立っている。その成立の上にスポーツファンが作り出されたとも言うことができるのかもしれない。

　応援という行為は，スポーツ競技そのものではなく，それの外側にある。しかし，現在では，スポーツ競技がおこなわれる場には，必ずと言っていいほど，観客がいるのであり，そこには応援活動が伴っている。したがって，スポーツ競技が実践されるということは，プレイヤーによってゲームがおこなわれているということと同時に，観客による応援活動（その活動はプレイヤーに向けられると同時に対戦相手の観客にも向けられる）がおこなわれているということを満たすことである。そういう意味では，スポーツ競技の成立に応援活動は不可欠な構成要素ということになる。

3　儀礼としてのスポーツ競技

　これまでスポーツを何も定義してこなかったが，ここでスポーツとは，「身体的技量に依存する制度化されたゲーム」（ブランチャード・チェスカ 1988：54）として定義しておこう。それは，ジョン・サールの言葉を借りるならば，構成的規則（ある行動形態に先立って統制する規則ではなく，行動形態を生み出し，組織化する規則）（サール 1986）によってもっぱら支配されたものである。近代におけるスポーツの特徴は，プレイヤーは対戦相手に対して身体的な闘争をおこなうが，そこでは暴力的な要素が取り除かれる形で身体の振る舞いに対する規則が課されることになる。

　このような前提を置いた上で，まずそうしたスポーツは，儀礼として捉えられるのかどうか，を考えてみたい。

　儀礼と言ったときに，何を思い浮かべるだろうか。まずは，礼儀

作法上の一定の形式にのっとった規律ある行為であるかもしれない。あるいは，慣習的で聖なるものに関わる宗教的な行為であるかもしれない。どちらにしても，物事をおこなうときの，則るべき一定の手続きや方法が強調されるのである。それゆえ，私たちは，あまりにも内容や意味がない，形式化され，形骸化したうわべだけの行為に対して，批判の意味を込めて，「儀礼的」と言ったりもするのである。儀礼のなかで繰り広げられる諸行為は，ある時，ある場で繰り返しおこなわれる日常の諸行為とは異なった特別なものである。何らかの社会的な集団に支えられるものであり，秩序をもち，典型的な儀礼とは，宗教に関連するものである。

　清水昭俊は，儀礼という言葉は，元々，宗教的，もしくは呪術的な信仰の文脈のなかでおこなわれる行事を指している言葉であるとした上で，世俗化している今日において，それの意味内容は，一つに定まるものでなく，この言葉が礼儀作法を含めた広い意味で使われている現状があるという。そして，儀礼の外延，すなわち，この言葉に対応する事柄を，「宗教との関連」，「行為の形式性」（それが筋道立てられた行為からなること），「通過儀礼としての構成」，「体験の拡大」（儀礼の参加者の経験が，日常生活以上に定められる一方で，日常生活の枠組みから解放される），「現実構成」（別の世界を現実にあるかのように経験させること）といった 5 つの特徴を指標として，儀礼に類似すると思われる具体的な様々な活動を検討している。スポーツ競技もその対象として挙げられ，ロドニー・ニーダムが示した多配列的な分類[1]の考え方から儀礼的な現象として捉えられる（清水 1988）。

　そうしたイベントは，まず娯楽として位置付けられ，厳密には宗教的なイベントではない。また，「日常的秩序の展開を媒介する不可欠の要素」でもないという意味で，通過儀礼がもっている機能はない。それは「日常的な社会現実，非日常的な儀礼的現実のいずれ

第3部　スポーツをささえる

からも区別された現実であって，しかも日常的現実いえば「虚構」であるような現実」である。こうした理由からこれは儀礼のなかに含められてこなかったという。しかし，歴史的には，儀礼に起源を求めることも可能のものもあり，何よりも日常生活から空間的かつ時間的に独立した場をつくりあげ，儀礼と見なしうるものとなる（清水 1988：128）。

　儀礼の特性の一つとして行為の形式性を挙げたが，その特性は，言い換えるならば，ある何らかの規範を共有する人びとの間で定型化，かつ形式化された行為が実践され，反復化されることである。仮にこのことを強調するならば，特定の構成的規則に沿って，規定された手順を遂行していくと同時に，そのなかで優劣を競い合う特殊な儀礼ということができる。

4　スポーツ観戦者の儀礼的行為

　スポーツ競技を儀礼として捉えるならば，スポーツ観戦をする見る人たちもその儀礼のなかに組み込まれることになる。空間的には切断されるとしても，同じ場を共有するわけであるから，当然，スポーツ競技に対応したような行為をとらざるをえなくなると想像はつく。

　プロ野球の私設応援団を対象としたフィールドワークを展開した高橋豪仁は，スポーツ，とりわけ多くの観客を集めるスペクテーター・スポーツは，儀礼として社会規範を表出し，安定した社会的価値を再生産する働き，あるいは支配的な価値に抵抗する働きがあるとする機能主義的な還元論を中心に展開する既存のスポーツ研究に対して，集合的応援行動にはそうした理解のもとに理解するだけではとどまらない側面があるとする（高橋 2011：8-9）。

　スポーツ観戦者の応援活動を「集合的応援行動」とした上で，ス

ポーツ観戦する観客たちの行動を、「日本の野球の場合，選手のフォームやゲームの進め方だけでなく，観客の応援においても定められたやり方があり，その型が繰り返され，いわば応援が世俗的な儀礼となっているのではないだろうか」（高橋 2011：8）と述べている。少なくとも観客たちは，彼ら，あるいは彼女らの身ぶりや声援をお互いに調整しながら，一つの型を演じており，応援は，ある程度，パターン化したものの繰り返しのように見えるのである。高橋は，そのような行為のスタイル化と繰り返しを特徴とする応援活動を儀礼として捉え，応援の型をまとめた上で，観客が打ち鳴らし，時には球場に鳴り響くメガホンの音のリズム・パターンを日本の農耕儀礼で使われているリズムと同じであるということを手掛かりに検討をする。

　その一方で，特に高橋は，球場では，私設応援団がリズムを作り出し，観客もそれに合わせて手拍子することから，「こうした応援団の演出は，フィールドからのゲームの進行状況に関する情報に限定的な明確性を与えることになり，これによって観客の集中力が喚起され，時としてスタジアムが集団的沸騰状態に至る」（高橋 2011：29）と，応援活動という現象を浮き彫りにする。この「集合的沸騰（effervescence collectif）」，つまり元々，エミール・デュルケームが宗教的な儀式のなかで生じる人びとの熱狂状態のことを指し示す概念でもって理解を試みる（そういう意味で，この現象を宗教として捉えることが否定されていない）。こうした沸騰状態のなかで一つに集約した応援は，観客同士の感情の共有を促し，「一体感」を作りだしていくのである。

　結局のところ，応援活動には単なる娯楽を超えて一体感の高揚から，さらには社会秩序や社会的価値を浸透させ，もしく再生産させる機能を担うことになるという理解に達することにつながってくることになる。つまり，集団的沸騰というのは，個人を超えたところ

第3部　スポーツをささえる

で起こる，何か社会的なものであり，この沸騰は少なくとも，たいていの場合，何かに対する忠誠心や何かへの所属意識をともなっている。そうした意識は，繰り返しなんらかの儀礼的な行事に参加することによって，そして，長い期間にわたって，その場に止まれば止まるほど高まっていくと考えられる。何かを肯定する感覚は，参加者のなかに少しずつ当然のもの，あるいは当たり前のもとして習得され，そうしたものに対してなんとか意味づけをしていこうとしていく。

　ただ，スポーツ競技，および観客による応援活動が儀礼として確定されえるものなのかどうかという問いかけは最後まで残る疑問である。本章では，儀礼と見なして話を進めていくが，次のことは注意しておかなければならない。

　福島真人が指摘しているように，もし演者と観客との関係図式をメインだとするならば，これは本来の意味での儀礼とはまったく異なるものである。なぜながら，儀礼は，それをおこなうことに目的があり（審美的な，芸術的なものは問わず），それを見せるものとしてはおこなっていないからである。少なくとも，スタジアムで繰り広がられているものが，「見る」あるいは「見せる」といった類になっているとしたならば，それは儀礼というよりは芸能に近いものとなっていることは理解した方がいいのである（福島 1995）。

　さて，それではこのような注意点を念頭に置いた上で，以下では，応援団を軸にして彼ら，もしくは彼女らの応援活動について述べていこう。

5　応援団という存在

　杉本厚夫は，アーヴィング・ゴフマンを引用しつつ，スポーツ競技で人びとが遭遇するなかで，その競技そのものに起因しない敵対

心が入り込み，秩序の崩壊の兆候を招くことになるとしている。その例として，英国を中心としたフーリガニズム[2]に言及し，フーリガニズムの拡大の背景には，都市における経済的格差や政治的イデオロギーの対立，宗教的対立などの社会的な問題が関わっているとする。もし社会が全体として均質的かつ調和的であれば，スポーツ競技がおこなわれる場における秩序の崩壊は限定的であり，スポーツ競技はもっぱら見るべき対象としての位置付けを獲得するのである（杉本 2017：44）。そこで，日本の場合は，敵対心が暴走しないような仕組みがあり，それが応援団の存在であるという。

　日本における応援団の歴史的な起源に，1890 年に初めて旧制高校の運動部の対抗試合における応援活動があげられる。この対抗試合は，隅田川にて，旧制第一高等学校と東京高等商業学校との間でおこなわれたボートレースであったが，この時に一高性の応援隊によって応援歌が斉唱されたということである。

　これを歴史的な起源と位置付けるならば，応援団の組織化は，明治期における近代的なスポーツの学校教育への導入を通じてということになる。永井によるならば，現在の応援方法の基本は，野球の大学対校戦のなかで定着してきたということである[3]（永井 2008）。したがって，応援団という存在，および応援方法は，明治期以降の学校文化のなかで生み出され，発展してきたものと言える。

　野球の大学対校戦のなかで生まれる応援団とはいかなるものなのか。そのことを把握するために，早稲田大学と慶応義塾大学の野球の対抗試合（以下，早慶戦）を見てみよう。この早慶戦は 1903 年に始められることになるが，この対抗試合が展開される過程で応援団による応援が始められることになる。

　これに関連して，1906 年に刊行された雑誌『中学世界』（第 9 巻第 1 号）に「野球術の一大発展」という題目の記事がある。そこには次のように述べられている。

第 3 部　スポーツをささえる

　　応援法に於て，吾人は二種の異れるものを見たり。其一は早慶第
二回試合の際，慶應の応援隊は，早くより新設見物台を占領し，戦
の最難所とも見るべき，第八回に於て，其中の或者のみ白衣を着用
し，傾斜せる見物台の傾斜に五六間大の KO の二字を綴出したり。
これ所謂新応援法の第一なり。第三回試合に於ては，早軍の彌治数
百，鰕茶に WU の二字を，白にて抜き出したる応援旗を振つて，土
手の一隅に割拠し，吉田先生の一令を俟ちて，早稲田のエールを合
叫したるは，これ其二と云ふべし，兎に角一時攻撃の中心となりて
指弾せられたる一高的の卑屈なる応援，個人的嘲罵の風，今や全く
掃せられて，壮烈なる団体的応援の美風を見るに至りし，運動界の
大慶事と云ふべし（（木村 1962：303）に所収）。

　ここに「団体的応援」[4] と呼ばれる集団的な応援方法が確立され
ることがわかるが，これは，早稲田の野球部が渡米した際に，米国
式の応援方法を持ち帰ったことに起因する。それは応援する大学名
を入れた声援であるカレッジ・エールや応援旗による新しい応援で
あった。
　1905 年に刊行された同じく『中学世界』（第 8 巻第 10 号）には，
早稲田野球遠征隊選手の一人である橋戸生による「米国の学生と運
動競技」と題した記事があり，この持ち帰られた米国式の野球試合
の応援方法とは次のようなものであった。

　　スタンフォード大学の見物台は稍や小さく，各五百人位乗る事が
出来るが，二つの左右にあつたが，カリフォルニア大学や，南加州
大学などのは，優に三四千人を容るるに足る様な，大きなものであ
りました。（中略）愈試合の当日となると，両校の彌治隊は，各自一
方の見物台を占領して，各学校が有する一定の色の旗を押し立て
（例へばスタンフォードは鰕茶，カリフォルニヤは紺）大々的の声援を，
行ふのであります，元より投手が，将に投球せんとする所を冷かす

が如き，醜劣な事は決してしないが，兎に角彌治と彌治とは，悪口の言合いをする，其間には互に音頭取りの命令の下に例のカレージ，エールを叫び出すなど，賑やか事と云つたら実に面白くて耐らぬと云ふ人もある位です（（木村 1962：288）に所収）。

　多くの人たちが関わる団体的な，言い換えると集合的な応援が成立するのは，個々の応援する者が少なくとも一つの方向に向かうことが必要である。その役割を担っているのが応援団なのである。応援団はスポーツ競技の応援を目的とする集団であるが，上記の記述を見ると正確に言うならば，観客である人々を統率し，かつ鼓舞する役割を専門に担う集団である。そういう意味で，慶応義塾大学の応援団は，「慶應義塾大学應援指導部」という名称になっているのも納得ができる。

　応援活動を儀礼として捉える立場に立った上で，前述した高橋の議論に沿うならば，応援する学生たちは，応援活動を通じて自分たちのアイデンティティを確認することになる。高等学校の応援団の成立を考察している金塚基が指摘するように，「生徒たちかが共に学校の運動部の試合を観戦して同じ学校に所属する運動部を応援することは，学校集団との一体感を著しく高め，当該学校の文化的価値や規範などを再生産あるいは創造していくような効果もつ機会」（金塚 2017：194）として働く機能主義的な側面があることは考えられる。それは自分が所属する学校への帰属心を高め，当然のことながら，個々の観戦者の意識の違いはあるものの，結果として学校文化に適応していく過程に他ならないといっても過言ではない。

　それを増強させるのに一役かってきたと思われるのは応援団である。応援団のメンバーは後に触れる日々の練習を積み重ねつつ，運動部の対外的な試合での観客の応援だけでなく，時として大学祭などの学校行事を支えたりする。その支え方には，独特の様式がある。

第 3 部　スポーツをささえる

⋮ **6** 新制大学における応援団の位置付け

　筆者は，神戸大学の「神戸大学応援団総部」[5]（以下では略して「神大応援団」とする）を対象に，2013 年から応援現場での活動の観察と関係者への聞き取り調査をおこなってきた。神大応援団は，1960（昭和 35）年に創設された，比較的新しい部類に入る応援団である。筆者がとくに集中的に調査を進めていた 2013 年・2014 年では，この神大応援団は 1 年生から 4 年生までの男女含めて，10 人から 15 人程度の規模であった。4 年生は，「幹部」と呼ばれ，この集団の中心的な役割を担う。そして，集団内で「団長」「副団長兼渉外長」「総務」「リーダー長」「チアリーダー長」といったように，名称が与えられた明確な役割が決められ，学年階梯的な組織化された集団であるとの印象を受けた。

　神大応援団について創設した当時の初代団長の回想がある。

　　当時，関西の大学野球リーグは，「関六」と呼ばれる 6 校を中心としていました。この中で，神戸大学と並ぶ国立大学である京都大学に，3 年前，応援団が誕生したことに刺激を受け，野球を盛大に盛り上げることで，わが校の総合大学としての連帯感を生み出そうとしたのが，応援団の最初の動きだったと記憶しています。（菅 2010：2）

　このインタヴューのタイトルにある「一体感」とは，学生の気持ちが分散する状況下で，一体感というべきものを体感できずにいたのを受けてということである。他大学で応援団が設立されたという理由で，こちらも応援団を設立させるということであるが，同時にそれは所属が同じ学生であるというアイデンティティを確立させるための応援であるということが示唆される。そして，神大応援団は，

200

他応援団との差異が意識されて，次のようなことが述べられている。

　　具体的な応援団像を追い求めた時，羽織袴の古典的な応援団では
　なく，東京の早慶戦で見られるような，近代的な応援スタイルを関
　西で実現したいと思い描きました[6]。（中略）学内の自治を仕切る全
　学自治会，運動総部，文化総部と対等で，独立した存在であるとア
　ピールするため「応援団総部」と名付け，文化部への応援や文化祭
　の後援など，大学全体にかかわる活動を推進しました（菅 2010：2）。

　ここで応援団の応援の意味が単なるスポーツ競技での試合で声援
を送るという意味だけに始終するわけではないことが理解される。
　神大応援団は，4月におこなわれる「新入生歓迎会」，6月にお
こなわれる「三大学体育大会（三商戦）」（神戸大学，大阪市立大学，
一橋大学の旧三商大（それぞれ，神戸商業大学，大阪商科大学，東京商
科大学）の運動部による対抗戦），7月におこなわれる「神京戦」（神
戸大学と京都大学の硬式野球部による定期戦），夏季休暇中におこなわ
れる「夏合宿」，11月におこなわれる「六甲祭」（神戸大学の学園
祭）といったイベントを大きな節目としてとらえている。その節目
節目の間に，各体育会系運動部（主にアメリカンフットボール）や文
化系サークル（落語研究会など）の応援へ出かける[7]。これらはす
べて応援団の応援活動の一環である。

7　応援団の応援活動とその方法

　現在，概してスポーツ競技場においての応援団の応援活動は華や
かにおこなわれる。学生服，通称，「学ラン」を身にまとったリー
ダー部のメンバーが，表情に感情の起伏を見せずに，力強さを感じ
させられる大きな掛け声と同時に，上半身を中心に独特に身体を動

第3部　スポーツをささえる

かす。コスチュームを着たチアリーダー部のメンバーたちが，笑み
を浮かべた明るい表情で機敏に細かく全身を動かす。そして，そこ
には吹奏楽部による晴れ晴れとした賑やかしい演奏がともなう。こ
の演奏によってかなり対照的なリーダー部やチアリーダー部のメン
バーの身体の動きにリズムが刻まれる。そうしたことによって祝祭
的な空間が作り出されている。しかし，こうした祝祭的な雰囲気に
覆われるようになったのは，少なくとも，1947 年以降の新制大学
が発足してからであると考えられる。

　たとえば，関西大学の応援団史のなかに，応援活動時での身体動
作に関して興味深い詳しい記述がある。

　それによれば，昭和初期の頃には，団長は指揮棒をもって，「各
リーダーは扇子を手に応援の手拍子や音頭や拍子を取り，あたかも
戦国時代の軍扇のように使っていたと思われる」（田中 2009：62）
ということである。そして，「壇上には，一名あるいは数名が上が
り，激励の口上を声高に張り上げ，そして同調の拍手をし，引き続
いて三三七拍子に入っていったり，他の拍子に入っていった」（田
中 2009：62）。というのが応援の様子であり，拍子物（太鼓を打って
リズムをとりながら手を打ったり声を掛けたりするもの，あるいは手拍
子で調子をとるもの）が中心であったようである。

　ところが，第二次世界大戦後まもなくして次第に「現在の応援リ
ーダーの基礎が固まり，新たな形態が出来上がっていった」（田中
2009：113）ようである。ここで託されている「リーダー」とは，応
援の指導者という意味だけでなく，その指導者がとる応援の際の身
体動作のことも意味している。京都の祇園囃しの音色である「コン
チキチン」を参考にした拍子だけでなく，「徳利とお猪口を手にし
て酔っていく様を舞う」（田中 2009：114）のような拍子，「関大リン
グ」と呼ばれる後述するような演舞のようなものも作られていった
ようである。

202

第 8 章　応援団によるささえ方

　新制大学に移行してから，東京六大学応援団連盟が，1947 年に結成された。これは，東京六大学野球連盟に加盟する 6 校の大学（慶應義塾大学応援指導部，明治大学応援団，東京大学運動会応援部，早稲田大学応援部，立教大学体育会応援団，法政大学応援団）の学生応援団で構成された組織である。また，全日本学生応援団連盟（1949年）も結成されている。関西においては，「関西私立大学応援団連盟」が，1975 年に，関西大学応援団，関西学院大学応援団総部，立命館大学応援団，同志社大学応援団によって結成されている。

　この応援団同士のつながりによって，それぞれの応援団は応援活動において似たような方法を採用する一方で，独自の応援活動を発展させていったと考えられる。その発展の過程で，応援団の応援方法それ自体が，観客にとって見るべき対象となっていったと言えるかもしれない。なぜならば，まさに多様なパフォーマンス[8]が作られてきたからである。これは，戦後の応援団の組織的な体制の変化（リーダー部，吹奏楽部，チアリーディング部）とその変化とともに応援方法の変化によるものであるだろう。

　神大応援団の応援活動を大別するならば，スポーツ競技の際の応援する活動とイベントのステージ上で演舞するという活動に分けられる。それぞれの活動の概要は後述したいが，「学歌」「応援歌」「学生歌」と呼ばれる歌にあわせて身体動作を伴うパフォーマンス，「マーチ」と呼ばれる楽曲演奏に定型的な文句が載せられ，身体動作を伴うパフォーマンス，そして「コール」と呼ばれる短い掛け声に楽器の演奏とともに身体動作が伴うパフォーマンス，さらには，「演舞」というパフォーマンスがある。応援活動の場では，それらが，適宜，組み合わされた形で実践される。

　これらの「演舞」以外のパフォーマンスでは，いくつかの基本的かつ定型的な身体動作[9]が見られる。たとえば，リーダーの身体動作については，腕を前方に突き出すポーズがある。また，両腕を

203

第3部　スポーツをささえる

上げ下げしたり，左右に伸ばしたり，交差させたりする動きがある。あるいは，空手の突きを思わせる動きがあったりもする。さらには，直立不動にたって，上半身を動かしたりもする。時として，足を前後に広げて，これに上半身の腕の動きが加わるような動きもある。これらのパフォーマンスについては，「振る」という言い方がなされるが，基本的な動きの繰り返しか，基本的な動きのいくつかの組み合わせであり，いくつかをパターン化することができるようにお思われる。

　一方，これとは全く性格を異にする身体動作によって構成されるのが，リーダー部が中心になって演じる「演舞」である。そのパフォーマンスは，主にステージ上でおこなわれるものであるが，第三者にとっては，パフォーマンスのなかでも最も特殊なもの，特異なものに見えてしまう。

7.1. スポーツ競技での応援活動

　「マーチ」と呼ばれるものは，名称を持っており，神大応援団では，少なくとも 26 種類以上あるようである。たとえば，「オース，オー，勝つぞ，勝つぞ，神戸，（相手校の名前）倒せー，オー，がんばれ神戸，オー。」（応援マーチ），「オース，神戸，神戸，Fight Fight，神戸，Chance，Chance，神戸」（ファイティングマーチ）などがある。それらは，実際のスポーツ競技の際に使われるものもあるが，使われないものもあるが，聞き取りによると，代ごとに新たに作られたりもするということであった。

　一方，「コール」については，少なくとも 21 種類以上あるようである。やはり「マーチ」と同じように，名称がつけられていて，「おー，おー，せめろー，せめろー，神戸，Go Fight Win」（そうるそうる（そうる）），「ディ，ディ，ディ，ディフェンス」など，短いフレーズである。こちらは，チアリーダ長の掛け声とともに発せら

204

れる。

　ここでは，具体的に筆者がスポーツ競技場の応援活動がおこなわれた場で気がついた事柄をいくつか述べてみたい。日時は，2013年12月8日で，神戸市にある王子スタジアムでおこなわれた，関西学生アメリカンフットボールリーグ（秋シーズン）の大阪府立大学との試合である。この試合が筆者にとって初めて見ることになる大学応援団による応援活動である。なお，応援は，リーダー部，チアリーダー部，吹奏楽部の三部合同でおこなわれるが，この試合では，リーダー部，チアリーダー部の限られた人数でおこなわれていた。

　観客として参加した筆者が競技場に到着し，入場口前のからチケットを購入して，中に入り，応援席へと向かって着席する。しばらくして，応援団のメンバーからメガホンの配布がなされ，応援をするにあたって，特に何かこちらで持っていくべきものはなく，応援に必要な最低限のものは応援団が準備してくれるようである。

　試合がはじまる前に注目すべき事柄は，「エール交換」と呼ばれる儀礼的な行為である。

　この日，リーダー（団長）の掛け声とともに，「フレー，フレー，神戸」とこちらの応援席の方に向かって声援を送ると，その後，フィールドの前方へ向かい，「フレー，フレー，府大」という。遠く離れたフィールドの反対側にいる相手の応援団のいる方へと向かってする。そして逆に，相手側も同じことをするが，「フレー，フレー，神戸」という。団長は，何度か応援席側に向かってお辞儀をするが，このとき団長に向かって，応援席から拍手がおこなわれるのである。

　英語の yell には，興奮や痛みなどのために大声を叫ぶという意味合いがもっぱらの用法であることを考えると，スポーツ競技での応援活動における「エール」というのは独特な意味が付与されていると言える。この場での「エール」とは，励ます意味があり，エール

第3部　スポーツをささえる

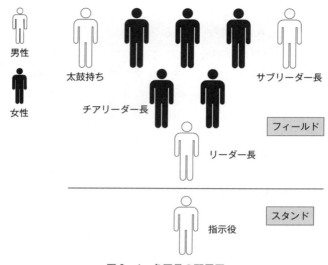

図8-1　各団員の配置図

交換とは，応援する自分のチームに対してだけでなく，相手のチームにたいしても同時になされ，応援団同士で相互に交わし合うことなのである。

エール交換が終了すると，団長は，観客席の上にたち，いくつかのプラカードをもっている。この日は，応援団のメンバーは，フィールドの応援席に近い方の場所に構えていた（図8-1のように）。基本的には，応援席に向かう形でたつ。リーダー部の長である男性は，腕を組み，身を構える一方で，チアリーダー部の女性は，笑顔とともに俊敏に細かく身体を動かすというのが対照的である。

試合が開始されると，攻撃時，守備時のタイミングにあわせる形で，マーチやコールが織り交ぜられながら，時として応援歌が歌われたりもする。フィールドにいるメンバーは，応援席だけでなく，適宜，フィールドにいるプレイヤーの方に向かって上半身をくねら

第 8 章　応援団によるささえ方

せて見るか，向きを変えたりしているが，どのタイミングでどのような
マーチなどにするのかの指示は，応援席側でたっている団長が
指示を与えるようである。団長は，多くの種類のプラカードをもっ
て，機会ごとにそれらを団員に見えるように示していた。

　なお，吹奏学部のメンバーも観客をリードするのに重要な役割を
担う。たとえば，別の機会に，メンバーの数名が，応援席に向かっ
て直立しながら，観客に声援を示唆するボード（声援の文句が書か
れている）を掲げていた。観客が何をすればよいのかを指導するの
であり，筆者のように，アメリカンフットボールのゲームがどのよ
うにして進行されるのか全くわからない者でも，どの時点で声援を
送ればいいのかがわかるようになっている。

　さて，この試合では神戸大学が勝利することになったのであるが，
試合が終了すると，再び試合開始前と同じようなやり方でエール交
換がおこなわれた。そして，最後に応援歌を団長が指揮するかのよ
うに上半身を力強く動かしながら，応援団メンバーだけでなく，応
援席にいる人たちによっても歌われた。これが終わると，応援席か
ら拍手が送られた。

　当初，一般の観客と同様に競技場に顔を向けて応援活動をすると
思っていたが，そうではなく観客席の方であった。少なくともこの
試合に関しては（他の試合でもそうなのであるが），応援団のパフォ
ーマンスは応援席側に向けられることになる。したがって，応援席
にいる観客たちは，応援団のパフォーマンスを見ると同時に，視線
を変えて競技しているプレイヤーも見るということになる。つまり，
観客の応援行為は，応援団のパフォーマンスを見て，応答しつつ，
競技場に向けられるというやや複雑な構図になる（図 8-2）。応援
団の存在が手続きに沿って，観客の応援を誘発させ，かつ誘導させ
ることを改めて確認することができるとともに，エール交換，試合
終了後に応援席から起こる，明らかに応援団への拍手があることを

207

第3部 スポーツをささえる

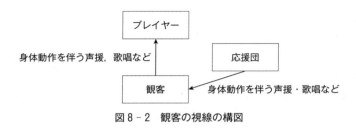

図 8-2 観客の視線の構図

考えれば、応援団の存在そのものが見るべきものとして対象になることは理解できるのである。したがって、先に団員のパフォーマンスに応じる形で現れるものは、団員に向かっているものであるとも言えなくもない。

7.2. イベントにおけるステージでの応援活動

この応援活動は、新入生歓迎会、三商戦の際におこなわれる演舞演奏発表会、神京戦の前夜祭、六甲祭で設けられる「園遊会ステージ」と呼ばれる場でおこなわれる後夜祭など、舞台上でなされるさまざまなパフォーマンスである。これらはスポーツ競技の場でのように応援席から応援を誘発させ、誘導するものではなく、所属する学生らにパフォーマンスを見せるということに突出したものであると言える。だが、応援団の存在の定義からするならば、学生、ひいては大学を盛り上げるという元々の意図から応援活動の一つと言うことができる。

これら舞台上で、スポーツ競技での応援活動で見られるいくつものパフォーマンスの一部が上演されるが、その上演はスポーツ競技での応援活動の時よりももっと演劇性を増したものになっているように見える。たとえば、上演が開始される時に、「おおー」という叫び声の後、「長らくお待たせいたしました。これからはじめさせていただきます」といった文句を司会役として努める団員が会場の

第8章 応援団によるささえ方

観客に向けて発するのであるが，この文句は大声で，極端な抑揚を
もって，かつ，ある音節の極端な長音化をともなって発せられる。
舞台でのパフォーマンスの進め方が常にこのような独特の話法が採
用され，日常の話法とは全く異なっている。また，舞台の上にあが
ってパフォーマンスをするリーダー部の団員（司会者の先輩にあた
る）を観客に紹介する際，その団員を揶揄するように，その団員の
最近の出来事が知らされる。その間，スポーツ競技での応援活動時
と同じように，その舞台上の団員は腕組みをして，感情を表に出す
ことは決してない。これによって，応援団組織内の社会的な地位が
儀礼的に転倒されるのであるが，逆に応援団の日常的な活動におい
ては先輩と後輩の上下関係が厳しいということも見て取れる。そし
て，特に注目するべきものは，先に分類をした「演舞」と呼ばれる
類のものを披露するときである。

　筆者は，神戸大学の学園祭である六甲祭のステージにて，「神大
小唄」と「白陵寮歌」の演舞を見る機会を得た。どちらも，リーダー部の団員が中心的にパフォーマンスをおこなう。そのパフォーマ
ンスは激しい動きに満たされていた。楽曲とともに，上半身を反り
ながら，マーチのときにおこなわれるような定型的な繰り返しの動
きや，それとは異なる一連の踊っているような動きが含まれていた。
その一方で，「白陵寮歌」は，ややゆったりとした昔風の楽曲演奏
とともに，激しい動きはないものの，ゆっくりと舞っている，とい
った表現が適切なようなパフォーマンスである。このパフォーマン
スでは，ある時点ある時点で身体の動きが数秒間止められ，止まっ
ている間に叫び声をあげるという，逆に力がいり，忍耐力を試され
るようなものであった。こうしたパフォーマンスを見る際に，身体
の使い方を日常の地平を越えていくぎりぎりのところまで持ってい
けるかどうかが問われているのではないかと考えさせられた。

　ここで紹介した神戸大学の応援団の活動は，多少，パフォーマン

209

第3部　スポーツをささえる

スの分類方法が異なるかもしれないが，少なくとも筆者が見たことがあるいくつかの大学応援団でもおこなわれていることである。パフォーマンスは，その場に関わっている人びとを日常生活の空間から離脱させることになる。もしかすると，それを目的としてパフォーマンスが生み出されてきたのかもしれない。日常生活での普通，意識することはほぼない身体動作とこのようなパフォーマンスでの身体動作との間には大きな隔たりがある。このことはパフォーマンスがもっぱら目の向けられるような対象となるならば，このパフォーマンスはいい，あるいは悪いといったような価値判断が含まれるようなものとなるだろう。それは観客側で起こることであると同時にやっている当人らの間でも起こるに違いない。

　とくに，演じている者の感情がむき出しになる（逆に感情を極端に抑える）パフォーマンスである演舞は，力強さや忍耐力なども示すものとなる。これらには第三者から見れば直接的に応援と関係するのかどうかわからないような動きが含まれ，それによって独特な様式が形成されている。応援団の衣装の着方，そして象徴的な団旗や太鼓といった道具類の用い方のみならず，ステージで見られるような作法や発声法，身体の動かし方に至るまで，非日常的な要素が多数である。非日常の世界を応援団は創り出し，そこの場にいる人たちもそれに巻き込まれながらパフォーマンスがおこなわれるのである。

8　おわりに：儀礼の別の理解の可能性と，呪術としての応援

　冒頭で述べたように，応援をするということは，利他的な行為となる。応援の場面として，まずスポーツ競技の場を考えてきたが，それは，プレイヤーに対して，声援を送ることをもっぱらとするも

210

のである。ただし，その応援は無秩序におこなわれるわけでも，集合的沸騰によって混沌とした場に陥ってしまうわけでもない。それは，スポーツ競技がもっている儀礼的な特性ゆえに，観客の身振りとともに声援を送ったりする個々の応援行為も儀礼的になっていかざるをえないし，とくに日本の場合は，応援団の存在は見過ごせないものとなっている。

　日本における応援団は，もともと近代化が進む明治期以降の学校文化のなかで育ってきたものである。そうした背景に沿って，本章では，筆者が大学応援団のフィールドワークをすることで得られた事柄を取り混ぜながら，現在における大学応援団の応援活動について述べてきた。

　大学応援団が創設時に目指していたものは，応援団の活動全般が，所属する学生に対する応援活動となることである。したがって，スポーツ競技の場における応援は，単なるそのプレイヤーに対しておこなわれているというのは正確ではなく，プレイヤーとしての役割を担っている学生に対しておこなわれていると言う方が適切となる。また，応援という言葉が指し示すものが，その場における声援を送るだけの行為ではなく，もっと広い意味になることも理解しうるのである。その具体的な一例として，大学祭におけるイベントを主催するという形で現れる。

　本章では，とくに応援活動の一環として，スポーツ競技と舞台上での二つの活動を見てきたが，それは，その活動をおこなっていく過程やパフォーマンスが儀礼的である。しかし，同時に，活動のなかで繰り広げられるパフォーマンスは，均質的ではなく，応援に関わるものなのかどうかでさえ時として第三者にはわからないものも含まれ，見せるものという意味合いも強くなっており，そういう意味では芸能的でもある。演者と観客の図式でパフォーマンスが成り立っている側面は否定できないのである。

211

第3部　スポーツをささえる

　応援団の活動をみた際，見た目のパフォーマンスと同時に衣服や
その組織的なあり方などで次のような感覚を抱くことはあるかもし
れない。

　　裾の長い，立ち襟のついた上着とだっぷりしたズボンを組み合わせ
　　た独特のスタイルの制服はアナクロニズムのようなものとして，軍
　　国主義ないしは帝国主義時代を思い起こさせる。それは軍服のカリ
　　カチュアもしくは歪曲された学校の制服のように見える。制服だけ
　　ではなく，キャンパスにおける応援団の団員の行動・振る舞い・態
　　度や憤怒の形相は軍隊式で堅苦しく，現代社会ではもう殆ど見当た
　　らない規律・服従や権力主義を体現している（グレーヴェー 2002：
　　187）。

　しかしながら，「軍国主義」「帝国主義」「権力主義」などといっ
た言葉で，解釈を進めることに対しては，慎重にしなければならな
いだろう。それは一見するとそのように思えるだけかもしれない。
実際はどうであろうか。確かに，かた苦しさはあるが，それは応援
団の活動のなかのある一面でしかないだろう。もっというならば，
そのようなかた苦しさも応援活動に見られるパフォーマンスを成立
させるための文化的な要素となるのである。したがって，「〇〇主
義」というような特定の理念や思想などをもっており，その理念の
もと何かをおこなっているとは言えないのではなかろうか。

　大学応援団の目的とは何かと問われれば，それは学生の活動全体
を応援することであるとしか答えるより他はないだろう。応援団の
応援活動を儀礼とみなした上で，それがおこなわれている目的を機
能主義的なアプローチで，つまり何かに寄与しているのではないか
（たとえば，集団の統合に役立っているなどなど）という視点からのみ，
あるいは象徴論的なアプローチで，そこには何か隠れたメッセージ

212

や意味があるのではないかという視点からのみ理解したりすること
は，注意しなくてはならないだろう。そのとき，必要以上の解釈を
推し進め，その結果，応援活動をおこなっている当事者らが応援活
動のなかで意識していないような解釈へと至るのは問題があるとい
えよう。

　なぜ，そのようなことをやっているのかという目的論的な問いか
けに対しては，先代からそうやることになっているとしか答えよう
がないのが自然なのかもしれない。この時，この場所でこういうこ
とをこういう手続きにそってつつがなくおこなっていくことが目的
であると言える。そういう意味で応援団の応援活動は儀礼なのであ
る。

　では，そうした応援団による応援活動には効果というものがそも
そもあるのであろうか，という疑問がでてくる。このような疑問に
対して，「応援と試合との関係はつながっていないが，信じていな
いと伝わらない」と語ってくれた応援団のメンバーがいた。つまり，
自分たちが応援をすることが，実際の効果につながるのかどうかは
わからないと考えているメンバーもいるのである。

　競技場におけるスポーツ実践において，プレイヤーと観客とは相
互に関係をもっているし，相互関係があるからこそ現代のスポーツ
実践は成立していると言える。したがって観客が応援するというこ
とは，プレイヤーに何らかの影響を与えることは考えられる。しか
し，そうであるかといって，確率的な高さをもたらす可能性はある
にしても，それが確実な勝利を導くという保証はない。そして，た
とえ応援の対象であるプレイヤーが勝利したとしても，そこにはプ
レイヤー側にも応援する側にも応援には効果があるという主観的な
感覚なのである。そういう意味で応援をするということには，呪術
的な要素，つまり主観的に信じていたり，感じたりする明確ではな
い力を含んでいるのである。そうした力への信頼があるからこそ応

第 3 部　スポーツをささえる

援団には独特なパフォーマンスが生まれてきたと言えるのかもしれない。

【注】

1 ）社会人類学者であるニーダムは，「単配列」と「多配列」という概念の議論を展開している（ニーダム 1993）。彼によるならば，単配列的な分類とは，共通の特性を持つ個体を一つにまとめるやり方であるのに対して，多配列分類とは，一つの共通の特性をもっていなくとも互いに類似しているということでいくつかの個体が一つにまとめられるやり方である。

2 ）サッカーの競技場内外で暴力的な行動を起こす若いサッカーファンたちのことをフーリガンと呼び，フーリガンがおこなうそうした暴行のことをフーリガニズムと呼ぶ。

3 ）永井によれば，拍手や「フレー，フレー」というコール，そして，メガホン，小旗，応援団旗といった応援活動のための小道具も，100 年くらい前にはだいたい出そろうということであるが，かつては相手チームが不利になるような妨害行為をおこなっていたこともあるという（永井 2008）。したがって，現在の身体的な動作が伴う声援を中心とするような応援活動とは異なる。近代のスポーツ競技がプレイヤーと観客の分離で成り立っていることについては先に触れたが，応援活動もその歴史的な経緯に準じていると言える。

4 ）この集団的な応援方法は，横井春野『日本野球発達史』（1922 年，美津濃）においては，「合唱的応援」と記載されている。

5 ）「応援団総部」は，「リーダー部」「チアリーダー部」「吹奏楽部」の三つで構成されている。ただし，「吹奏楽部」は，独自のウェブサイトを立ち上げていることから，他のリーダー部やチアリーダー部とは異なる独自の活動領域があると考えられる。筆者が主に対象としたのは，リーダー部とチアリーダー部で構成される集団であり，「神大応援団」とはその集団のことを指す。なお，チアリーダー部は，もともとバトン部から移行したものである。バトンは 1973 年から採用され，チアリーディングに移行するのは，1983 年からである（神戸大学応援団総部創立 50 周年記念誌編集委員会 2010）。

6 ）たとえば，筆者が応援活動を見た，京都大学や大阪大学などの応援団に

は，演舞の際に袴と下駄を身につけるときがあるが，神戸大学には袴と下駄を身につけた演舞はない。

7）応援する対象は，多くの場合，決まっているが，基本は先方の部からの依頼で，応援におもむく。

8）本章では，パフォーマンスを，広義に，言語，および非言語的な，劇的な要素を兼ね備えた身体表現全体を指すものとする。

9）リーダーが，手を前や横に振る動きのことを「テク」（テクニックの略称だと思われる）と呼ぶが，これは，早稲田大学応援部や明治大学応援團など，東京六大学応援団のなかでもっぱら使われているように思われる。

【引用・参考文献】

ブランチャード，K.，チェスカ，A.，1988，『スポーツ人類学入門』，大林太良監訳，寒川恒夫訳，大修館書店。

カイヨワ，ロジェ，1990，『遊びと人間』多田道太郎・塚崎幹夫訳，講談社学術文庫。

福島真人，1995，「儀礼から芸能へ――あるいは見られる身体の構築」，福島真人（編），『身体の構築学――社会的学習過程としての身体』，ひつじ書房。

グドウルン，グレーヴェー，2002，「応援団について：キャンパス・ライフに不可欠の団体か奇妙な遺物か」，『言語文化研究』，14巻，2号，pp. 187-197。

亀山佳明，1990，「スタジアムの詩学」，亀山佳明編，『スポーツの社会学』，世界思想社，pp. 3-27。

金塚基，2017，「日本の高等学校応援団の成立と活動に関する一考察」，『東京未来大学研究紀要』，Vol. 10，pp. 193-201。

木村毅編，1962，『明治文化資料叢書　第10巻スポーツ編』，風間書房。

神戸大学応援団総部創立50周年記念誌編集委員会編，2010，『宇宙を股に：神戸大学応援団総部の50年』，神戸大学応援団総部創立50周年記念事業実行委員会。

永井良和，2008，「応援の風俗」『第3回ポピュラーカルチャー研究会報告書ポピュラーカルチャー研究』，Vol. 1，No. 3，pp. 20-33。

ニーダム，ロドニー，1993，『象徴的分類』，吉田禎吾・白川琢磨訳，みすず書房。

第3部　スポーツをささえる

サール，J. R.（坂本百大・土屋俊），1986，『言語行為：言語哲学への試論』，勁草書房。

清水昭俊，1988，「儀礼の外延──文化と形式的行動」，『儀礼』，東京大学出版会。

新村出編，2018，『広辞苑　第七版』，岩波書店。

菅正徳，2010，「応援団を生んだのは，母校を思う熱い心」，KOBE university STYLE，14 号，p. 2，http://www.kobe-u.ac.jp/info/public-relations/magazine/style/index.html，2018 年 11 月 27 日閲覧。

杉本厚夫，2017，「スポーツを『観る』ことと『視る』ことの相克──駅伝・マラソンを事例として──」，スポーツ社会学研究，25‐1，pp. 35‐47。

高橋豪仁，2011，『スポーツ応援文化の社会学』，世界思想社。

田中義昭，2009，『関西大学応援團史　実は九十六年だった歴史を辿る』（第二版），関西大学応援團 OB 千成会。

手嶋英貴，2008，「〈応援〉の文化史」，『第 3 回ポピュラーカルチャー研究会報告書　ポピュラーカルチャー研究』，Vol. 1，No. 3，pp. 4‐19。

横井春野，1922，『日本野球発達史』，美津濃。

第9章 スポーツ移民のグローバル移動

サッカーの事例を中心に

阿部利洋

1 移民選手なしでは現代のプロスポーツは成り立たない

　プロスポーツの世界はシンプルに能力主義である——が、求められる能力の幅は広い。速い者、強い者、上手い者だけでなく、ケガをしない慎重（かつ幸運）な者が勝ち続け、チームメイトの能力を引き出す者が生き残る。さらに、観衆に歓喜と満足を提供できる者が求められる。その能力基準のなかでは国籍は第一条件ではない。皆、優れたパフォーマンスを観たいのだ。一方で、アスリートの選手寿命は長くない。科学的知識の進歩により身体ケアの手法が進展しているとはいえ、パフォーマンスのピークは何十年も続かない。そこで、スポーツで身を立てようとする者はリスクをものともせず、自らの能力がより活かされる場をどん欲に追求し、条件のよい環境があれば積極的に移動しようとする。

　こうして、さまざまな種目のアスリートたちが海を渡り、日本へやって来る。野球とサッカーにおける外国人プロ選手たちの活躍の歴史は言うに及ばず、大学駅伝における外国人ランナーの存在感も際立っている。箱根駅伝では1989年にケニア出身のオツオリ選手が7人抜きで注目されて以降、留学生ランナーの数が急増したため、2006年には10人中1人だけ出走可というルールが設けられた。大相撲ではこの傾向はさらに顕著である。白鵬、日馬富士、朝青龍、

第3部　スポーツをささえる

鶴竜，逸ノ城……圧倒的な力量の横綱を含め，幕内力士からモンゴル出身者を除いてしまったら，文字通り大相撲の屋台骨が支えられない状況になっている（ちなみに筆者の思い出は小錦，曙，武蔵丸らハワイ出身力士である）。2015 年 9 月のラグビー W 杯で日本代表が優勝候補の南アフリカ代表から金星をあげた試合では，スターティングメンバー 15 人のうち 5 人が海外出身の移民選手であった。そのため，どの程度日本を代表するチームなのかと疑問を呈する声もあった。しかし，選手のなかには高校から日本で勉強し，日本語はもちろん日本文化になじんだ者，日本人の配偶者を得た者，そして日本に帰化した者もいることを忘れてはならないだろう。

　他方，日本のアスリートたちも海を渡り，外国の舞台で勝負に挑んでいる。野球の松井秀喜やイチロー，あるいはサッカーの本田圭佑や長友佑都といったスター選手たちは，何年ものあいだ，それぞれの種目のトップリーグで活躍し続けることによってアスリートとしての評価を高めてきた。しかも，後者の選手たちはロシアやメキシコ，トルコなど，いわゆる先進国のリーグ以外にも移籍し，それぞれに強力なクラブを擁する活発なリーグ環境があることを，日本のファンに知らしめた。しかし，サッカーファンならさらに言うだろう，「加藤恒平選手はどうだ？　彼は東欧のリーグで鍛えて，日本代表に選ばれた」と。たしかに，彼はモンテネグロ，ポーランド，ブルガリアのリーグを渡り歩き，日本代表に選ばれた異色の経歴の選手として注目された（東欧のリーグといえば，イビチャ・オシム，ヴァヒド・ハリルホジッチといった歴代の日本代表監督も現在のボスニア・ヘルツェゴビナ出身だ）。

　本章で取り上げるスポーツ移民という言葉を，まずはこのような外国でプレーするさまざまな種目のアスリートの姿からイメージしてみよう。常に注目されるトップ選手，ときどき注目される選手，一度注目されたけれど，その後なかなかチャンスをものにできてい

218

第 9 章　スポーツ移民のグローバル移動

ない選手，なかにはそろそろ現役を退こうかと迷っている選手もいるだろう。もう少し想像の幅を広げれば，スポーツを仕事にするのは選手だけでなく，上述のような監督やチームドクター，広報や営業などのクラブ運営スタッフも入ってくる。そういう人たちはどこで，どのような役割を期待され，どのような体験をしているのか。広い意味で「スポーツ移民」として捉えられるこうした人々の活動がおかれている文脈を，社会学的にはどのような視点を踏まえて理解することができるだろうか。この章では，グローバリゼーション論と移民研究という二つのジャンルを取り上げ，そのための導入としたい。その上で，同時代のスポーツ移民が置かれている環境を，消費社会という観点からとらえ，私たちとの接点も模索してみよう。

2　スポーツのグローバル化に伴うスポーツ移民の増加

　スポーツ移民という言葉を聞いて，少し違和感を抱く読者がいるかもしれない。「移民というのは，20 世紀の日系ブラジル移民のように移住先に永住する人々を指すのではないか」と。たしかに，移民社会アメリカと言うとき，そこには，長い歴史のなかで世界各地から永住目的で移住してきた人々（移住「させられた」奴隷を含む）とその子孫によって作られた社会だ，という含みがある。しかし現在，専門家のあいだでは比較的緩やかな定義が採用されることが多いようだ。国際移住機関（International Organization for Migration）は，「移住の理由や法的地位に関係なく，本来の居住国を変更した人々を国際移民とみなす」という立場であり，「3 カ月以上 12 カ月未満の移動を短期的または一時的移住，1 年以上にわたる居住国の変更を長期的または恒久移住」と呼んでいる[1]。この立場を採用するなら，プロのアスリートとして外国へおもむく選手たちは労働目的

第3部　スポーツをささえる

の移民として認識されるのである。こうした認識が共有されるようになった要因としては，経済的なネットワークや交通網が発達したことで，あるとき労働目的で外国へ移動しても出身地域との関係を維持し，場合によっては頻繁に往来するタイプの人々が増えた点が挙げられる。トランスナショナルな移動を繰り返すタイプの移民が一般化してきたのである。

　こうした文脈のなかで 1990 年代に入ると，スポーツ移民という言葉が研究者のあいだで用いられ始めた。アスリートの国際的な移動に「スポーツ労働を目的とした移住（sport labour migration）」という表現が与えられ，進展するグローバル化と結びついたプロスポーツの世界で生じる現象であると説明された（Bale and Maguire 1994）。もちろんそれ以前から国境を越える外国人プロ選手たちは存在したが，スポーツ選手らの国際移動を，その他の業種の移民と同じように，グローバル化の流れの中で捉える視点が現れたのである。

　これは，スター視されるトップ選手がたまたま移民だった，という見方をするのではなく，「カリブ海地域出身の大リーガーたち」や「西アフリカ出身のイングランド・プレミアリーグ所属選手たち」といった見方をすることを意味し，つまり選手たちの移動の流れをパターン化し，送り出し国と受け入れ国という図式でその流れを把握しようとするのである。かりにあなたがプロ野球球団のオーナーであったなら，同じくらいの技量の選手が二人いて——途上国出身とアメリカ合衆国出身——，球団の運営予算が十分にない場合，少ない給料でプレーすることに同意する途上国出身選手を採用するだろう。これは費用対効果でもって被雇用者の選別をおこなう他業種の企業の対応と変わらない。「多国籍企業が安価な労働力を地球規模で求めることによって発生する国際分業が，アスリートの国際移動においても出現する」（Miller *et al.* 2003）という説明の仕方は，選手をファンの目線で見るのではなく，選手を雇用するクラブ経営

第9章　スポーツ移民のグローバル移動

者の目線で見ることによって共有されるだろう。

　こうした説明のルーツをさかのぼると,「プッシュ・プル理論」と呼ばれる図式に行きつく。移民を引き付ける（プル）主要因としては，移住先となる受け入れ国で労働力が必要とされていることやより高い報酬が期待できることがあり，その他には政治的自由などもある。他方で出身国から移民を流出させる（プッシュ）要因としては，貧困・失業，そしてそれらを生み出す人口増加，ほかに政治的弾圧などがあげられる（カースルズ・ミラー 1996）。当然のことながら，移民しようと思う者は，移住先の経済状況を知ったうえで，合理的な判断の結果として移住という行動に出るものと想定されるのである。この見方に，世界経済の（南北）地域間格差を重ね合わせ，サッカー・ビジネスの領域に当てはめると，10代の無名のアフリカ人選手は「生」の状態でヨーロッパのサッカー・アカデミーへ「輸出」され，そこでトレーニングを受け（「加工」され），一握りのスター選手（「完成品」）は巨額の移籍金とともに「売却」されるが，その段階に至らなかった多くの無名選手は「廃棄」される，という表現になる（Darby *et al.* 2007）。

　グローバルなサッカー・ビジネスにおける南北格差と非対称な国際分業は，さらに「新植民地主義的状況での絶え間ない筋肉流出と搾取のシステム」と評されることもある（Poli 2006）[2]。「筋肉流出（muscle drain）」や「脚流出（feet drain）」という表現は，移民研究で言われてきた「頭脳流出（brain drain）」という用語をもじったものである。（頭脳流出とは，医師や技術者，研究者など高度な知識・技術をもつ人材が，条件・待遇のよい外国へ移住していってしまう現象を指し，一般的に出身国の経済的損失であるとみなされる）。こうしたたとえは，研究者でなく現場関係者の口からも聞かれる。

　「「ヨーロッパのクラブは18歳から20歳のアフリカ人選手を安値で

221

第 3 部　スポーツをささえる

獲得し，その後転売して値上がり益を得るのです」とユー氏［＊コートジボワール 1 部リーグの強豪クラブ ASEC ミモザのフランス人ゼネラルマネージャー，ブノワ・ユー］は強調する（中略）2007 年から 2010 年にかけて FIFA［the International Federation of Football Associations］の国際関係部門のトップを務めたジェローム・シャンパーニュ氏は断言する。「鉱石や石油と同じように，選手たちもまた出身国から採り出され，豊かな国，とりわけヨーロッパで搾取の上値段を吊り上げられるのです」（ガルシア 2018）。

　ヨーロッパのビッグ・クラブで大活躍するアフリカ出身選手が何人もいることを考えると，辛らつな意見に聞こえなくもない。しかし大局的に見て，このような図式がおおまかには該当するのも確かである。言うまでもなく，そうしたアフリカやラテンアメリカからのスター選手が所属するクラブやリーグは，彼らを使ってそれ以上に儲けている。そして，イギリスやフランスからナイジェリアやアルゼンチンへ移動しようとするトップ選手は皆無だ。グローバルに見れば，人の流れ方に一定のパターンが認められるのである。
　こうした視点を，サッカー社会学の分野でグローバルな地域間関係に応用したのが，ジョナサン・マギーとジョン・サグデン（Magee and Sugden 2002）による同心円図式である（図 9‐1）。中心に来るのはヨーロッパのトップリーグを擁する数か国であり，その周りを中南米地域や FIFA ランク上位国が取り囲む。それより外側は準周縁国，さらには残余カテゴリーとして周縁国が位置づけられている（日本はこのカテゴリー）。この図は，同心円の中心へ向かってサッカーに関する世界中の才能と資本が吸い寄せられると同時に，サッカーに関するさまざまな制度や価値観が中心から周縁へと伝播していき，かつ中心部と周縁部の力関係の落差が構造化している状況を指している。もっとも，マギーとサグデンは同心円上に配置さ

222

第9章　スポーツ移民のグローバル移動

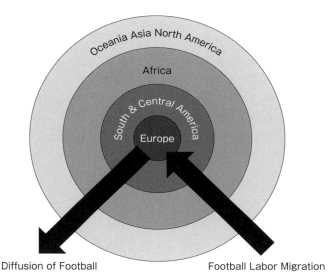

図9-1　サッカーの伝播とサッカー移民の移動
出所：Magee and Sugden 2002：428

れる各国の位置づけについて詳しい説明をしているわけではない。この図は経年変化の把握を可能にする客観的な指標に基づく序列というよりも、リーグ同士のプレーのレベル、サッカー関連の経済規模、ブランドイメージ等を組み合わせた序列を表しているとみるのが実態にあっている。この図の説明で重要なポイントは、単に選手たちの移動の流れがこうなっているというだけでなく、サッカーに関する意味（戦術のトレンドやルールの変更、コンテンツビジネスとしての側面を含む）もまた、ヨーロッパからその他の地域に提供されている、という点だろう。これが強固なため、指摘された「支配―従属の構造」が変化しにくいのである。

さて、この図を見て何を思うだろうか。グローバル経済システムの「冷酷な」現実にため息をつき、日本が「おまけ」のような周縁

223

第3部　スポーツをささえる

カテゴリーに位置づけられていることを残念に思い，あるいはグローバル経済といえば常に出てくるアメリカが中心にない——その反対に周縁カテゴリーである——ことに気づく人がいるかもしれない。

　ここで，この図を批判的に発展させる余地を考えてみよう。認識モデルというのは，ある時点での状況を理解するのに適していても，状況が変化すれば一緒に変化すべきものである。そして，サッカーを取り巻くグローバルな状況は，近年ますますダイナミックに変化している。

　まず，この図が提起されたのが2002年であることに注目したい。ということはすでに17年経っており，その間に何らかの変化が生じている可能性がある。また，この図が同心円のイメージで描かれているように，常に注目される中心部の国々のリーグは，グローバルなサッカーシーンの総体からすれば一部分を占めるに過ぎない。中心部に向かう流れの背後には，膨大な数の選手たちが，中心部でない場所でプレーしているし，そういう場所が無数にあることで，中心部が中心部として成り立っている。そういう意味では，中心部は準周縁や周縁のカテゴリーにおかれる地域に依存しているということもできる。

　そして，この図のカテゴリーのなかでしのぎを削っている存在が，選手たちの他にもいるのではないか？　とも考えてみる。サッカーに限らず，どんなスポーツでも，プロ・アスリートはコーチに教わり，トレーナーの世話になり，監督の指示を受け，所属組織のオーナーの意向を受け，スター選手になればスポンサーの意向もそこに加わる。また，ゲームを判定する審判，試合時の運営スタッフ，クラブのデータ分析スタッフ，ゲーム成立のための制度的な環境整備をおこなう協会関係者等が存在する。こうした人々なくして，どのゲームも成り立たない。そして，こうしたポジションの人々も，ときに選手とともに国境を越え，スポーツシーンを作っていくのであ

224

る（Elliot 2015）。「スポーツ移民」という用語は，従来，アスリートを指示するものとして使われることが多かった。しかし，監督もまた選手と同様の観点からとらえられるとする研究も増えているのである。

3 スポーツ移民の多様な経験を理解する

ここまで取り上げてきた話は，スポーツ移民の存在を，より俯瞰的な視点から理解しようとするものだった。個々のアスリートは，基本的にはよりよい就労機会を求めて移動するにせよ，その動機と経験を細かく見れば多様なかたちであるだろう。それは，スポーツ以外の分野で移住していく他の労働者と同様である。そこで今度は，よりスポーツ移民の当事者としての事情や状況に着目する考察を紹介したい。

グローバルなプロスポーツ市場では，（次の節で詳しく取り上げるが）1990年代にスポーツ移民の数，活動範囲がともに拡大した。そうした背景のもと，マグワイア（Maguire 1999）やマギーとサグデン（Magee and Sugden 2002）はスポーツ移民の動機と労働形態が多様であることに注目した分類を提示する。マグワイアは，サッカー，バスケットボール，クリケット，ラグビーといった種目の移民選手へインタビューするなかで，その移住の形態が傭兵，定着者，ノマディック・コスモポリタン（移動していく遊動民／地球人），帰還者，開拓民といった特徴から分類できると考えた。マギーとサグデンは，1995年以降ヨーロッパのプロサッカー・リーグにおいて外国人枠が撤廃され，移民選手の移動と競争が活発化していく[3]状況を反映させるなら，マグワイアの分類に野心家，亡命者，国外追放者というタイプを追加する必要があると考えた。

こうしたタイプ分けを提案したマグワイア自身が，対象の多様な

第3部　スポーツをささえる

経験を理解するための便宜的なパターン化だと但し書きをつけているように，スポーツ移民個々の現実は必ずしも上記のタイプのいずれかに区分されるものとはかぎらない。その一方で，スポーツ移民という立場も社会的に作られるものであり，その行動パターンには制限のない自由が約束されているわけではない。そこで以下，具体的な状況を参照しながら，上記の分類がどの程度「現場を理解するための補助線」となりうるか，確かめてみよう。

3.1.　傭兵カテゴリー

「傭兵」とは高い報酬と引き換えに生命をリスクにさらす外国人兵士のことで，金のために紛争地を渡り歩く。サッカー選手ならさしずめピッチという「戦場」を渡り歩く姿と重なる。一見すると大げさなたとえに聞こえるかもしれないが，途上国の新興リーグは経済的に活気を帯びつつも独特のリスクがいろいろあることを考えると，頷く点も多い。

先の同心円上では周縁部に置かれているものの，近年急速に市場規模が拡大しているのが，中国やタイ，インドに代表されるアジアの新興リーグである。FIFA の国代表ランキングでは低位に位置づけられ，制度整備等の点で混沌とした部分が残る一方で，ファン，スポンサー企業双方のサッカー熱は，近年急速に高まっている（写真9‐1）。

たとえばタイ・リーグといってもピンとこない読者が多いかもしれないが，すでにアフリカや東欧，南米の強豪国から元代表選手すら集まるまでにレベルが上がってきた（表9‐1）。そこで，これらの国々における2番手，つまりアンダー代表経験があるくらいの選手らは，ベトナムやミャンマー，カンボジアといった近隣国のリーグへ移籍していく（写真9‐2）。FIFA ランキングで低位といっても，外国人選手がポジションを勝ち取るのは容易ではない。という

第 9 章 スポーツ移民のグローバル移動

写真 9-1 ライバルであるベトナム代表との試合はいつも満員
カンボジア・オリンピックスタジアム：石川正頼撮影

表 9-1 タイ 1 部リーグの得点王とその出身国（2010〜2018 年）

年	選　　手	国　籍
2018	Diogo Luis Santo	ブラジル
2017	Dragan Bošković	モンテネグロ
2016	Cleiton Silva	ブラジル
2015	Diogo Luis Santo	ブラジル
2014	Heberty Fernandes de Andrade	ブラジル
2013	Carmelo José González Jiménez	スペイン
2012	Teerasil Dangda	タイ
2011	Franck Ohandza	カメルーン
2010	Kengne Ludovick	カメルーン

URL：https://www.worldfootball.net/top_scorer/tha-thai-league-1/

のは，限られた外国人枠をめぐって，他の強豪国出身の「傭兵」たちとライバル争いが繰り広げられることになるからだ（タイ 1 部リーグの状況については表 9-2 を参照）。

　他方で，選手が直面する現実は，十分に整備されていないピッチ，

227

第 3 部　スポーツをささえる

写真 9 - 2　ゴールシーンに多く絡むのは移民選手
カンボジアリーグ：石川正頼撮影

技術不足をラフプレーで補おうと対抗してくるローカル選手，給料の遅延や未払い，不正試合疑惑，場合によっては日々の生活で体験する人種・民族差別など，本人のプレースキル以外のところで影響を及ぼしてくるものも多い。とくにピッチ状況やラフプレーは大きなケガにつながる恐れのあるもので，高水準のパフォーマンスを持続して発揮したいプロ選手にとっては由々しき問題である。どんなに素晴らしい技術を持っていても，ケガが原因で競争の世界を去る選手はたくさんいる。残りの要素は，積極的にプレーしようというモチベーションを下げるものだ。「なんでこんなところで頑張っているんだ」と心が折れてしまったら，その選手の戦いはおしまいである。東南アジア某国のリーグで不正試合疑惑が持ち上がった時，該当するクラブに所属していた日本人選手は憤慨して退団した。その話を教えてくれた西アフリカ某国出身選手は「面白いわけがないが，自分の出身国でもある話だよ，気分を変えて次に集中だ」と受け流していた。

とはいえ，マグワイア（Maguire 1999：105）が言うように，そう

第9章　スポーツ移民のグローバル移動

表9−2　タイ1部リーグの得点ランキング（2017年）

選手名	国籍（二重国籍は／表示）	得点数
Dragan Boskovic	モンテネグロ	38
Jakson Avelino Coelho	ブラジル	34
Renan Marques	ブラジル	27
Diogo Luis Santo	ブラジル	26
Leandro Assumpcao	ブラジル	24
Marcel Essombé	カメルーン／フランス	19
Felipe Azevedo	ブラジル／イタリア	18
Mario Gjurovski	マケドニア／セルビア	17
Milos Stojanovic	セルビア	15
Rodrigo Vergilio	ブラジル	15
Teerasil Dangda	タ　イ	14
Guilherme Augusto Alves Dellatorre	ブラジル／イタリア	14
Michaël N'dri	フランス	14
Nicolás Vélez	アルゼンチン／イタリア	13
Josimar Rodrigues Souza Roberto	ブラジル	13
Rafael Coelho	ブラジル／シリア	12
Prince Amponsah	ガーナ	12
Heberty Fernandes de Andrade	ブラジル	12
Bajram Nebihi	コソボ／ドイツ	12
Sergio Suárez	スペイン	11
Paulo Rangel	ブラジル	11
Victor Cardozo	ブラジル	11
Jhasmani Campos	ボリビア	10
Dominic Adiyiah	ガーナ	10
Surachat Sareepim	タイ／ラオス	10

＊上位25人に日本人選手は1人も入っていない。タイ人2人のうち，ティーラシ
　ン・デーンダー選手はサンフレッチェ広島にレンタル移籍（2018年）。

URL：https://www.transfermarkt.co.uk/thai-premier-league/torschuetzenliste/wettbewerb/
　　　THA1/saison_id/2016

第 3 部　スポーツをささえる

したタフでハードな環境でプレーする「傭兵」たちは，なるべく短い時間で最大の成果を上げ——なるべく無傷で——より条件のよい他国のリーグ（次の「戦場」）へ移動しようと機会をうかがっている。彼らも受け身なままではないのだ。実際，東南アジアのリーグに所属するアフリカ人選手たちに話を聞くと，その多くが隣接する複数国のリーグでプレーした経験を持っており，次シーズンの移籍情報も近隣国のリーグを含めて収集していた。

3.2.　定着者カテゴリー

　他方，マギーとサグデンの同心円では完全な周縁（「おまけ」扱い）だった東南アジアのリーグではあるが，その論文が書かれてから 15 年以上が経ち，なかには準周縁とみなして良いのではないかと思わせる動きも生じている。かつてであれば，東南アジアのリーグを踏み台にして，中東のリーグや欧州トップ国の 2 部，3 部リーグを目指していた移民選手たちのなかには，急拡大する市場規模と急上昇する給与水準を前にして，「定着者」となる選択をおこなう者も出てきた。日本人選手ですら例外ではない。サガン鳥栖（J2）に所属していた下地奨選手は，日本では十分に活躍することができず，南米リーグを経由してタイ・リーグへ移籍した。するとタイのプレースタイルがフィットしたのかブレイクし始め，3 年目にはJ2 時代の 5 倍の報酬を得るようになり，「タイ・ドリーム」を体現する存在として脚光を浴びた[4]。2011 年からインドネシア・リーグで活躍し，いまではインスタグラムのフォロワーが 40 万人という現地での有名人であり，2018 年には日本・インドネシア国交樹立 60 周年の親善大使も務める松永祥兵選手も典型的な「定着者」タイプである。

　　「いまや現地語もペラペラで，高度成長を続けるインドネシアで現

在は飲食店の経営など新たな分野への挑戦も始めている（……）今年1月には東京とバヤンカラFCの親善試合開催のため，2クラブの橋渡し役にもなった。今後はサッカーに限らず，両国の人材交流にも関わりたいという」[5]。

「定着者」の在り方を直接的に示すのが，国籍を変更し移住先の国に帰化することである。マラソン種目でオリンピックに出場するためカンボジアに帰化した芸人の猫ひろし選手がそうだといえば分かるだろう。これはありふれたものとは言えないが，サッカー移民にとっては，外国人枠をもつ各国リーグの制度のなかで合理的な判断の結果出てくる反応である。

たとえばベトナムリーグでは，かつて（2005〜2011年）資金力のあるクラブが，アフリカや南米出身の有力選手を積極的に帰化させ，ベトナム名で活躍させる方針をとっており，資金力のあるクラブでは「スタメンのうち7〜8人が外国出身選手ということも珍しくなかった」[6]。その後2015年からは帰化選手を各クラブ1名とする制限が課されたことでそうした加熱ぶりはなくなったものの，2017年の時点で約30名の帰化選手が活躍しているという[7]。帰化することにより出身国からの徴税を逃れることができ，外国人枠の制約を受けることがなくなり，給与も上がるケースが多かったそうだ。ベトナムに帰化したアフリカ人選手に着目する和崎春日は，「アフリカ人社会の生活日常や世界感覚からすれば，国籍や所属は，限定選択的に一つ選ぶだけではなく，国の法制で一つ選ばせるとしても，戦略的に重ね持っていて一向に差し支えない，複数もっていたい，という感覚が強い」（和崎2018：385）と記している。また，帰化を選択することは，同国代表チームに選出される可能性をもたらすと同時に，各国リーグが外国人枠やアジア枠を設ける際に，その枠内で移籍する余地も与える。たとえば2017年のデータでは，タイ・

第3部　スポーツをささえる

リーグにシリア人選手がアジア枠で4名所属していたが，そのうち
シリア出身者は1名だけで，あとの3人はブラジル出身の国籍変更
選手であった。

　「定着者」のパターンとしては，移住先で数年間プレーする中で
現地社会に馴染み，場合によっては配偶者を得，引退後は自らの出
身国とのコネクションを活かして後続するアスリートと移住先をつ
なぐ移籍代理人やコンサルタントになる，というものである。現役
時代に現地で築いた人間関係をいかせば，スポーツ以外の分野でビ
ジネスを始めることもあるだろう。そうなると，長い人生のなかに
おける現役アスリートの時期は，さらに大きなシナリオのなかの一
部として位置づけられることになる。かりに現役後の仕事で成功し
たなら，「元スポーツ移民」としての「定着者」のアイデンティテ
ィはスポーツから離れていくのかもしれない。

3.3.　遊動民／地球人カテゴリー

　このカテゴリーが成り立つには，その種目がグローバル市場にひ
らかれていることが前提条件となる。サッカー移民にとっては，こ
の条件は近年ますます整備されてきているといえる。こうした方向
性を自覚的に選び，キャリアを築いてきた典型が伊藤壇選手である。
大学卒業後，ベガルタ仙台で2シーズンプレーした後，2001年か
ら一貫して海外（アジア圏）のクラブに移籍することにこだわり，
20か国のリーグでプレーしてきた（シンガポール→オーストラリア
→ベトナム→香港→タイ→マレーシア→ブルネイ→モルディブ→マカオ
→インド→ミャンマー→ネパール→カンボジア→フィリピン→モンゴル
→ラオス→ブータン→スリランカ→東ティモール）。自分のなかに「1
年1か国」という基準を作り，それを遂行するには，トライアウト
を勝ち抜くスキルや異文化環境での交渉力に加えて，明確な動機も
必要である。

第9章　スポーツ移民のグローバル移動

「最終的な目標は，これまでプレーした国の代表監督をすること（中略）もし監督をするにも選手の移籍サポートをするにも，実際にその国でプレーした人間であれば説得力が違います。そんな思いもあり，長い年月をかけてアジア各国を放浪しているのです」[8]。

　また，アジア各国のリーグを「フィールドワークして体得」した知見や人間関係を活かして，後続する日本人選手のサポートにも携わり，特異な経験を反映するサッカースクール運営も展開している。複数国・地域を移動する経験は，他にはない比較の視点を与えてくれるのだ。

　各国リーグを渡り歩くのは選手だけではない。カンボジア1部のソルティーロアンコールFCで監督を務めた松田裕貴は，イギリスでのトレーニングを経て，フィリピン，ベトナム，ラオス，タイ，シンガポールでの指導歴を有している。選手にとってのプレーと同様，監督のコーチング技術も，相手あってのものである。そこには，プロ選手・プロクラブという概念自体の受け止め方の違いの認識や誤解を生まないコミュニケーションの工夫といった（サッカーの技術以外の）要素も多く含まれる。指導の現場では，所属クラブの文化的・社会的背景，さらにはローカル選手と移民選手の相互作用を考慮しながら，プロ選手というアイデンティティの前提すら異なる多国籍の選手たち個々の能力を引き出す工夫に取り組み，トレーニング・プログラムや戦術を組み替えていかねばならないが，そのバランスは，複数国での経験を通じて分かる部分があるという[9]。

3.4. クロスオーバーする各カテゴリー

　また，監督というポジションについて掘り下げて考えてみるなら，ここで用いる分類が一対一対応で当てはまらない状況にも気づかされる。たとえばサッカー新興国のリーグやクラブであれば，日本や

233

第3部　スポーツをささえる

ヨーロッパでコーチング技術を積んだ指導者は，先進的な知見や技能を伝える「開拓者」（一昔前であれば空手や柔道の道場を開くために移住するケースなどが該当）として迎えられる側面もある。もちろん，結果を出さなければ契約は延長されないので「傭兵」の性格もある。また，結果次第では「定着」する余地もある。日本出身のスポーツ移民であれば，その政治的環境からして「亡命者」や「国外追放者」カテゴリーに該当するケースはほとんどないが，グローバルなサッカー市場の発展とともに新たな「野心」を膨らませるケースも考えられる。そして，「定着者」や「遊動民／地球人」とならないスポーツ移民の多くは，それぞれに多様な成功もしくは失敗の経験を経たのち，出身国へ戻っていく。そして一旦は「帰還者」というカテゴリーに収まるわけだが，すでに見てきたように，帰還後にも，それまでの経験を活かして，再び代理人ビジネスやスポーツスクール事業といった分野で活躍するスポーツ（ビジネス）移民となるかもしれないし，元横綱朝青龍のように母国で農業を始めたり政界に進出したりするなど「元スポーツ移民」の道を歩んでいくかもしれない。

　ここで取り上げてきたスポーツ移民の分類に対しては，拡大するグローバル市場の動向を反映して，サッカーのデイヴィッド・ベッカムや本田圭佑のようなスター選手が該当する「セレブリティ」というカテゴリーを追加したらどうかという意見もある（Agergaard 2008）。このパターンについては，「傭兵」のなかの勝ち組をそう呼べばよいのか，「遊動民／地球人」の最も自由な形態がそうだということなのか，定着型セレブリティ・傭兵型セレブリティ・遊動民型セレブリティなど，その他のパターンを細分化するサブカテゴリーなのか等，議論する余地がある。先にマグワイアの留保を紹介したように，行動パターンのモデルというのは，多様な現実をある程度整理し，また対象に顕著な特徴を把握する助けにはなるが，個々

のありようを一義的に整理できるものではない。この点を踏まえたうえで，日本で活躍するスポーツ移民たちはどのようなパターンを体現しているか，調べてみることができるだろう。

さらに石原豊一（2013）は，野球を対象として，グローバルなリーグの階梯が拡大するのに伴い，先進国の若者たちが「自分探し」の延長のように，それほどレベルの高くない国のリーグでプロ生活を送る道を模索する状況が生まれていると指摘する[10]。その新たな移住パターンはどのような条件のもとで広まるのだろうか。

そして，他にも有効なパターン類型を提起することができるだろうか？

4　消費社会におけるスポーツ移民の役割

ここまでスポーツ移民にかんするマクロな構造（2 スポーツのグローバル化に伴うスポーツ移民の増加）や，ミクロな行為の形式とバリエーション（3 スポーツ移民の多様な経験を理解する）を見てきたが，現在進行中の，あるいは今後の展望はどうなのか，といった問いが出てくるかもしれない。スポーツ移民を取り巻く状況の変化を，現代社会の動向と重ねて考える余地がある。言い換えれば，スポーツ移民は，いまどのような社会変化にあわせてパフォーマンスを求められる存在なのか，どのような社会的な役割を期待されているのか，ということになる。ややもすると，私たちの多くはここまでの内容と自分の状況のあいだに距離があると感じるかもしれないが，同時代を生きている点で共有する側面も意外にあるのではないかと考えてみよう。ここでスポーツ移民を取り巻く条件として注目するのは「メディアコンテンツとしてのスポーツエンターテイメント」と「ブランドビジネスのツールとしてのスポーツ」という要素であり，これらは「消費社会を生きる私たちがスポーツをどのように観

第3部　スポーツをささえる

ているか」という点に関係している。

4.1. テレビの影響

　1980年代から90年代にかけて，北米のプロスポーツ（アメリカンフットボール，バスケットボール，野球，アイスホッケー），ヨーロッパのプロサッカー，オリンピックにおいて商業化・産業化の動きが強まり，なかでもテレビ放映権料の高騰がその主要因となったことはしばしば指摘されてきた。競争入札方式で独占放映権を与えるビジネスモデルは放映中の広告収入の上昇につながり，チームやリーグの予算の増加とともに，それぞれのスポーツ市場は急速に拡大することになる。それに伴い，スポーツを観る体験，スポーツを観てもらう（魅せる）仕掛け，チーム編成，さらにはスポーツの試合運営そのもの（バスケットボールのルール変更など）にも変化が生じてきた。

　イギリスでは1992年にプレミアリーグ立ち上げとともにリーグ戦の放映権料が急激にアップし，ハイライトのみのパッケージやその他のトーナメント戦など放送契約の形態も細分化すると，その動きが加速する。さらに，視聴者が試合ごとに視聴料を支払うペイパービュー（pay-per-view）システムが1997年にフランスのカナル・サテライト社によって始められ，人気クラブとそれ以外の格差がますます拡大することになった（Giulianotti 1999：93）。そして，この傾向が各国リーグ間の格差としてグローバル化するのである。

　近年，英プレミアリーグは年間2500億円（Jリーグは120億円）の売り上げの約半分を海外放送権料から得ていると言われるが，その6～7割（700～800億円）がアジアであり，なかでもタイは100億円を払っている[11]。図1の同心円図式の中心に位置するのがイギリスであり，日本とタイはいずれもその図のなかでは周縁に位置づけられていたが，その間にはこうした関係も成立しているのであ

る。また，博報堂が 2016 年に公表した意識調査結果（博報堂 2016）
では，シンガポール・バンコク・ジャカルタ・ホーチミン・ヤンゴ
ンの各都市で「あなたはどのようなスポーツが好きですか」という
質問に対して，「サッカー」と答える男性の割合が圧倒的に多い[12]
が，いずれも FIFA ランキング（2018 年 9 月）で 100 位以内に入っ
ていない国にあることを考えると，回答者の多くが欧州リーグのテ
レビ放映を通じてサッカーファンになったであろうことが推測され
る[13]。かように，サッカーに関するコンテンツビジネスの世界に
おいてもグローバルな関係性が存在するのである。

4.2. スタジアム観戦からコンテンツ消費，そしてブランドビジ ネスへ

こうして，昔ながらの「人生の歩みをクラブに重ねスタジアムに
足を運ぶコアなサポーター」よりもスクリーンの向こうの「消費コ
ンテンツを求めるライトなファン層」にグローバルな規模でアピー
ルしようとするなら，プレーのレベルや試合結果に加えて，話題性
やトレンド作りといった側面を重視する必要が出てくる。その両方
を幸運なかたちで実現したのがレアル・マドリードであり，「ルイ
ス・フィーゴ引き抜きに始まり，ジダン，ロナウド，ベッカムと，
戦力的なバランスを無視してでも毎年ひとりずつ世界的なスター選
手を獲得し，サポーターとファンを興奮させ続けるという補強戦
略」は必ずしもピッチ上の結果に反映されたわけではなかったが，
スポンサー料等のコマーシャル収入が大幅に伸びたため「商業的な
観点から見れば「エンターテイメントとしての銀河系集団」は大成
功だった」（片野 2017：114）。

レアル・マドリードはスペインのクラブなので，引用文中のスタ
ー選手は全員が移民選手であることが分かる（出身国は順にポルト
ガル，フランス，ポルトガル，イギリス）。プレーの技量はもちろん

第3部　スポーツをささえる

のこと，話題性，そしてファッションやトレンドの担い手としてすら受け入れられる外国人選手がどんどん国境を越え，移動していく。この傾向は，限られたトップクラブにとどまらず，プロ・リーグ全般における移民選手の急速な増加として確認されている。

　以前イングランド・リーグで移民選手といえば多くがスコットランドやアイルランドといった隣接する国・地域から来ていた。しかし1992年に11人だった移民選手は，1995年に66人，1998年には166人を数えるまでになる。2012年のヨーロッパ・チャンピオンズリーグ決勝は独バイエルン・ミュンヘンと英チェルシーFCのあいだでおこなわれたが，前者は18名中8名が，後者は18名中13名が移民選手であった（Maderer, Holtbrügge and Schuster 2014：215-6）。2018年W杯ロシア大会では，ヨーロッパ代表チームの選手220名中83名，すなわち36％が外国にルーツをもつ選手（移民もしくは2世，3世）であり，優勝したフランスに至ってはその割合が78％まで跳ね上がった[14]。

　リチャード・ジュリアノッティ（Giulianotti 1999：98）はプロサッカーの世界が，メディアコンテンツとして消費される試合映像，中産階級に属するライトなファン層，そして選手・監督いずれも移民を主体に構成される多国籍化したクラブといった諸要素によって構成される状況を指して，ポストモダン・サッカー市場（post-modern football market）の到来と評していたが，それから20年が経過し，その傾向はますます加速している。そしてその傾向は欧米社会に限定してみられるものではなく，やはりグローバル化の流れに乗って世界各地に波及していくのである。

　　「「カナル・プリュス［ペイパービューシステムを始めたカナル・サ
　　テライト社から発展した仏企業］はフランスの1部リーグの視聴者
　　への露出機会と発展のための資金を提供してきました。コートジボ

第9章　スポーツ移民のグローバル移動

ワールのサッカーリーグもまた，同じビジネスモデルをもってプロフェッショナル化することができるでしょう」とコートジボワールのテレビチャンネル「スポーツプロダクション」のディレクターは信じようとしている。商業化のテクニックに熟練したこのおしゃべりなエディ・ラビン氏は，「1部リーグという商品」をより魅力あるものにして，今どきの若い大衆を惹きつけるために試合を「イベント化」しようとしている。同じ［観戦］料金で参加できる催しやダンス，コンサートは，常に試合の前後を盛り上げることだろう。このタイプのイベントはコートジボワールに独特な音楽ジャンルのクペ・デカレのリズムに合わせ，［2018年］3月24日に初めて開催された[15]」。

　世界中の多くの若者にとって，「サッカーファンになる」ことは，いまやハリウッド映画を観たりコンサートに足を運んだりするのと同列に置かれる経験であり，ファッションやサブカルチャーのカテゴリーに位置づけられるものである（Cho 2013：581）。クラブのユニフォームを着てスタジアムでデートし，フェイスブックやインスタグラムに友人らと盛り上がる姿を投稿するのは「トレンドに乗っている」ことなのである。こうした動向を積極的に取り込もうとしているクラブとして指摘されるのがイタリアのユヴェントスである。

　「アンドレア・アニエッリ会長はこう語っている。「さらに成長するためには，ピッチ上で勝ち続けるだけでなく，我々の"言語"を新しいターゲットである子供たち，女性，そしてミレニアル世代に届くように進化させなければならない（中略）。これは（中略）もっとライトな「ファン」層にまでターゲットを広げ，しかもイタリアやヨーロッパだけではなく，アジアや北米などの未開拓ゾーンを含めた世界をマーケットに想定して，ユヴェントスという「ブランド」を展開していきたいという強い意思表示である」（片野 2017：

239

第 3 部　スポーツをささえる

136-137)[16]。

4.3. スポーツ移民に与えられる新たな役割

こうした環境のなかで，ヨーロッパのトップリーグ以外の場に「傭兵」や「遊動民／地球人」としてやってくる移民選手も，そういうファン層にアピールをすることが求められている[17]。いわゆる「ポストモダン・サッカー市場」において，スポーツ移民はどのような役割を与えられるようになっているのか。

まず，スポーツ移民は，そのように自他ともにアイデンティファイするかぎり，「定着者」のように移住先に馴染んだとしても，その社会にとってある種の特別さを醸し出す存在であり続け，またそうであることを期待され，それが時として差別的な言動につながることもある[18]。いろいろな点で，移住先の現地の選手と同じではだめなのだ。試合におけるパフォーマンスは言うまでもなく，コンテンツ消費を楽しむファンたちにとってはファッション・アイコンであってもらいたいし，ブランドイメージを高めたい（選手を広告に起用したい）企業からすれば何らかの理想的な属性を体現する存在であってほしい。これらは基本的にどの選手にも要求される性質ではあるものの，繰り返しになるが，移民選手は，移住先の現地の選手と同じではだめなのだ。

先に見たレアル・マドリードやユヴェントスといった欧州のトップリーグから，私たち日本のJリーグ，さらにはマギーとサグデンの同心円では確実に周縁に位置づけられるような東南アジアの各国リーグに至るまで，この傾向は一貫して観察することができる。

たとえばカンボジア・リーグに所属するシェイン・ボーイセン（Shane Booysen）選手のケースを見てみよう。彼は，南アフリカ出身のカラード[19]である。ゴールを量産するスキルに加えて，ゴール後に後方宙返りをするパフォーマンスや，カラードであることか

240

らくる南米出身選手に似た風貌，ケープタウン郊外のギャングスタリズム仕込みの「ヒップでアンダーグラウンドなスタイル」などが，現地の若者たちに受けた。実際には南米出身選手の多くは，より市場規模の大きい隣のタイ・リーグへ行ってしまい，カンボジアにはほとんど来ない。アフリカ出身選手や東アジア（日本・韓国・北朝鮮）出身選手はたくさんいる。そうしたなか，ボーイセンの存在（スキル・風貌・その他のパフォーマンスの総合）は，カンボジア・リーグにグローバルなピッチを演出する存在として貢献しているのである。少々変わったところでは，ある西アフリカ出身選手は，その肉体美を評価され，首都プノンペンでのファッション・ウィークに「ファッション・モデル」として招待された。

　同様の期待を反映してカンボジア・リーグを盛り上げているのが，その他の移民選手や外国人監督たちである。以前はスポーツ移民への注目はあまりなかったが，現地紙では 2017 年ごろから詳しい紹介，注目が見られるようになっている。かつては紙面の半分以上を使って取り上げるような注目の一戦であっても，カンボジア人選手の活躍には名前を記載する一方で，移民選手の場合は名前を出さずに「チームが勝った」，「外国人がゴールした」のような表現がとられていた[20]。それが 2017 年に入ると変化が見られ，各クラブに所属する移民選手の紹介や外国人監督の談話が詳しく載るようになってきた。この点については，以前は（同胞選手の活躍だけが消費する意味のある情報となっているように）同国内に閉じていたゲームに対する視線が，グローバルなアクターに開かれつつある状況を反映しているといえる。言い換えれば，同胞選手が活躍するのをおぜん立てし，サポートするだけの役割だった（顔のない）「外国人助っ人」という存在から，選手のみならず監督も含めて世界中から参入してきた才能ある個々人という存在への変換である。社会から与えられるスポーツ移民の役割が変化しつつある。2018 年 8 月には，「世界

第 3 部　スポーツをささえる

のホンダ」が同国代表監督として新たにこの列に加わった。カンボジアは 2023 年に自国開催する東南アジア選手権で好成績を収めるという目標を掲げているので，そういう観点からも，「撃退すべき敵もしくは自分たちに仕える補助装置」ではなく，「自国のレベルを向上させるグローバルタレント」としてスポーツ移民を認識する風潮が強まっているものと考えられる。

　また，近年急速に発展しているタイ・リーグで，優先的に獲得される移民選手の出身地のトレンド推移は，おおよそ次のようなものだという[21]。一昔前は，アフリカ出身選手が多くを占めていたが，日本人選手が短期間のうちに増える時期が訪れ，その数も 60 名を数えるまでになった。しかし，現在は東欧・南欧やブラジルの選手がより求められているという。なぜなら，彼らの方がより「サッカーの本場からやって来た」印象を観客に与えてくれるからだ。つまり，プレーの技量が同じくらいであれば（あるいは少々劣っていたとしても），日本人やアフリカ人より本場の香りをまとったスペイン人が選ばれるということである。そして，これは選手に限らず，監督のリクルートにも見られる傾向だという。急激に拡大する市場では，必ずしも目の肥えたサポーターの意見やセンスが優先されるわけではない。その担い手となるライトなファン層に最大公約数的なアピールをもくろむクラブやリーグの意向が，移民選手の去就に影響を与えることになる。

　こうした観点から，Ｊリーグに所属する移民選手や外国人監督を見るならどうだろう。彼らはどのような期待を投影され，演出されているだろうか。

242

5 スポーツ移民から社会を考える

5.1. 論点の再確認

2（スポーツのグローバル化に伴うスポーツ移民の増加）で説明した内容からは，グローバルな規模で俯瞰すると，移民の流れには一定のパターンがあり，それはスポーツの種目によって変化することがわかる。また，アスリートの流れのベクトル（周縁→中心）とは反対に，そのスポーツ種目に関する意味（ルールや戦術，さまざまな価値観やイメージを含む）は中心から周縁へと伝播する現実があり，それゆえ同心円図式であらわされる構造が変化しにくいことにも気づかされる（といっても，その構造が不変というわけではない）。

3（スポーツ移民の多様な経験を理解する）で取り上げた分類モデルは，ひとことでスポーツ移民と言ってもさまざまな動機や労働の形態があること，にもかかわらずある程度のパターン化により，その多様性を理解するヒントが得られることを示している。そうしたモデルを提案したマグワイアが言うように，モデル図式はあくまで現状理解のきっかけや助けにすべきものであり，どのスポーツ移民の経験も，いずれかのカテゴリーに収められるものとは限らない。そういう観点から，読者は自分が関心をもつスポーツのジャンルや地域，社会・時代の変化にあわせて，そのモデルの適用可能性を検証していくことが求められるし，また，新たなカテゴリーの追加やいま提唱されているカテゴリーの修正ができるかどうか，掘り下げていくことも期待されているのである。

4（消費社会におけるスポーツ移民の役割）は，変化の早い現代社会でスポーツ移民を取り巻く状況に特徴的と思われる側面を，筆者なりに切り取ってみようと試みた箇所である。3のまとめで指摘したように，スポーツ移民の行動パターンや労働形態とともに，移住先の社会から求められる役割にも変化する余地がある。そしてその

第3部　スポーツをささえる

変化の条件には，読者の多くが属する「スポーツ移民を応援する側」の振る舞いやその変化が影響を及ぼしているのである。見方を変えれば，スポーツ移民の役割を考えることは，スポーツ移民のパフォーマンスにある期待を投影する私たち自身を振り返ることになるのである。

5. 2.　ここまでに取り上げられなかったこと

この章では，プロスポーツ移民の実態や活動にたいして，主に社会現象として理解する糸口をいくつか提供しようと試みた。けれども，書き切れなかった基本的な視点がいろいろある。

たとえば3ではアスリート以外のスポーツ移民の活動について少し触れたものの，十分に説明していない。監督やリーグ・クラブ運営という職務を担当する専門家たちの移住や特有の課題について，議論を発展させる余地がある。

また，傭兵としてサバイバルするか，定住者として移住先に根を下ろすか，あるいはどのようにそうするか，といった移住の形態に注目する以前に，そもそも「どのように」移住してくるか，といった点に着目することもできる[22]。一人で自発的にやってくるのか，専門的・職業的な「紹介者」がいるのか，どのような知り合いをどのように頼ってやってくるのか。移住に伴う特有の問題をどのように認識することができるか。「アカデミー」と呼ばれるプロ・アスリート養成機関へスカウトされる実態などもここに含まれる。

他にも，窪田暁（2016）が，米大リーグで活躍するドミニカ出身の移民選手たちを対象に詳細に描出したように，移民選手が出身社会とどのような関係を持ち続けるか，という視点は重要である。なぜなら，現代のスポーツ移民は，傭兵タイプであれ放浪する地球人タイプであれ，出身地に影響を与え，また出身地と移住先を往来するトランスナショナルな側面も有するからである。出身社会の親族

へ送金したり，出身社会の生活や価値観に変化をもたらしたり，あるいは逆に，出身社会の価値観によって移住先で特有の行動パターンを作りだしたりする。スポーツ移民を社会的存在として理解するには，当事者に対する共感とともに想像力を働かせ，彼ら／彼女らを取り巻くさまざまな条件を当事者の立場から考え，できればその声を聞くところから始める必要がある。

そして，日本社会という文脈でのサッカー移民を取り上げた先行文献としては，加部究著『サッカー移民——王国から来た伝道師たち』というインタビュー集を忘れてはならない。20世紀の前半に日系ブラジル移民として渡った親から生まれた二世たちが，「サッカーなどやるな，しっかり勉強しろ」（「今なら反対なのに」と回想する元選手たち）と叱られながらこっそり技量を磨き，まさに「サッカー王国（ブラジル）から来た伝道師たち」として——この章の用語でいえば「開拓民」として——発展途上だった日本サッカーリーグ（1965-92年）のレベルアップに貢献したエピソードは，本章の3に該当する記録資料となっているのみならず，歴史的視点の重要さを教えてくれる。どのような歴史的経緯があってそのスポーツ移民の流れができたのか。ある特有の社会現象が生じるにあたって，歴史的に重要な役割を果たしていたできごとは何なのか。

この章は「移民選手なしでは現代のプロスポーツは成り立たない」という見出しから書き始めた。日系ブラジル移民の子孫たちであるサッカー選手たちが日本に移民し，日本のプロサッカーの礎を築くのに貢献した，という事実は，冒頭の見出しをより歴史的な時間軸から解釈する必要も示唆しているのである。

【注】

1）国際移住機関のウェブページ（http://www.iom.int/key-migration-terms，2018年11月5日閲覧）。

第3部　スポーツをささえる

2）途上国の国々が，政治的には独立を果たしていながら，かつての植民宗主国に対して経済的に従属したままの状況，あるいは新たな経済的関係の中で深まる新たな従属関係を批判的に表現している。

3）1995年12月15日に欧州司法裁判所で，その後「ボスマン判決」として知られるようになる判決が下された。ベルギー2部リーグに所属するジャン＝マルク・ボスマンがクラブ間の移籍を選手の権利であるとして提訴。判決では，クラブとの契約を満了した選手の移籍は自由におこなわれるべきであるとされ，EU加盟国籍の選手はEU域内のリーグで外国人枠から除外されるとされた。結果として移籍市場の活発化や年俸の高騰などにつながり，1990年代以降のヨーロッパのサッカー市場に大きな影響を与えることになったといわれる（Giulianotti 1999：121‑122）。

4）「年俸はJリーグ時代の5倍以上！下地奨が掴んだ"タイ・ドリーム"」https://anngle.org/culture/sports/thai-dream-soccer.html（2018年11月2日閲覧）。2018年現在，タイ生活6年目。

5）「インドネシアリーグ8年目「架け橋」29歳松永祥兵」（『日刊スポーツ』2018年8月25日）https://www.nikkansports.com/soccer/japan/news/201808240000965.html（2018年11月2日閲覧）

6）宇佐美淳「Vリーグで増加する帰化サッカー選手，その思惑とは…」https://www.viet-jo.com/news/sport/120403060609.html（2018年9月1日閲覧）。

7）宇佐美淳「ベトナム人？外国人？Vリーグ帰化選手の登録名にファンも困惑」http://www.vietnam-football.com/news/vleague/170131084317.html（2018年8月20日閲覧）。

8）「僕は「アジアの渡り鳥」夢はアジアの国の代表監督——サッカー選手・伊藤壇」https://globe.asahi.com/article/11573249（2018年11月5日閲覧）。

9）筆者によるインタビュー（2018年9月，シエムレアップ）。

10）同様の点がサッカーでも指摘されている。「ワーキングホリデーという便利な制度があり，英語圏で時差のない豪州は，比較的若者たちが飛び込みやすい「海外」だ（中略）豪州は様々なレベルのサッカー選手にとって「挑戦しやすい海外」となり，誰でも気軽に「海外組」を名乗れる現実がある。そういった環境でサッカーをしようと海を渡ってくる若い選手たちは，まさに玉石混淆。サッカー選手として，または引退後のキャリアアップを考えての語学習得を視野に入れて遮二無二，異国での環境でサバイバ

第 9 章　スポーツ移民のグローバル移動

ルする選手もいるが，残念ながらそういう志の高い選手ばかりではない。ビザの期限内を精いっぱいに楽しんで，その片手間にプレーします的なライトなモチベーションの選手も少なくない」（植松 2018：23）。

11）2012‒13 年 の デ ー タ。https: //www. huffingtonpost. jp/best-team-of-the-year/world-cup_b_7084506.html（2018 年 9 月 10 日閲覧）

12）ちなみにクアラルンプルではバドミントンが 1 位，サッカーが 2 位。また，女性はバドミントン，水泳，バレーボールという回答が目立つ。

13）たとえばアルビレックス新潟シンガポール FC の CEO を務める是永大輔は，シンガポールでのサッカー人気は非常に高いが，その関心は現地のクラブではなく，欧州クラブだという。「ほとんどの方が［英］プレミアリーグに「心のクラブ」を持っている（中略）現地の新聞の扱いでも，プレミアリーグがトップで S［シンガポール］リーグの扱いはその下。シンガポールのみならず，東南アジア諸国で多く見ることのできる現象でもあります」（東方出版 2017：154）。

14）"What do the World Cup semi-finalists all have in common？Immigration" *Guardian*（9 July 2018）https://www.theguardian.com/football/2018/jul/09/world-cup-semi-finals-immigration（2018 年 11 月 3 日閲覧）

15）http://www.diplo.jp/articles18/1810-01footballafricain.html（2018 年 11 月 3 日閲覧）

16）ブランド展開のビジョンとしては，より具体的に，衣類やアクセサリー，文具，ショップデザインといった分野への進出とされている。

17）先に紹介した松永選手の年棒グラフもインスタグラムなど SNS 上の現地フォロワーの急増と相関してアップしているようである。（サッカー選手のデータサイト Transfermarket を参照。https://www.transfermarkt.com/，2018 年 11 月 3 日閲覧）

18）スポーツ移民の社会統合が進んでいると思われているヨーロッパにおいてもそうした実態があることは，ドイツ代表のメスト・エジル選手（トルコ移民 3 世）が，2018 年 W 杯後に「勝った時はドイツ人で，負けた時はトルコ人だった」と発言して代表を引退した事例や，ベルギー代表ロメル・ルカク選手（コンゴ移民 2 世）の「上手くいっているときはベルギー人ストライカーと書かれるが，失敗すればコンゴ移民の子であるベルギー人ストライカーと書かれる」という談話（Lukaku 2018）からもうかがえる。

247

第3部　スポーツをささえる

19) アパルトヘイト時代の南アフリカで，白人・黒人・アジア人とともにカテゴライズされた人種区分。オランダ東インド会社がマレー半島から連れてきた奴隷の子孫，先住民コイサン，さまざまな異人種間混交のルーツをもつ人々を総称するカテゴリー。1990年代のアパルトヘイト撤廃と民主化以降，カラードという呼称を否定し，先住民コイサンとしてのアイデンティティを主張する人々も増えている。

20) 現地紙 *Phnom Penh Post,* 23 May 2016 および 17 August 2016

21) 筆者によるギニア出身選手へのインタビュー（バンコク，2017年8月）。

22) この点について当事者の立場から同時代的な変化を描出するものとして，伊藤（2016）。

【参考文献】

Agergaard, Sine, 2008, "Elite Athletes as Migrants in Danish Women's Handball," *International Review for the Sociology of Sport,* 43, pp. 5‐19.

Bale, John and Joseph. Maguire eds., 1994, *The Global Sports Arena: Athletic Talent Migration in an Interdependent World,* London: Frank Cass.

カースルズ，S・ミラー，M. J.（関根政美・関根薫訳），1996,『国際移民の時代』名古屋大学出版会（Castles, S. and Miller, M., 1993, *The Age of Migration: International Population Movements in the Modern World,* London: Macmillan Press）。

Cho, Younghan, 2013, "Introduction: Football in Asia," *Soccer & Society,* 14(5): pp. 579‐587.

Darby, Paul, Gerard Akindes and Matthew Kirwin, 2007, "Football Academies and the Migration of African Football Labor to Europe," *Journal of Sport and Social Issues,* 31, pp. 143‐163.

Elliott, Richard, 2015, "Chasing the Ball: The Motivations, Experiences and Effects of Migrant Professional Footballers," in R. Elliott and H. Harris (eds.) *Football and Migration: Perspectives, Places, Players* (London and New York: Routledge).

ガルシア，ダヴィッド（清田智代訳），2018,「不安定に耐えるか，外国へ逃げるか——アフリカの悲惨なサッカー事情」『ル・モンド・ディプロマティーク日本語版』（Garcia, David, "En Côte d'Ivoire, la précarité ou l'exil: Misère du football africain"）http://www.diplo.jp/articles18/1810-

01footballafricain.html（2018 年 11 月 8 日閲覧）。

Giulianotti, Richard, 1999, *Football: A Sociology of the Global Game,* Polity Press.

博報堂，2016，「アジア 15 都市生活者の好きなスポーツ，スポーツイベント」，http://www.hakuhodo.co.jp/archives/newsrelease/33099（2018 年 9 月 10 日閲覧）.

石原豊一，2013，『ベースボール労働移民』，河出書房新社。

伊藤壇，2016，『自分を開く技術』，本の雑誌社。

加部究，2003，『サッカー移民——王国から来た伝道師たち』，双葉社。

片野道郎，2017，『それでも世界はサッカーとともに回り続ける——「プラネット・フットボール」の不都合な真実』，河出書房新社。

窪田暁，2016，『「野球移民」を生みだす人びと——ドミニカ共和国とアメリカにまたがる扶養義務のネットワーク』，清水弘文堂書房。

Lukaku, Romelu, 2018, "I've Got Some Things to Say" https://www.theplayerstribune.com/en-us/articles/romelu-lukaku-ive-got-some-things-to-say（2018 年 11 月 8 日閲覧）。

Maderer, Daniel, Dirk. Holtbrügge and Tassilo. Schuster, 2014, "Professional Football Squads as Multicultural Teams: Cultural Diversity, Intercultural Experience, and Team Performance," *International Journal of Cross Cultural Management,* 14(2), pp. 215‑238.

Magee, Jonathan and John Sugden, 2002, "The World at Their Feet: Professional Football and International Labor Migration," *Journal of Sport & Social Issues,* 26(4), pp. 421‑437.

Maguire, Joseph, 1999, *Global sport: Identities. Societies. Civilizations.* Cambridge, UK: Polity Press.

Miller, Tody, David. Rowe, Jim. McKay, Geoffrey. Lawrence, 2003, "The Over-Production of US Sports and the New International Division of Cultural Labor," *International Review of the Sociology of Sport,* 38, pp. 427‑440.

Poli, Raffaele, 2006, "Africans' Status in the European Football Players' Labour Market," *Soccer & Society,* 7(2), pp. 278‑291.

東邦出版編，2017，『プロスポーツビジネス——私たちの成功事例』，東邦出版。

植松久隆，2018，「本田圭佑がプレーする豪州サッカーの現実——激動の A

第3部　スポーツをささえる

　　　リーグはスター流入で変われるか？」『アジアフットボール批評』7号，
　　　pp. 16‑23。
和崎春日，2018，「ハノイ民衆ストリートの文化組成力とアフリカ受容――
　　　ベトナム都市民衆の慣習からの生活自揚と多元的文化創発」，関根康正
　　　編『ストリート人類学――方法と理論の実践的展開』風響社，pp. 363‑
　　　398。

◆ COLUMN 3 ◆

青年海外協力隊の活動
──教員経験なしで飛び込んだ体育普及活動

浦　輝大

　好奇心は強いが，語学力なし，教員経験なしの私が体育隊員として南太平洋の島国バヌアツ共和国に体育隊員として派遣されたのは2007年の1月だった。

　バヌアツは南太平洋にある島国，面積は1万2190平方キロメートルで新潟県とほぼ同じ，人口は28万人。新宿区の人口が約34万人なので，イメージとしては新宿区より少ない人口が新潟県と同じ面積に住んで一つの国となる。ちなみに同じ大洋州には海面上昇で国の存続が危ぶまれるツバルがありバヌアツとよく間違われるが，バヌアツには海面上昇の影響はない。

　バヌアツ到着後，首都ポートビラで約2か月間，ビシュラマ語の研修を受け，任地であるタンナ島へと引っ越した。タンナ島は人口4万人，昔ながらの伝統を守る誇り高き島で，今でもプチ鎖国をしている。島内での外国人の商売は禁止されており，それを破って外国人が商売をした際には，火のついた矢が家に放たれるというシンプルなルールがいまでも成り立つユニークな島だ。その話を聞いたとき，私は初めて自分が法治国家で生きていたことを意識した。もちろん私のようなボランティアの活動は許されており，当時もアメリカのボランティアが数名活動していた。首都ポートビラで会ったバヌアツ人にタンナ島に行くと話すと，彼らですら心配してくるような島だったが，私はせっかく協力隊に参加したので，文明から離れた生活をしたいと考えており，タンナ島での生活を，とても楽し

第3部　スポーツをささえる

みにしていた。

　私の配属先はタンナ島のある州教育省オフィスだった。州内に60校ある学校を統括するオフィスで，職員は州教育長のベイリキさん，マリーさん，ナンシーさんとドライバーのジミーさんの4名，スポーツオフィサーとして赴任した私は5人目の職員だった。州教育省オフィスの主な仕事は各学校からのクレームや要望を聞くことだった。その内容は，先生が足りない，給料が払われていない，学校の施設が壊れてしまったので修理をお願いしたい，学校でイベントをおこないたいので補助金が欲しい，補助金が難しければ開会式で挨拶をしてもらいたい，などだった。

　隊員として私の初めての授業は小学校1年生2クラス60人。教員の経験がなかった私は体育といえば4列横隊からのラジオ体操というイメージしかなく，まずは4列横隊を作ろうと考えた。しかしバヌアツでは朝礼や食べ物を配るときなど，列といえば縦列であることを私は知る由もなく，横隊のコンセプトが先生にも生徒にも伝わらずその場は大混乱となった。その後10分かけてできた4列横隊を前にラジオ体操をしてみたが，生まれて初めての動きに子供達は戸惑うばかりで，最後には私一人がラジオ体操をして60人の子供達がそれを微笑ましく見守るという恥ずかしい状態となった。電気が無いのでラジオ体操の音楽も流すことができず，私の掛け声だ

COLUMN 3　青年海外協力隊の活動

けで60人をリードするのは難しいことを初日に学んだ。

　ウォーミングアップではいまでも忘れられないエピソードがある。ある日私はサングラスをつけて子供たちの前で伸脚をしていた。子供達はみんな必死に私の動きを真似ていた。そのときに，私のサングラスが微妙にずれたので，私は手でサングラスを押さえた。その瞬間，子供達も慌てて自分の眉間を抑えたのだった。驚いた私が，思わず笑ってしまうと，子供達も私がサングラスを押さえただけだったことに気が付き，みんなで大笑いとなった。自分だけが必死なのではなく，子供達も必死に頑張っていることを感じたのと同時に，子供達との一体感が生まれ，今でも良い思い出となっている。

　ある日の授業では男子30人，女子30人の2列縦隊を作り，その後に私が列の横に移動して2列横隊とした。その後，私は15メートルほど先に立ち，両手を広げて私の位置までスキップするよう伝えた。私の常識では1列ずつスタートしてくれると思っていたが，なんと子供たちは2列同時に私に向かってきた。そして私の常識では彼らは私のところまで来たら止まってくれるはずであったが，満面の笑みでスキップする小学1年生60人は私の前を加速しながら通過，そのままブッシュの中に突入していった。その後はブッシュの中に隠れる子供達と，先生達との追いかけっこが始まった。やっと戻ってきた子供達にバックステップを指示すると，今度は15メートル先に立つ私を全員が目指してバックステップしたため，列が真ん中に集まってしまった。そして，先頭の子供がバランスを失い転んだと同時に全員がボウリングのピンのように総崩れとなった。驚いた私が先生のほうを見ると，そこにいた3人の先生達は子供達の姿を見て大笑いしていた。バヌアツでは大体のことは笑ってすますことを学んだ。

　腕時計を忘れた私が，授業を見ていた2人の先生に残り時間を尋ねたところ，2人が同時に太陽を見上げ，「あと10分！」と答えた

253

第3部　スポーツをささえる

事もあった。それまで先生達は時計で時間を確認していたと思っていたが，実は太陽で確認していた。

　時間でのエピソードはもう一つある。イサンゲルという小学校では，巡回を始めた当初，1時間目は9時から始まると伝えられていた。私はずっと9時に合わせて学校を訪問していたが，数か月経ったある日，9時に到着すると先生達はすでに授業を始めており，私はその授業を中断して体育を始めなければならなかった。同じことが2週間続けて起こったので，私は心配になり校長に授業の開始時間を変えたのかと確認しに行った。校長は「ウラ，子供たちが住んでいる村では時計は使っていない，みんな朝日が昇ると起きて，ブッシュの中から学校に下りてくる。以前は7時に朝日が昇っていたから2時間後の9時開始でちょうどよかったが，最近は朝日が6時前には昇っている。早い子供は7時に学校にきてグランドで遊びだす。9時に授業を始めると，7時から遊んでいた子供はすでにクタクタで授業にならない，だから最近は8時から1時間目を始めている。伝えていなくて申し訳ない」と言われた。その説明を聞く前の私は，2週続けて自分が遅刻したような扱いになっていたことに少し怒りを覚えていたが，校長からの説明には説得力があり，自分の価値観で物事を判断していたことに反省した。

　それ以外にも体育の授業では私の常識がくつがえされるようなことが数多くおこった。たとえば，山の中腹にある学校のグランドには傾斜があり，ドッジボールをすると，毎回山の下までボールが転がり落ちてしまうこと。縄跳びのかわりに子供達にジャングルからとってきてもらった木のつるは漆科で，次の日に手首が倍ぐらいに腫れあがったこと。小さな学校は複式学級となっていて，1・2・3年生，4・5・6年生の2クラスしかないこと。また同じ2年生のクラスでも年齢は5歳の子供と13歳の子供が同じクラスに居たりすること。算数や国語を教えるときには学年を学力で分けること

COLUMN 3　青年海外協力隊の活動

はよいが，体育に関しては体格が違うと，やれることのレベルが違うのでとても苦労した。

　1年目の活動は毎日が手探りで，私の予想を超えることが毎日起こった。しかし2年目になると私も次第にバヌアツでの授業に慣れてきた。たとえば，授業の最初は全員で手をつないで大きなサークルを作るようにした。4列横隊を作っていた時には，なかなか教室から出てこなかった子供達も，私がグランドでサークルを作り出すと，仲間意識が強いのでみんな慌てて出てくるようになった。また，一度に授業をおこなう人数は20人～80人くらいと幅があるため，最初にサークルを作ることで，そのクラスの人数を把握することができた。数少ない道具で授業をおこなう工夫もした。たとえば，バレーボールを使ってバスケットボールをするときには空気を多めにいれてバウンドしやすくし，逆にキックベースやドッジボールをするときにはボールが転がりすぎないために，空気を少し抜いておくことで，ゲーム性を向上させることができた。組体操をおこなうときには砂浜でおこなえば子供たちの恐怖心を和らげ，怪我を防ぐこともできた。逆立ちは子供達にとって人生で初めて見る動きで，最初は怖がっていたが，「この動きはブルース・リーに習ったのだ！」と嘘をつくことで，男子児童のやる気を高めることができた。同じように授業中に集中力がなくなった時には，簡単な空手の型を取り入れ，日本人イコール空手・カンフーと思っている生徒の集中力を取り戻すことができた。日本の小学校でもやっている「いち，にのさ～ん，にのしのご……」で始まる指遊びは生徒だけではなく，先生達にも好評だった。

　先輩隊員からのアドバイスで役立ったのは「足りていないのは道具ではなく，自分の創造力」。また，協力隊のモットーは「今あるもので何とかする」だった。日本から持ってきたものでしか授業を組み立てられないのであれば，日本から道具を送り続けないと体育

255

第3部　スポーツをささえる

は継続できない。道具がないとできない体育はバヌアツ全土には広まらないし持続可能ではない。協力隊の活動は「魚を与えて一日を養うのではなく，漁法を伝えて一生を養う」活動であり，途上国の人達の自立を促すもの。私の要請に例えると，私が2年間，現地の子供に直接体育を教え続けることは，現地の先生が現地の子供達に体育を教える機会を私が2年間奪っているだけとなる。必ずどこかのタイミングで，現地の先生を巻き込み，自分の帰国後には現地の先生だけで体育の授業を運営する体制を作らなければならない，というものだった。

　結局2年間でそこまでの体制を作ることはできなかったが，10年後，20年後に教員となった私の教え子達が，未来の協力隊員と一緒に体育を広めてくれれば，その時に自分の活動が花開くのではないかと考えている。

　日本で社会人経験を積んでから協力隊に参加することももちろん良いが，大学を卒業してすぐに協力隊に参加すれば，日本のやり方にとらわれない柔軟な発想ができる。また，協力隊の選考では，教員経験のある人は首都の教員養成学校，新卒で参加する人は，ローカルな小学校に派遣するなど，その人にあった配属先を考えてくれる。もし関心があれば，まずは参加してみることをお勧めする。

◆第4部◆

スポーツをひらく

第10章 スポーツに国境はあるのか？

伊地知紀子

1 日本代表とは？

2015年ラグビーワールド杯で，日本代表が世界最高勝率82％の南アフリカ代表を破り歴史的勝利を挙げたことから，しばらくラグビーはメディアの注目を集めていた。このとき，日本代表を構成していた選手たちを見て，「なぜ，この人たちが日本代表なの？」と思った人は少なくなかっただろう。肌や目の色，体格など，どこかで腑に落ちないまま，とにかく世界一になったこともある強豪国に日本代表が勝ったのだからと，何となく繰り返し報道される勝利場面を喜びながら眺めていたのかもしれない。

話題になった競技は，15人制ラグビー（一般に「ラグビー」と呼ばれるもの）で，日本代表チームの選手になるには日本国籍を必須としない。「出生地が当該国」，「両親または祖父母のうち一人が当該国出身」，「当該国に36か月以上継続して居住している」という三要件のいずれかを満たしていれば，基本的には外国籍であっても日本代表になれる。このルールは日本だけかというと，そうではなく国際ルールなのである。では，誰でも認められれば，どの国の代表にもなれるのかというとそうではない。一度，ある国の代表になると別の国で代表選手になることはできない。つまり，現在日本代表になっている外国籍選手は，もちろん能力を認められて選ばれているわけだが，本人も強い決断をしたうえで代表という立場を引き

第4部　スポーツをひらく

受けているのである。

　ラグビーはそもそも日本古来の競技ではないから，外国籍者が入るのも仕方ないのではと思った人もいるかもしれない。では，日本の国技である相撲はどうだろう。2018年9月の秋場所では，モンゴル22人を筆頭にブラジル，ハンガリー，フィリピンなど計10か国33人の外国籍力士が番付に載っている。実は，力士になる条件には国籍条項がない。そのため，海外へスカウトに行くことは珍しくなく，力士になるために日本に来る人びとも後を絶たない。近年の横綱がモンゴル出身力士で占められるようになっていることからもわかるように，外国籍力士の活躍が目立つ。角界を盛り上げたいからといって，世界中から強い力士になれる人を集めれば良いのか，悩んだ末に日本相撲協会がとった選択は，外国籍力士の人数制限である。

　そもそも，スポーツとは参加の機会平等と競技条件の平等というフェアネスの精神に基づくものであるのに，そうともいえない事情があることが垣間見える。実は，私たちがスポーツと呼んでいる競技は，近代スポーツとして以前のものと区別される。アレン・グットマン（1981：31-95）は，近代スポーツには，世俗化，条件の平等化，役割の専門化，合理化，官僚制的組織化，数量化，記録の追求の7つの特徴があると指摘した。とはいっても，いずれの地域においてもこの7つの特徴が同時に見出されるのではない。本章では，平等化を阻んできた要因として，レイシズムに着目する。レイシズムとは，人種主義と長らく表現されてきた概念である。人種主義（レイシズム）について，社会階層論と社会意識論について研究する金明秀は次のように解説している。

　　　日本で人種主義といえば人種差別と同じ意味だと捉えられることが多いようですが，海外での用法は少し違います。身近な例をあげ

第 10 章　スポーツに国境はあるのか？

るなら，「日本人以外にはアパートに入居させない」というのは多
くの国で法的に禁じられている人種差別ですが，「日本人でなけれ
ば部屋を汚したり多人数で住んだり入居ルールに違反したりする」
などと考えたり，「日本人かどうか」というレイシャルな属性を入
居審査の基準に用いることがすでに人種主義ということになります。
ようするに，何らかの問題を人種・民族のせいにしてしまうことを
人種主義というわけです（金 2018：75‐76）。

　アメリカ野球界の例をみてみよう。アメリカでは，1900 年頃ま
ではアフリカ系アメリカ人の野球選手は存在していた。しかし，レ
イシズムが強まるなかで姿を消されてしまった。その後，メジャー
リーグでアフリカ系アメリカ人選手が登場したのは，1947 年だ。
当の選手であるジャッキー・ロビンソンを描いた映画『42〜世界を
変えた男〜』（2013 年制作のアメリカ映画）は，野球映画史上最高の
オープニング記録を達成した。ジャッキー・ロビンソンは，スカウ
ト当時「ニグロリーグ」に在籍していた。
　ニグロリーグとは，1920 年から 1960 年まで存在したプロ野球リ
ーグである。まさにレイシズム丸出しの野球界だが，ジャッキー・
ロビンソンの大活躍から，アフリカ系アメリカ人選手がどんどんメ
ジャーリーグにスカウトされるようになり，後の黒人解放運動の流
れによる後押しもあってニグロリーグは消滅した。このように，ス
ポーツとレイシズムは地域や時代のありようと大きく関わっている。
　次の章では，日本社会と朝鮮半島出身者との関わりからみるスポ
ーツとレイシズムについて考えてみよう。

2　目指すは勝利

　アジアで最初にオリンピックを開催したのは日本だった。1964

第4部　スポーツをひらく

写真10-1　ベルリンオリンピックで力走する孫基禎

提供：朝日新聞社

年の東京オリンピックである。その24年後，二番目の開催国となったのは大韓民国（韓国）であった。1988年開催のソウルオリンピックで，聖火を手に点火するスタジアムに入ってきた走者は当時76歳だった孫基禎（ソン・キジョン）だった。韓国でマラソンの普及に尽力，大韓陸上競技連盟会長に就任し聖火ランナーとして走った彼は，オリンピック男子マラソンの金メダリストだ。

孫基禎が出場したのは，1936年開催のベルリンオリンピックである。スポーツとレイシズムについて考えるとき，ベルリンオリンピックの成り立ちを知っておくことは重要なので，ここで寄り道しておこう。

　ベルリンオリンピックを主催したのはナチスドイツであった。開催決定となった1932年当時のドイツはワイマール共和国であったが，翌33年にナチスが政権をとった。今では見慣れた聖火リレーだが，実はベルリンオリンピックが初発なのである。アーリア人こそがギリシャ人直系の子孫であるというヒトラーによる優越神話を立証すべく，聖火は国境を超え始めた。これを強化するために，アーリア人以外の，ユダヤ人，ロマ族の人びとはドイツにおけるスポーツに関わる全ての場から排除された。ただ，自らのレイシズムを隠蔽するために数名のユダヤ人選手が競技への参加を許可された。

　他方，こうした排外政策に対するボイコット運動は，在独ユダヤ人組織によるものだけではなく，アメリカ，イギリス，フランス，スウェーデン，チェコスロバキア，オランダ各地で具体化した。ベルリンオリンピックは成功裏に幕を閉じ，その後間もなくドイツは

262

第 10 章　スポーツに国境はあるのか？

ポーランドに侵攻，第二次世界大戦が勃発し，ホロコーストが始まったのである。

　孫基禎の話に戻ろう。孫基禎は，このベルリンオリンピックに参加し，当時のオリンピック記録となった 2 時間 29 分 19 秒で金メダルを獲得した。その時，彼は日本代表だった。なぜなら，日本が朝鮮を植民地支配したからである。朝鮮人選手が植民地期に日本代表として出場したのは，1932 年のロスアンゼルスオリンピックが最初である。植民地期に朝鮮人選手が日本代表として出場することについて，スポーツ史を研究する金誠は次の二点を指摘している（金 2017：174）。①国際社会に対して日本の植民地政策が成功裏に遂行されていると印象づける可能性がある，②日本人以上の身体能力をもつ朝鮮人青年への期待が朝鮮民族のナショナリズムを喚起し，彼らのプライドを刺激するものではあったが，同時に彼らを内鮮融和の象徴へとおとしめる危険性をはらんでいた。

　「内鮮融和」とは，日本が朝鮮に対する植民地支配を正当化し，日本人と朝鮮人の対立を緩和し身も心も「日本人化」するという同化政策へのスローガンであった。金の指摘にあるように，日本代表となった朝鮮人選手は葛藤を抱えることになった。これは，当時の新聞報道からも見てとることができる。

　孫基禎は，銅メダルとなった南昇竜（ナム・スンヨン）とともに，胸に日の丸を貼り付けて競技に参加し表彰台に上がった。彼らの姿は，どのように報道されたのか。日本側メディアは，二人の活躍を世界に躍進する「日本」を象徴するものとして位置付け，日本人教員からの恩義に勝利で報いる朝鮮人選手美談が記された。

　他方，朝鮮側メディアでは，植民地支配された朝鮮人を励ます記述が展開された。大会直後，朝鮮人によって公刊されていた『東亜日報』は，8 月 11 日付で「今や孫南両勇士の世界的優勝は朝鮮の血を湧かせ挑戦の脈拍を躍らせた，而して一度起てば世界も掌中に

第4部　スポーツをひらく

ありと信念と気概を持たしめた」と彼らの偉業を報じた。さらに，8月25日付の記事で，彼の胸に貼られた日の丸が黒く塗りつぶされた表彰式写真を掲載した。これは「日章旗抹消事件」と呼ばれている。朝鮮総督府は，朝鮮の独立への動きや反日運動につながることを恐れ，『東亜日報』に無期限停刊を命じ，孫基禎を監視下に置いた。

　孫基禎は，日本によって植民地化されていた朝鮮半島に生まれ，幼い頃から大好きだった走ることだけは，どんなに抑圧された状況にあってもけっして諦めなかった。しかし，彼は自分の才能が認められれば良いという個人的満足のためであれば，日本人になることは厭わないという思いで日本代表になったのではない。彼は，ベルリンでサインを求められた時はハングルで書き，どこから来たのかという質問には「KOREA」と答えていた。

　1945年に朝鮮は解放され，1948年に南北に分断され，孫基禎は韓国籍者となった。しかし，国際オリンピック委員会における彼の記録の国籍表記は，未だ日本である。同委員会のHPには，以下のような記述がある（Olympic.org HP）。

On 3 November 1935, Sohn Kee-chung of Korea（South Korea）set a world marathon record of 2：26：42.0. Because Korea was, at the time, occupied by Japanese forces, Sohn's hopes for competing in the 1936 Olympics depended on his ability to qualify for the Japanese team. This he accomplished, as did fellow Korean Nam Seung-yong. Both young men were forced to adopt Japanese names（his participation is recorded under the Japanese name Son Kitei）.

1935年10月3日，朝鮮（南）のソン・キ・チョンは2時間26分42秒の世界マラソン記録を残した。当時，朝鮮は日本によって支配されており，ソンは1936年オリンピックへの参加という願いを叶えるため，自分の才能を日本チームに委ねたのである。朝鮮のナム・

第 10 章　スポーツに国境はあるのか？

ソン・ヨンも彼と同様だった。二人の若者は日本の名前の使用を強いられた（彼の出場記録は日本名ソン・キテイと記録されている）。

　孫基禎は，植民地支配により国籍を日本とされたのみならず，名前は朝鮮語の発音による「キジョン」ではなく，出場時に登録された日本語読みの「キテイ」のまま現在まで記録として残っている。

　彼の記録は，誰のものなのだろうか。

3　選手になりたい！

　2016 年，『海峡を越えた野球少年』（2014 年製作の韓国映画）という映画が日本で公開された。1956 年から 1997 年まで続いた「在日僑胞学生野球団母国訪問試合」にスポットライトを当てた作品である。「在日僑胞」とは，日本に在住する朝鮮半島出身者とその子孫，つまり在日コリアンを指す。「在日僑胞学生野球団」は，韓国日報を創刊した張基栄（チャン・キヨン）が新聞拡販事業のために発案したものだった。この野球団は，日本の野球を伝える役割も果たすことになった。

　映画は，韓国での野球人気を生み出す土台を作ったかつての在日コリアン球児たちを再度招集し，韓国のプロ野球公式戦始球式をおこなうまでを追ったドキュメンタリーである。対象となったのは，韓国でプロ野球が発足した 1982 年に野球団の一員として玄界灘を渡った人びとであった。ただ，ここでは，彼らの野球愛や韓国でプレイすることの喜びだけが映し出されるのではない。彼らが発するのは，日本で生まれ育った在日コリアン二世の抱くさまざまな違和感であり，それは文化の違いや言葉の壁と「祖国」への言語化し難い共感がないまぜとなった相反するような感情のぶれを伴う。この映画は，日本と朝鮮半島の狭間で生きる在日コリアンの姿を，野球

265

第4部　スポーツをひらく

という窓をとおして映し出したのである。

　前節での孫基禎がそうであったように，日本による植民地支配により朝鮮人野球選手もまた日本人選手としてプレイすることを余儀なくされた。日本の敗戦前にも，プロ野球界に朝鮮人選手はいた。孫基禎や南昇龍と同じ時代に明治大学に在学していた李八龍（イ・パリョン）である。1918年に釜山で生まれ，24年に下関に渡った。1942年に東京巨人軍へ入団。野球選手としての名前は，藤本八龍，そして藤本英雄と変わっていった（結婚後は妻の姓を用い中上英雄）。敗戦直前の25歳で日本プロ野球史上初最年少記録となる監督就任，1946年まで選手と兼任した。1955年に引退後は，日本のプロ野球に関わりつつ，韓国野球協会設立にも尽力した。

　敗戦後も日本の野球界を盛り上げた在日コリアン選手は数多くいるが，日本名を名乗っていることがほとんどであり，名前から朝鮮半島にルーツを持つ者であることはわかりにくい。そのなかで，藤本英雄のように韓国野球の発展に尽力した選手に張本勲がいる。張本勲は，1940年広島市生まれである。本籍地は韓国慶尚南道にある。名前は日本名を用いているが，幼少時から出自を隠すことはなかったという[1]。58年には，前述した「在日僑胞学生野球団」の選手として初めて韓国を訪れた。

　　在日高校生選抜チームの4番としてソウルに降り立ち，「アリラン」「トラジ」の演奏で出迎えられた。胸がきゅーんとなりました。おふくろの生まれた国だ，俺は韓国人なんだと認識しました。大邱（テグ）から馬山（マサン）に行く途中のおやじの里も訪ね墓参りもできた。祖父母は健在で，おばあさんに何度も顔をなでられました。私にとって韓国は生みの親，日本は育ての親です。そして生粋の広島県人だと思っています（中国新聞ヒロシマ平和メディアセンターHP 2011.1.29）。

第 10 章　スポーツに国境はあるのか？

　韓国では，張本勲の活躍は，民族名の「張勲」（チャン・フン）という名前で報道された。なぜ名前が二つあるのか。その源流は，2で取り上げた同化政策の一環として押し進められた創氏改名にある。創氏改名とは，朝鮮の姓名を日本の氏名に変更させるという単純な政策ではなかった。創氏改名の最大の狙いは，「家族制度の日本化と名前の日本化」による同化政策にあったことを，在日朝鮮人の法律研究者であった金英達は喝破した（金・宮田・梁 1992：51‐55）。

　その狙いについて，朝鮮史研究者である水野直樹は以下のように指摘する。

　　総督府は男系血統にもとづく宗族集団の存在を植民地支配にとって不都合なものとして考えていた。なぜなら，天皇を宗家とし，その下に臣民である家長の率いる各家が分家として存在すると観念されていた日本の国家・社会体制と違って，朝鮮社会に強固な宗族集団が存在することは，天皇の名による植民地支配体制を不安定なものにしかねない，という認識があったからである。そのため，総督府は，朝鮮の宗族集団の力を弱めるとともに，日本民法の親族・相続に関する規定に近づけることを図った。つまり，「家族制度」を日本化するという意図である（水野 2008：30‐31）。

　この意図を具体化した政策が，1940年2月11日施行の第三次朝鮮民事令改正であった。ここで，民法第746条を適用し，戸主とその家族は「家の氏を称す」こと，氏は戸主が定めることとしたのである。日本的な「家」制度を導入し天皇への忠誠心を植え付けるために採られたこの改正は，同一戸籍に属する朝鮮人の姓を同一氏に統一することであった。朝鮮の慣習においては婚姻による夫妻の姓における変更は生じない。そこで，朝鮮の血統による共同体意識を解体し，同一戸籍は同一氏という日本式氏をもって天皇の分家であ

267

第4部　スポーツをひらく

るという認識を植え付けようとするものであった。

　これに加えて，民事令改正にともなって公布された「朝鮮人の氏名変更に関する件」（朝鮮総督府令第222号）により，それ以前の「内地人に紛らわしい姓名」を禁止・制限してきた法令が，「内地人風の氏名」，つまり氏の創り方を日本風の氏名にするよう改めるための法令に置き換えられた。日本風といっても歴代天皇の諱・名は使用できないという制限がかけられた。一方，朝鮮人であることを明確に示すような他の姓，あるいは夫婦の姓を合わせる二文字の氏（例として，金李や朴高など）は認められなかった。

　朝鮮人のアイデンティティの根幹となる姓を変更させ，共同体意識を解体することを狙いとした創氏改名が強制されるなか，朝鮮人は多様な抵抗を試みた[2]。姓の一文字を氏に取り入れたり，本貫[3]を氏に採用したりする事例が多々見られたが，これについて水野直樹は，朝鮮総督府が日本人と朝鮮人を差異化するために誘導したものであったと指摘している（水野 2008：145-148）。つまり，同化政策の主軸となった創氏改名であったが，朝鮮人を完全に「日本人化」させることなく常に差異を設定し，同一社会にいながらも「不完全な人間」であるという意識を植え付けていく装置でもあった。それゆえ，朝鮮人にとっての日本名＝通称名は，一民族としての欠損を強いるものとして生み出されたのであり，ある事情がゆえに一時別の人物として名乗るために日本人が個人的に用いる通称名とは全く異なる歴史を抱いていることを理解する必要がある。

　そのうえで，在日コリアンが自らの名前を日本名で名乗っているからといって，自らの出自を否定的に捉えているであるとか，日本社会に同化していると結論づけるのは短絡である。第2節では日本敗戦前の朝鮮人選手について取り上げたが，敗戦後も日本にとどまらざるをえなかった在日コリアンは，植民地支配から解放されたはずであるにもかかわらず，日本社会の排除と差別の壁により，住居，

第 10 章　スポーツに国境はあるのか？

就職，教育，社会福祉などの制度的差別や，まなざしや態度，言葉
遣いといった人間関係における差別的対応のなかで生活することを
余儀なくされてきた。

　名前を日本名で名乗ることにより，直接的な差別を受けることを
避けられるという現実ゆえに，民族名を子どもにつけない親もいる。
また，日本人と在日コリアンの親から生まれた子どもが，日本人の
親の氏を用いる場合もある。名乗り方については，たとえば，一人
の在日コリアンが日本名の名前の読み方を朝鮮語の発音にする時も
あれば，民族名を用いる時もあるという場合がある。昨今もヘイト
スピーチが続く状況が明示するように，日本社会において，迷わず
子どもに民族名をつけ，ためらわずに本人が名乗ることができる歴
史は築かれてこなかった。

　張本勲が「在日僑胞学生野球団」の選手として初めて韓国を訪れ
た時に，「私にとって韓国は生みの親，日本は育ての親です。そし
て生粋の広島県人だと思っています」と述べた言葉を，国民国家の
国威発揚に結びつけられる単一ナショナリズムで説明することは可
能だろうか。

4　全国大会に出場したい

4.1.　国体の国籍条項

　張本勲が中学生の時に記した夢は，プロ野球の選手になることだ
った。幼少期から得意とするスポーツの選手になるという夢を持つ
ことは，地域や民族を問わない。けれども，夢を具体化するプロセ
スにおいて，居住する社会の制度が障壁として立ちはだかることが
現実にある。

　孫基禎が日本代表としてオリンピックに参加したのは，朝鮮が日
本により植民地支配されることにより，朝鮮人は「日本国籍」者と

269

第4部　スポーツをひらく

されたからであった。日本の敗戦までに植民地朝鮮から日本に渡った人びとは約 200 万人にのぼる。そのうち，戦争が終わり植民地支配から解放された朝鮮への帰郷を目指した人びとは約 140 万人，出発を見合わせて日本に留まった人びとは約 60 万人いた。

　そのなかには，当然学齢期の子どももいた。解放前から日本にいた子どもたちのうち，学校に通える状況にある者は，就学前教育機関である幼稚園から最高学府である大学まで入学していた。敗戦＝朝鮮の解放後も続いて日本に残った者は，以前と同様に日本の公立私立学校に通い続けたり，解放後に日本全国各地で開校された国語講習所に行くようになる。国語講習所とは，解放まで朝鮮人が禁止されていた朝鮮語を学ぶために，解放後に日本全国各地で立ち上げられた。1946 年以降には名称を初等学院とし，開設地域名が付されていった。ちょうどこの頃，中学 3 年以上の青少年から成年を参加対象とする国民体育大会がスタートする。

　国民体育大会（以下，国体）とは，「敗戦直後の一九四六年に大日本体育大会（一九四八年一一月，日本体育協会に改組）の主催により，荒廃で娯楽を失った国民と青少年にスポーツの喜びを与え，日本国内に広くスポーツを普及させる目的で，戦禍をまぬかれた京都府を中心とする京阪神地域で第一回目が開催されたスポーツ・イベントである」。現在まで継続している国体は，「スポーツ大会として唯一法律（「スポーツ振興法」）に明記されており，日本政府が一つの政策として，日本のスポーツ振興の装置として機能させてきた歴史」を有し，1950 年から文部省（現・文科省）が，その後は開催県が主催者に含まれるようになり，「三者共催形態となって，徐々に行政色の濃い大会運営へと方向づけられる」ようになってきた（権 2006：11‐12）。

　国体の参加資格については，1946 年の第一回大会開催時に定めた「大綱」に「国籍条項」が盛り込まれたため，外国籍選手は参加

不可能となった。敗戦前から在留している朝鮮半島出身者は日本国籍の保持が認められながらも外国人登録の対象となるという，ねじれた対応をされていた。その後，1952 年サンフランシスコ平和条約発行直前に法務府（現・法務省）民事局長が出した「平和条約の発行に伴う朝鮮人，台湾人等に関する国籍及び戸籍事務の処理について」という通達により，それまで一方的に付与されていた日本国籍を今度は一方的に剥奪されることになった。それゆえ，この時点までは朝鮮半島出身者も大会参加資格を有していたといえる。

　2018 年現在，朝鮮半島出身者について日本政府が認めている国籍は大韓民国のみである。1965 年日韓条約にともなう「日本国に居住する大韓民国国民の法的地位及び待遇に関する日本国と大韓民国との協定」（「日韓法的地位協定」）の締結により，外国人登録証（現在は在留カード）の国籍欄を「韓国」に変更した者は永住資格付与の対象となったのである（協定永住と呼ばれている）。

　そもそも朝鮮半島に二つの国家が成立したのは 1948 年である。1945 年 8 月 15 日，日本による植民地支配から解き放たれた朝鮮では，自発的な権力組織づくりが始まっていた。しかし，日本に取って代わってこの地域の支配権を狙う米ソの介入により，朝鮮人たちもまた南北に切り分けられてしまう。こうした動きに最後まで抵抗していた朝鮮半島南部に位置する済州島では，1948 年 5 月 10 日の南朝鮮単独政府樹立選挙に反対する人びとが，同年 4 月 3 日に武装蜂起した。済州 4・3 と呼ばれるこの動きを弾圧するために，米軍政が本土から警察や右翼団体を投入し 3 万人ともいわれる人びとが虐殺された。こうした最中に，8 月には大韓民国が，9 月には朝鮮民主主義人民共和国が樹立され，ほどなく同じ民族同士による朝鮮戦争が 50 年に勃発する。実際には米ソの代理戦争であり，朝鮮人は冷戦構造下のイデオロギー対立に巻き込まれていった。

　日本に在留する朝鮮半島出身者は，日韓条約までは朝鮮半島のい

第4部　スポーツをひらく

ずれの国家の国籍保有者であることは認められなかった。そのため，当時日本国籍を保持しているとされながらも 1947 年に要請された外国人登録において，人びとは国籍欄に「朝鮮」と記していた。しかし，これは国籍ではなく地域を示す記号である。日韓条約以後は「韓国」のみが国籍として認められており，現在まで「朝鮮」と記してある者は無国籍者として扱われる。ただ，解放前からサンフランシスコ平和条約発効時まで継続して日本に在留していた朝鮮半島出身者とその子については，「朝鮮」のままでいる者についても在留資格は保留され，1985 年の難民条約加入にともない永住資格を付与された（特例永住と呼ばれている）。さらに，協定永住および特例永住者の子孫の在留資格が保留されたままである問題が残っていたが，これについては 1991 年の「日本国との平和条約に基づき日本の国籍を離脱した者等の出入国管理に関する特例法」により，すべてをまとめた特別永住資格が定められた。

　時代を経るなかで，朝鮮半島にルーツを有する日本国籍者も増えてきており，自らを国籍で規定せず在日コリアンと名乗る人びともいる。国体が排除している外国籍者とは，在日コリアンの場合，在留外国人統計に「韓国・朝鮮籍」と分類される人びとである（2015年末統計から，韓国と朝鮮を分離集計）。

　この永住資格を有する人も含めた外国籍選手の国体参加問題が初めて国会で取り上げられたのは，1975 年である。話題は王貞治についてであった。王貞治は中華民国籍者であるが，敗戦前から日本に在留する者についての対応は，朝鮮半島出身者同様であるため永住資格を有する。興味深いのは，王貞治のように大活躍する選手が有能であるのにもかかわらず国体に出られないのはどうなのか，という問いから検討が始まったことである。このとき，王貞治はすでに巨人軍のスーパースターとして張本勲とともに人気を博していた。王貞治は，甲子園の選抜高校野球大会で早稲田実業の投手として優

第 10 章　スポーツに国境はあるのか？

勝経験がある。張本勲も甲子園を目指していたが，大会直前の部内問題で出場できなかった。二人とも外国籍選手であるが，彼らが甲子園を目指すことができたのは，学校教育法第一条に基づく高校に入学したからであった。

　学校教育法第一条項では，「学校」を以下のように定めている。学校とは，幼稚園，小学校，中学校，義務教育学校，高等学校，中等教育学校，特別支援学校，大学及び高等専門学校である。これらを「一条校」とも呼ぶが，その教育課程は，文部科学省が公示する教育要領・学習指導要領に基づいて定められる。国体の外国籍選手の参加問題は，1980 年代に入り新たな段階に入る。81 年度の滋賀国体から一条校である高校在籍の外国籍生徒の参加が認められ，87年度の京都国体からは一条校である中学在籍者，90 年度の福岡国体からは留学生を除く大学生が出場可能となった。

4.2. 多様な地域住民

　国体における外国籍選手の参加資格をめぐる議論は，インターハイ（全国高等学校総合体育大会）でも取り上げられるようになった[4]。1990 年に大阪朝鮮高級学校女子バレーボール部が大阪府高体連への新規加盟を認められ，府の春季大会へエントリーし，第一次予選を突破し第二次予選出場へ進んだ段階で参加資格がないことが判明し，「非加盟校」ということで途中辞退を求められた。高体連側のミスだったのである。92 年，日本弁護士連合会はこれを人権侵害であるとして文部省に改善勧告を出し，高体連にも善処の要望を求めた。高体連はこれを受け，94 年度からの同連盟主催の大会への各種学校の参加承認をしたが，加盟は認めないという特例措置を理事会で決定した。高体連の決定に続き，96 年には全国中学校体育連盟（中体連）主催の大会にも参加は可能となった。

　いかなる形態であっても，一条校ではない朝鮮学校とインターナ

273

第4部　スポーツをひらく

ショナルスクールの生徒の参加を拒んでいたのは，国体であった。参加資格の障壁となる「国籍条項」そのものの撤廃へ向けた動きは，1995年に大阪府から生まれた。ちょうど同年2月，最高裁が定住外国人への地方自治体の選挙権付与について判決を出した。主文では請求棄却としたが，傍論部分において「憲法は法律をもって居住する区域の地方公共団体と特段に緊密な関係を持つに至った定住外国人に対し地方参政権を付与することを禁止していないが，それは国の立法政策にかかわる事柄であって，そのような立法を行わないからといって違憲の問題は生じない」という判断を示した時期でもあった。つまり，定住外国人は一時滞在者なのではなく，外国籍者であっても等しく地域の住民であることを司法が認めたのである。

　大阪府は，都道府県に住む定住外国人については日本国籍がなくとも国体に参加できるよう開催基準要項改正を求める報告書をまとめた。これに続いて，広島，神奈川の知事が同要望書を国対委員会を包摂する日本体育協会（日体協，2018年より「日本スポーツ協会」と改称）と文部省へ提出した。三府県の主張は，国体は都道府県対抗の国体にあって同じ地域で生活する住民を国籍で分ける必要はないというものであった。1996年には，同じく大阪，広島，神奈川の三府県の体育協会も，日体協会長宛に国籍条項の見直しについて要望書を提出している。この時期すでに，各都道府県の選手に強化策として留学生が入ってくるようになっていた。そこで，96年国体検討小委員会はまず，一条校に在籍または卒業した永住者や，一条校に一年以上在籍している高校の留学生へと門戸を開くことにし，97年度大阪国体から適用となった。さらに，2006年兵庫国体以降は，次のような参加資格が総則に明記されることにより，これまで参加資格を与えられてこなかった朝鮮学校のみに在籍経験のある永住権者にも門戸を開いたのである。

第10章　スポーツに国境はあるのか？

(1)　参加資格

ア　日本国籍を有する者であることとするが，監督及び選手のうち
　　次の者については，日本国籍を有しない者であっても，成年又は
　　少年の種別に参加することができる。

　　(ア)　出入国管理及び難民認定法に定める在留資格のうち永住者
　　　　（日本国との平和条約に基づき日本の国籍を離脱した者等の出入国
　　　　管理に関する特例法に定める特別永住者を含む。）

　　(イ)　学校教育法第1条に規定する学校に在籍する学生又は生徒
　　　　ただし，

　　　　a　出入国管理及び難民認定法に定める在留資格のうち，就
　　　　　学生及び家族滞在（中学3年生）については，大会実施要
　　　　　項が定める参加申込締切時に1年以上在籍していること。

　　　　b　出入国管理及び難民認定法に定める在留資格のうち，留
　　　　　学生については，参加できない。

　　(ウ)　参加しようとする当該年以前に前号(イ)の規定に該当してい
　　　　た者。

　国体が地域住民の多様性にようやく追いついてきたといえるだろ
う。外国籍選手への対応の変遷のなかで，最も長く排除されてきた
のは朝鮮学校の生徒たちである。朝鮮学校の生徒たちについては，
スポーツ大会への参加資格だけではなく，一条校と同様の学校運営
をおこなっているにもかかわらず各種学校とされることにより，通
学定期や受験などに対する差別的処遇が続き，加えて学校や生徒た
ちに対するヘイトクライムが絶えない。こうした事実を踏まえ，
1998年以降国連子どもの権利条約委員会，国連人権規約委員会，
人種差別撤廃条約委員会，社会権規約委員会から日本政府に対して
差別待遇の是正勧告が再三出されている。

　制度が現実に追いついていかないなか，スポーツの現場では多様
な国籍や出自を有する選手の活躍が広がっている。厳しい境遇を強

275

第4部　スポーツをひらく

いられてきた朝鮮学校のなかで強豪チームといわれてきた大阪朝鮮高級学校ラグビー部は，2003年に全国高校学校ラグビー選手権大会に大阪府代表として初出場して以来，2018年度を含め4回代表となってきた。また，2017年度高校ラグビー日本代表に2年生の李承信（リ・スンシン）が選ばれている。ラグビー以外でも，スポーツ留学生まで含めるとサッカー，バスケットボール，陸上などで多様なルーツをもつ選手の活躍を目にする。

　こうした現状を抱える日本のスポーツにおけるナショナリズムは，今後どのように形作られていくだろうか。

5　新たな地平をつくれるのか

　近年日本のスポーツ界では，ミックスルーツを持つ選手たちの活躍が話題に上るようになってきた。こうしたなか，2015年全国高校野球選手権大会に出場した関東第一高校のオコエ瑠偉選手をめぐる報道について，レイシズムに満ちた記事が掲載された。オコエ瑠偉選手は父がナイジェリア人，母が日本人である。問題となったのは，同年8月12日付の「スポーツ報知」の記事だった。オコエ瑠偉選手の活躍を，「野性味を全開させた」「真夏の甲子園が，サバンナと化した」と書き立てた。これについては批判が相次ぎ，報知新聞社はウェブ版の該当記事を取り消した。

　しかしながら，同様の事態は続いている。2016年リオ五輪で4×100メートルリレーの銀メダリストの一人となった，ケンブリッジ飛鳥選手は，父がジャマイカ人，母が日本人である。2018年に掲載されたインタビューのやりとりに以下のような部分がある。

　　「サンバが踊れるって聞いたことがあるんですけれど，どうなんでしょう？」

第 10 章　スポーツに国境はあるのか？

音楽が関係するイベントということもあり，開口一番こう切り出した私の質問に，ケンブリッジ選手は笑顔を見せた。
「踊れないですよ。リズム感ないですし（笑）」
カラオケにも滅多に行かないというケンブリッジ選手。ただ，音楽は邦楽より洋楽が好みだ（Spread sports HP 2018.5.12）。

　父がジャマイカ人であるということからの偏見による質問であった。いずれも日本のスポーツ界に所属する選手たちである。
　さらに，2018 年に入ってはテニスの全米オープンで優勝した大坂なおみ選手の話題がメディアの関心を集めた。ハイチ系アメリカ人の父と日本人の母の間に生まれた彼女は，3 歳で渡米して以来アメリカが生活拠点である。そのため，英語が母語である彼女に，優勝後の取材では各メディアは何とか日本語で答えるように仕向け，彼女のなかに何とかして「日本人らしさ」を発見しようと「抹茶アイスクリームはもう食べた？」と質問する。安倍首相も，「大坂なおみ選手，全米オープンの優勝，おめでとうございます。四大大会で日本選手初のチャンピオン」との祝辞を送った。9 月 13 日に横浜市内での記者会見では次のような質疑応答があった。

　通訳：He wants to know how you feel about that and how you think of
　　　　your own identity as Japanese.
　　　　（そのことをどう思うのか，それから自分の日本人としてのアイ
　　　　デンティティについてどう考えるかを教えてほしいという質問で
　　　　す。）
　大坂選手：Firstly, ありがとうございます。And then, I mean, I don't
　　　　really think too much about my identity or whatever. For me, I'm
　　　　just me. And I know that the way that I was brought up. I don't
　　　　know, people tell me I act kind of Japanese so I guess there's that.
　　　　But other than that, if you were talking about tennis I think my

第4部　スポーツをひらく

tennis is very — not very Japanese.
（まず，ありがとうございます。そして，私は自分のアイデンティティについてそこまで深く考えることがなくて，私にとって，私は私としか思っていません。私は，自分がどのように育ってきたか分かっています。自分で意識していませんが，私の振る舞いが日本人らしいと言う人もいるので，きっとそう言う部分もあるのでしょう。でもそれ以外で，もしテニスの話なら，あまり日本のスタイルらしくないという風に思います。）

　これは，質問をしたハフィントンポスト日本版の濱田理央記者の記事からの引用である。（huffingtonpost.jp　2018年9月20日付）。濱田記者は，自分が大坂選手のアイデンティティや日本人観について尋ねたこの質問と彼女の答えをめぐり，ネット上で大坂なおみ選手が「日本人なのかどうか」を査定する話題を提供することになったため，改めて質問の意図を記事にした。濱田記者は，大坂なおみ選手の日本人度を確認するためにこの質問をしたのではなかった。これまでの取材で，日本社会で被る有形無形の差別を知り，所属意識やアイデンティティをうまく形成できずに悩むミックスルーツをもつ人びとに出会ってきた濱田記者は，大坂なおみ選手へのインタビューをとおして，アイデンティティに悩む人へのメッセージや生き方を考えるきっかけになることを期待していたのだった。いずれの事例も，相手の日本人度を軸にメッセージを発信するという点において，日本社会がいかに多様な自画像を捉えられていないのかを示している。

　ここまで取り上げてきた内容だけをみても，日本のスポーツ界では多様な選手が存在してきたことがわかる。加えて1990年代以降は，日本にはより多様な地域から来た人びとが居住するようになっている。89年の出入国管理法の改定（90年5月施行）により「定住

第 10 章　スポーツに国境はあるのか？

者」という在留資格が創設され，日系 3 世までは一部の例外を除き就労可能な法的地位が付与されることになった。これにより，ブラジル，ペルー，ボリビアといった中南米諸国からの来日者が増加したのである。こうしたなかで，オコエ瑠偉選手やケンブリッジ飛鳥選手，大坂なおみ選手のようなミックスルーツを持つ子どもたちの多くが，日本を母国とし日本語を母語として育ってきた。さらに，日本政府は労働者不足に対応するために出入国管理法を改定し，2019 年 4 月から新たな制度である「特定技能」資格を有する外国人労働者を約 34 万人受け入れる。今後，日本社会はさらに多様な住民によって構成されるのである。

　彼らを偏狭なナショナリズムで選別することなく，勝利の歓喜と敗北の鬱憤の代替物として消費するだけでもなく，新たな地平をつくりだせるのか。私たちはいま問われているのである。

【注】
1 ）ただ，被爆者であること，原爆で長姉を失ったことを語るようになったのは，65 歳くらいからだった。母親は，「韓国のヒロシマ」とも呼ばれる慶尚南道陜川出身である。自らの被爆体験を語るようになったきっかけを，「若い人がテレビで「戦争は知らない，関係ない」と答えているのを見て，とんでもないと腹が立ちましたね」と述べている（中国新聞ヒロシマ平和メディアセンター HP 2011 年 1 月 29 日閲覧）。
2 ）全羅北道の儒学者である薛鎮永（ソル・ジニョン）は，1940 年「誓不革姓」と題する絶命詩を遺して自宅近くの祭閣前の井戸に身を投じた。また同年，同じく儒学者である全羅南道の柳健永（ユ・コニョン）も「国を滅して姓を易へることは，歴史上かつて無かったことだ。どうして五千年文明の我が民族が，このような人類が禽獣になるような大変な目に遭うのか」と遺書を遺し阿片を服毒し自殺した。
3 ）朝鮮人の名前は本貫・姓・名の三要素によって構成されている。本貫とは「宗族」と呼ばれる父系同族集団の始祖出身の地名を指す。
4 ）1991 年全国高等学校野球部連盟（高野連）は，外国人学校の高校野球大

第4部　スポーツをひらく

会への参加を承認した。そもそも総則には国籍条項がなかったが，一条校
ではない各種学校も含めて学校単位で承認したのである。

【参考文献】

中国新聞ヒロシマ平和メディアセンター HP，2008，「人は幸せへ切磋琢磨を
　〜張本勲さん古里広島で語る〜」（2011.1.29）http://www.hiroshimapea
　cemedia.jp/?p=3779，2018年11月16日閲覧。

デイヴィス，ダフ・ハート（岸本完司訳），1988，『ヒトラーへの聖火』東京
　書籍。

グットマン，アレン（清水哲男訳），1981，『スポーツと現代アメリカ』TBS
　ブリタニカ。

Holocaust Encyclopedia HP, 1993, https://encyclopedia.ushmm.org/content/ja/
　article/the-nazi-olympics-berlin-1936，2018年11月16日閲覧。

Huffingtonpost.jp HP, 2018, https://www.huffingtonpost.jp/2015/08/14/okoe-
　rui-hochi-report_n_7986326.html，2018年11月16日閲覧。

Huffingtonpost.jp HP, 2018, https://www.huffingtonpost.jp/rio-hamada/naomi-
　osaka-press-conference_a_23529953/，2018年11月16日閲覧。

鎌田忠良，1984，『日章旗とマラソン──ベルリン・オリンピックの孫基禎』
　潮出版社。

金明秀，2018，『レイシャルハラスメント Q&A──職場，学校での人種・民
　族的嫌がらせを防止する』解放出版社。

金誠，2017，『近代日本・朝鮮とスポーツ──支配と抵抗，そして協力へ』
　塙選書。

金英達・宮田節子・梁泰昊，1992，『創氏改名』明石書店。

権学俊，2006，『国民体育大会の研究──ナショナリズムとスポーツ・イベ
　ント』青木書店。

水野直樹，2008，『創氏改名』岩波新書。

文京洙・水野直樹，2015，『在日朝鮮人──歴史と現在』岩波新書。

Olympic.org HP, 2018, https://www.olympic.org/kitei-son，2018年11月16日
　閲覧。

大島裕史，2006，『韓国野球の源流　玄界灘のフィールド・オブ・ドリーム
　ス』新幹社。

朴一，2011，『僕たちのヒーローはみんな在日だった』講談社。

関川夏生，1988，『海峡を越えたホームラン　祖国という名の異文化』朝日新聞社。

Spread sports HP, 2018, https://spread-sports.jp/archives/2866，2018 年 11 月 16 日閲覧。

ウリハッキョをつづる会，2001，『朝鮮学校ってどんなとこ？』社会評論社。

梁聖宗・金良淑・伊地知紀子，2018，『済州島を知るための 55 章』明石書店。

梁泰昊，1996，「『在日』プロ野球列伝」ほるもん文化編集委員会編『ほるもん文化 6　戦後を生きた在日朝鮮人』新幹社，pp. 27‑47。

第11章 競技の平等性と人権

「ジェンダー」と「障がい」の視点から

大野哲也

1 人権の時代としての現代世界

　21世紀を生きる私たちのグローバル社会において，もっとも重要なキーワードを一つ挙げるとすれば，それは間違いなく「人権」であるだろう。

　第二次世界大戦が終結した1945年からわずか3年後の1948年，「悲惨な戦争を二度と起こさない」「ナチスによるユダヤ人虐殺というような悲劇を二度と繰り返さない」という誓いを込めて国連総会で採択されたのが世界人権宣言だった。その世界人権宣言は「人類社会のすべての構成員の固有の尊厳と平等で譲ることのできない権利とを承認することは，世界における自由，正義及び平和の基礎である」という前文ではじまる。こうした思想が多くの人びとに共感とともに共有されているからこそ，死刑制度，環境保護，災害，原発，紛争，テロ，貧困，格差など，あらゆる社会問題を私たちが議論するとき，メインテーマとなるのが人権なのである。人権こそが問いと答えの核心なのだ。

　この人権思想を支える柱の一つが平等性にあることは，世界人権宣言からも理解できる。私たちが頻繁に見聞きする「人の命に軽重はない」というフレーズは，平等性こそが人権思想の根幹であることを端的に表している。

　世界人権宣言が採択されてから70年が過ぎた現在，現代世界は，

283

第 4 部　スポーツをひらく

平等性に関して言えば，相変わらず紛争や差別や格差というような大きな問題を抱えてはいるものの，その一方で着実な「改善」も遂げてきた。たとえば，公共の場におけるバリアフリー思想の普及と，それに基づくインフラの整備はその一例であるし，また，1960 年代にアメリカで起こったウーマンリブ運動によって一気に世界に広まった男女平等思想は，その象徴であるだろう。バリアフリー思想も，男女平等思想も，差別と偏見の歴史を乗り越えて，現在では多くの社会にとっては常識になりつつある。

　人びとの意識や社会制度を総合的に考えた場合，こうした平等思想が普遍化し，「男性／女性」「健常者／障がい者」という単純な二元論が，急速に溶解されていっていることは事実であるだろう。しかしその一方で，「男性／女性」「健常者／障がい者」を完全分離しているがゆえに，過去から現在にかけて，さまざまな問題が起き続けているのがスポーツの世界である。

　たとえば，近年のスポーツ界で，個人の性別が国際問題にまで発展したのが，南アフリカのアスリート，キャスター・セメンヤの事例である。セメンヤは，2009 年の世界陸上競技選手権大会の女子800 M 決勝において，2 位のジェネス・ジェプコスゲイ（ケニア）──2008 年の北京オリンピック女子 800 M の銀メダリスト──，に 2.5 秒近い大差をつけて優勝した。

　しかし，その直後から，彼女は世界中から好奇と疑惑の目を向けられることになる。女子とは思えない圧倒的な走りとレース展開，まるで男子のような筋骨隆々とした体つきと太くて低い声などから，「本当は男性ではないのか」という声がわき上がったのである。

　一方，近年のスポーツ界で，障がい者が健常者の大会に出場することの是非について喧々諤々の議論を世界で巻き起こしたのが，南アフリカのアスリート，オスカー・ピストリウスの事例である。両足に，カーボンファイバー製の刃物のような薄い義足を装着してい

第 11 章　競技の平等性と人権

るので「ブレード・ランナー」という異名を持つ彼は，2008 年の
北京パラリンピックで男子 100 M，200 M，400 M で 3 つの金メダ
ルを取り，圧倒的な強さを誇っていた。

　そして，北京オリンピックへの出場が叶わなかったピストリウス
が，次の目標にしたのが 2012 年のロンドン・オリンピックへの出
場だった。その彼に対して，義足が規則で禁じる「機械的補助」に
当たるのではないかという疑義がつけられたのである。

　これらの事例は，ジェンダーと障がいをめぐる現代社会の趨勢か
らすれば，きわめて奇異に映る。というのも，「ビジネスマン」と
いう言葉が，女性に対する男性優位を象徴していて好ましくない表
現だという批判を受けて「ビジネスパーソン」に変化したように，
また「障がいではなく個性」[1]（冨島 2013：229）という言葉が共感
とともに説得力を持って社会で流通しているように，「男性／女性」
「健常者／障がい者」というシンプルな二元論を脱構築[2]し，拒否
と否定をすることで，現代社会は平等性を基盤とする人権思想を普
遍化させてきたからだ。

　もちろん，彼らに対する批判の根源に，スポーツにおけるパフォ
ーマンスの平等性を担保するという目的があることはわかっている。
しかし，彼らに対する「性別詐称」や「障がい者はパラリンピック
に出場すれば良い」という批判の先にある平板で安直な分離策や二
元論は，差別と抑圧の思考から脱却し，旧態依然の障壁を取り除き，
分け隔てなく，平等な社会を構築するという人権思想がグローバル
な規模で展開されている現代世界の状況からすれば，時代を逆行し
ているようにもみえる。

　つまり，世界人権宣言で高らかに謳われた普遍的な人権思想と，
スポーツ界における競技の平等性を担保するための二元論は，現在，
齟齬をきたしていると思われるのだ。そこで，本章では，「ジェン
ダー」と「障がい」という視点から，競技の平等性についての再考

285

第 4 部　スポーツをひらく

を試みる。それによって，21 世紀のグローバル社会におけるスポーツのすすむべき道筋を展望してみたい。

2　スポーツにおけるジェンダーと障がい

2. 1．ジェンダーとスポーツ

はじめに，ジェンダー研究における性の概念について簡潔に振り返っておこう。

性とは，「セックス」「ジェンダー」「セクシュアリティ」「ジェンダー・アイデンティティ」の 4 要素を含む概念を指す。

セックスとは生物学的性差のことを指す。単純に言えば，染色体の組み合わせのことだ。男性は XY，女性は XX の性染色体を持ち，性は，この 2 組 4 本の性染色体を組み合わせることで決定される。生殖行為の際に男女それぞれが 2 本 1 組の染色体の中から 1 本ずつをランダムに提出して，新たに 2 本を組み合わせ，それが XX であれば女性，XY であれば男性になるというものだ。算数的に考えれば，この 4 本の組み合わせは「XX」「XY」以外には成立するはずがなく，だからこそ，世の中は男性と女性しか存在し得ないということになる。しかし実際の生物界は単純な算数の組み合わせだけですべてが成立しているわけではない。現実には，XXX，XXY，XYY などの算数的には「ありえない」性染色体を持つ人も多く存在している。

ジェンダーとは，文化・社会的性差のことを指し，性を社会的に構築されたものだとする考え方である。生まれた赤ちゃんを女の子だと判断すれば，「花子」と名付け，赤いスカートをはかせ，髪を伸ばさせ，自分のことを「わたし」と呼ばせ，ままごとをさせて遊ばせる。そのような日常的な生活実践を反復することで，花子は女性になっていく。シモーヌ・ド・ボーヴォワールが放った「人は女

に生まれない。女になるのだ」という言葉は，性がこうしたプロセスを経た社会構築物であることを端的に言い表している。

セクシュアリティとは，性にかかわる欲望と観念のことである。これには性的な指向性が含まれる。

ジェンダー・アイデンティティとは性自認のことだ。つまり「私」は「私」のことを性的にどう認識しているのかということである。

ただし，セックスとジェンダーとセクシュアリティとジェンダー・アイデンティティは複雑に絡み合っており，4要素を明確に分けて定義することはできない。というのも，近年のジェンダー研究では，科学的に動かしがたい事実だと思われているセックスが，社会構築物であるジェンダーによって成立していると主張する者も少なからずいるからである。この立場からすれば，性のすべての根源や基盤は，地球ではなく，人間社会，あるいは個々人の脳内にあるということになる。

このような議論を踏まえて，スポーツ・ジェンダー学は多くの知見を蓄積してきた。

たとえば飯田貴子は，こうしたジェンダー規範によって，男性に比べて「筋力やパワーに劣る女性は，新体操やフィギュア・スケート，シンクロナイズド・スイミングのような表現系の種目を除くすべての競技において『二流の選手』に甘んじなければならない」（飯田 2004：14）ことを喝破して，これを「階層性」（飯田 2004：14）と呼んだ。

さらに，「ほとんどの競技が『男らしさ』を育成する役割を受け持つ近代スポーツで，女性がクローズアップされるのは，先のような一部の『女らしさ』の規範を受け入れた種目のみ」（飯田 2004：14）だと主張して，これを「非対称性」（飯田 2004：14）と呼んだ。

つまり，スポーツで軽快で優美な動きを演じる役割を女性が担わ

第4部　スポーツをひらく

されることで，それとは対照的なスポーツにおける男性性が強化される，あるいは男性優位が自然化されるというわけだ。すなわち，スポーツがジェンダーの差異を再構築・強化してきたと指摘するのである。飯田の論に従えば，スポーツが，現代社会において脱構築するべきだと目されているジェンダーに対して，さらに，その先にある平等性と，平等性を基盤とする人権思想に対して，逆機能しているということになる。

　こうした指摘がある一方で，田原淳子は，「女性と男性の差は，生殖器官を除けば，男女差よりも個人個人の差の方が大きい」と断った上で「おそらく経験的にも理解されると思うが，多くの身体的な測定値が，……（略）……平均値では女性が男性に比べて低い値をしめす」（田原 2004：141）と述べる。そして，男女の，身長，体重，座高，頭囲などの身体測定値の差について言及し，成人女性の身体測定値が男性の約92％に相当することを明らかにする。そして，この差異を前提にして男女が等しい条件で実施されている競技として，陸上競技，競泳，ウエイトリフティング，スピードスケートの4種目を取り上げ，男女の世界記録の比率について考察している。

　田原の分析によれば，2003年現在，女子の記録が男子の記録に最も近いのがスピードスケート（500 M，1000 M，1500 M，3000 M，5000 M，2×500 M）である。男子の記録を100とすると，女子の記録は平均92％に達していた。また，競泳と陸上競技のトラック種目は90％，陸上競技の跳躍種目は83％だった。さらに，ウエイトリフティングは，男子と同じ階級で比較ができたのは69 kg級のみで，それは75％だった（田原 2004：144）。こうした結果について，田原は，「成人女性の身体測定値が男性の約92％に相当することや，生理学的機能に関する男女差が身体組成や解剖学的な身体の大きさに依存していることと関係している」のではないかと推測している

288

第 11 章　競技の平等性と人権

（田原 2004：144）。

　田原が示した数値的な男女差を実際に目の当たりにすると，ジェンダーという社会構築物を超えて，生物学的性差であるセックスはたしかに存在しているようにも思える。

　ただし，田原は「世界記録への到達度に見られる違いは，その国の競技種目のジェンダー・バイアス度を表しているといえるかもしれない。スポーツへの投資，強化政策，予算配分，習慣，トレーニング，指導，スタッフ，競技経験，利用施設，引退後の進路などのすべてにおいて，女性と男性が公平なスポーツ環境を得られているかを検証していく必要」（田原 2004：150）があるとも主張している。この文脈だけを捉えれば，田原の立場は飯田と同じであるようにも思える。

2. 2.　障がいとスポーツ

　障がいを持つ者，そしてその家族たちが歩んできた道は，ここで改めて確認するまでもなく，苦難の歴史そのものだった。たとえば，チャールズ・ダーウィンの進化論に影響を受けて 1800 年代の後半に現れた「優生学」という考え方はそれを端的に表している。民族，心身の障がいの有無，犯罪率などを基準にして「劣った者」を選別し，強制的に断種してしまうという考え方が社会で正義になり，実行されることによって，明確に，障がいはスティグマになった。

　障がいに対する野蛮な歴史は，最近まで法的にも続いていた。たとえば，日本では，1948 年に成立した，名前のとおり優生学の考え方が基盤になっている「優生保護法」が，強制的な断種についての条文を廃止したのは 1996 年になってからのことだった。また，1953 年に成立した，ハンセン病患者を強制隔離できるという法律「らい予防法」が廃止されたのも，やはり 1996 年になってからだった。戦後日本社会は，社会の根幹である法制度から，障がいを持つ

第 4 部　スポーツをひらく

者とその家族たちを差別と偏見に晒してきたのである。

　負の流れがある一方で，1950 年代にデンマークで始まった「ノーマライゼーション」という考え方は，1971 年に国連で採択された「知的障害者の権利宣言」，1975 年に国連で採択された「障害者の権利宣言」，そして 1981 年の「国際障害者年」へと結実していった。それに連動するように，「障がいを持つ者と持たない者の間に垣根があってはならない」という考え方が徐々に世界に浸透していったのである。

　こうした障がいに対する考え方が変化してきた時期に日本社会に颯爽と現れたのが，先天性四肢切断という重い障がいをもつ『五体不満足』（乙武 1998）の著者乙武洋匡だった。1998 年に出版された『五体不満足』はベストセラーとなり，重度の障がいを持ちながらも臆することなく，明るく堂々と生きる乙武の生き方が社会にセンセーションを巻き起こした。

　乙武が毅然とした態度で「障がいは不便です。しかし不幸ではありません」と表明するに至って，従来の障がい観は根底から覆されることになった。そして，この表現とシンクロするように社会に登場し，瞬く間に浸透したのが「障がいではなく個性」というフレーズだった。障がいに向けられる眼差しが，わずか数年で「スティグマ」から「個性」へと，180 度変わったのである。

　「障がいではなく個性」というフレーズは，現在でも強力な説得力を持って，社会に流通している。この考え方が社会で定着した理由の一つは，ともすればスティグマにさえなりかねない障がいが「自分らしさ」を表す要素に変換できる可能性を持つからだろう。この言葉によって励まされ，勇気づけられ，生に対するエネルギーを充填した人も多いことだろう。

　しかし，この「障がいではなく個性」という考え方は，その後，猛烈な批判にさらされることになる。「個性」だと言った瞬間に，

第 11 章　競技の平等性と人権

社会に根強く残る障がい者に対する差別や偏見が隠蔽されてしまうからだ。

このアイロニカルな状況を端的に表しているのが，2013 年から開始された出生前診断だ。妊娠段階で，胎児の障がいの有無がわかる出生前診断を受診し，「ある」となった場合の堕胎率は，2015 年の時点で 96％を超えていて，2018 年においても 95％を超えている[3]。もちろん堕胎の理由は差別や偏見だけではない。経済的な理由や，夫婦共働きなどによる時間的かつ精神的な余裕のなさを，堕胎の理由として挙げる人も多い。だが，もしも「障がいではなく個性」だと人びとが心の底から信じているのであれば，これほどまでに高い数字にはならないはずだ。出生前診断によって明らかになった障がいを持つ胎児の堕胎率の高さは，障がいに対する人びとの心理的葛藤を如実に反映しているといえるだろう。

こうした経緯を踏まえて，障がい者のスポーツを考えていこう。

障がい者自身が，自発的かつ組織的にスポーツをおこない始めたのは 1800 年代の後半からである。ヨーロッパを中心にして様々な団体が設立されるようになり，1924 年には，初めて国際的な競技会が開催された。この流れは第二次世界大戦後にも引き継がれ，1948 年にロンドン・オリンピックに合わせて車椅子を使う者によるアーチェリー大会が開催された。これがパラリンピックの原点となり，1960 年，オリンピックが開催されたローマで，世界 23 カ国から 400 名が参加して第 1 回パラリンピックが開催された。

以降，パラリンピックは障がい者のスポーツの国際大会として社会で定着していき，2016 年におこなわれたリオデジャネイロ・パラリンピックでは第 15 回を数えるまでになった。この「15」という数字を同年，同地でおこなわれたオリンピックの第 31 回大会という数字と比較すれば，障がい者のスポーツが市民権を獲得するまで，いばらの道を歩んできたそのプロセスが想像できるだろう。

第4部　スポーツをひらく

　ともあれ，1950 年代にはじまったノーマライゼーションという
考え方が端緒となって，健常者と障がい者の間にそびえ立つ垣根を
取り払い，平等で対等な関係が目指されるようになった。国連など
の国際機関では，宣言の採択などがおこなわれ，それを受けて各国
では法の整備とそれに基づくインフラの改善，さらにはさまざまな
機会をとおしておこなわれる人権教育の充実に力が注がれた。こう
した人権教育をグローバルな規模でシステム化しておこなうことに
よって，恥ずべき，隠すべき障がいから，個性としての障がいへ，
さらにはそれに対する批判がなされるというように，障がいそのも
のに対する考え方が大きく変化していった。

　また，障がい観の変化は，オープンな場における障がいに関する
議論を活発化させ，それが一段とノーマライゼーションを促進させ
るというプラスのフィードバックをもたらした。こうした社会変化
に連動して障がい者のスポーツは発展し，社会的認知度を徐々に高
め，現在の人気を博するまでになっていったのである。

3　ジェンダー・トラブル

3.1.　2009 年ベルリン

　2009 年，ドイツ・ベルリンでおこなわれた世界陸上競技選手権
大会の女子 800 M で，彗星のごとく国際デビューしたのが南アフ
リカ共和国の 18 歳，キャスター・セメンヤだった。彼女は，8 月
19 日におこなわれた決勝で 1 分 55 秒 45 という自己ベストを叩き
出して快勝した。そのセメンヤに対して性別疑惑が表面化し，国際
陸連（IAAF）は，セックス・テストの結果を踏まえた結論がでるま
でセメンヤの競技会への出場の自粛を求めたのである[4]。

　このセックス・テストは，人権を根こそぎ蹂躙してしまう暴力性
を持っている。そもそも，世界 75 億人のうち，自分の染色体の型

292

第 11 章　競技の平等性と人権

を知っている人はどれほど居るのだろうか。おそらく，ごく少数に違いない。多くの人は，外性器，ジェンダー，ジェンダー・アイデンティティ，セクシュアリティというような要素を根拠に，自分自身の性別を確信していることだろう。いや，というよりも，ほとんどの人は，自己の性別など深く考えたこともなく，自分が男性／女性であることを確たる根拠などなく単に妄信し，自明のこととして生きてきたのではないだろうか。

　そのような私たちが，ある日突然，「あなたはあなた自身が確信している性別の染色体を持っていない」と，科学的な証拠を突きつけられたらどうなるのだろうか。混乱し，パニックになり，ジェンダー・アイデンティティが崩壊し，その後の人生に大きな影響をきたすことは容易に想像がつく。

　こうした危険性と暴力性があるからこそ，オリンピックに限って言えば，1968 年に開催されたグルノーブル冬季大会とメキシコシティ大会で初めて実施されたセックス・テストは，紆余曲折があったものの，2000 年のシドニー大会から正式に廃止されたのである。

　したがって，セメンヤに対するセックス・テストは IAAF が強制的に課したものではない。しかもその結果については非公開のはずだった。だが，テストの結果といわれるものが，漏れ伝わり，世界中に拡散するというとんでもない事態へと発展する。特定の個人の染色体の型という究極の個人情報が，全世界にばらまかれたのだ。

　オーストラリアの新聞社デイリー・テレグラフは，それをセンセーショナルに報道したメディアの一つだ。2009 年 9 月 11 日に，「セメンヤには男性の性器があり，子宮や卵巣はなく，男性ホルモンの一種であるテストステロンの量が『ノーマル（normal）』の女性の 3 倍あった」と大きく報じたのである（The Daily Telegraph HP 2009）。

　メディアは，常に真実だけを報じているわけではい。また，見方

293

によっては真実が一つだけではないこともある。さらに，メディアに誤報はつきものだ。したがって，このニュースが真実かどうかはわからない。だが，ニュースは瞬く間にネット空間で拡散し，引用され議論となり，「真実」として流通していった。個人の性別というきわめてプライベートな事柄が，あたかもスキャンダルであるかのように，世界中で物議を醸すことになったのだ。だが，そうなればなるほど IAAF は，反比例して公式なコメントを差し控え，口を閉ざすようになっていった。

　社会的には女性であることを否定されたセメンヤだったが，結局，彼女はベルリンでの優勝から約 11 か月間の競技会不出場という「自粛」を経て，2010 年 7 月 6 日，IAAF から正式に，女子選手として競技大会への復帰を認められた。ただし，それに先立ってセメンヤの性別に関する IAAF からの公式な見解や発表はなかった。したがって，ベルリンで獲得した金メダルの剥奪もなかった。つまり「セメンヤ問題」は，うやむやのうちに，灰色決着したのだった。

3.2. 2012 年ロンドン

　スポーツにおける性別疑惑問題は，実は古くて新しい問題である。IAAF によれば，女子選手の性別疑惑は 2005 年から 2010 年までのあいだに限っても 8 つの事例があるという。このうち 4 人には，IAAF が内々に別の理由による引退を勧めていた。ただし，これら 8 つの事例で，セメンヤのように選手の名前が公になることはなかった（Rise Films 2010）。

　また，ブレンダ・ワグマンによれば，スポーツにおける性別に関する「トラブル」には，公になったものだけでも，1932 年ロサンゼルス・オリンピック陸上女子 100 M で金メダルととったステラ・ウォルシュの事例をはじめ，2009 年までに少なくとも 15 の事例があるという（Wagman 2009）。

第11章　競技の平等性と人権

　つまりスポーツにおける「ジェンダー・トラブル」は，過去から現在にかけて連綿と続いてきたのである。もちろん，これらは公になった事例だけであり実数ではない。表面化していないケースを含めると，実体としては相当な数にのぼるに違いない。こうした状況と過程をふまえると，セメンヤの事例は，単にセメンヤ個人の問題ではなかったのではないだろうか。つまり，スポーツにおける性別二元論の妥当性を，あらためて社会に問いただしたのがセメンヤだったということだ。

　セメンヤはその後，2012年のロンドン・オリンピックへの出場を果たした。だが，一連の騒動の影響からだろうか，絶頂期のコンディションにはほど遠く，女子800M決勝で，1分56秒19で走ったロシアのマリヤ・サヴィノワに遅れること約1秒，2009年のベルリンの優勝タイムより2秒近く遅い1分57秒23のタイムで惨敗し，銀メダルに終わった。

　ところがこの「問題」はそれで終わらなかった。オリンピックから5年後の2017年に驚愕の事件が起こったのだ。一連の，ロシアによる組織ぐるみのドーピング問題が表面化するプロセスで，サヴィノワのドーピングが発覚してロンドン・オリンピックの金メダルが剥奪されたのだ。これによって，遡って2012年のロンドンの覇者はセメンヤへと修正され，彼女に金メダルが授与されるというなんとも後味の悪い結末を迎えたのである。

4　ブレード・ランナーの道のり

　オスカー・ピストリウスは，1986年に南アフリカのヨハネスブルグ近郊で生まれた。2007年，イギリスの "The Telegraph" から受けたインタビューによれば，両足の腓骨がない状態で生まれたのだという（The Telegraph HP 2007）。そして1歳の誕生日を迎える前に，

295

第4部　スポーツをひらく

両膝の下で切断する手術を受けた。陸上競技を始めたのは，2004年1月だった。最初に走った100Mと200Mのタイムはそれぞれ，11秒78と24秒10だった。

　2004年，ピストリウスは17歳のときにアテネでおこなわれたパラリンピックに出場し，T44[5]クラスの男子100Mで銅メダル，200Mで金メダルを獲得するというセンセーショナルな国際デビューを果たした。それ以降，2008年北京パラリンピックのT44クラス男子100M，200M，400Mで金メダル，2012年ロンドン・パラリンピックのT44クラス男子400M金，200M銀，T42‒46クラス男子4×100M金というように，パラリンピックではまさに「向かうところ敵なし」の存在だった。

　障がい者のスポーツでは独壇場だったピストリウスが，健常者の大会への出場を目指したのは，ある意味で「自然」のことだったのかもしれない。

　こうした希望を持つピストリウスに対してIAAFは，2007年11月に彼の義足の性能に関するテストをドイツで，ピストリウス本人と，ピストリウスと体格や競技力が似ている5人のランナーを参加させて実施した。2008年1月になされたIAAFのアナウンスによれば，同じスピードで走った場合，健常者ランナーに比べて，ピストリウスは25％少ないエネルギー消費量で走ることができた。アイスランドのOSSUR社が制作するカーボンファイバー製の陸上競技用義足は，エネルギーを構造内に蓄えておいて蹴る瞬間に放出するという特性があり，メカニカルな優位性を持つことが実証されたという。この結果を受けてIAAFは，義足がIAAFルール144.2の「機械的補助の禁止」に当たるとしてIAAFのルールでおこなわれる競技会への出場を認めないとの決定を下した（IAAF HP 2008）。

　一方，この決定を不服としたピストリウスは，IAAFが主催する競技会への出場を認めることと，テストではメカニカル的にも代謝

296

第 11 章　競技の平等性と人権

写真 11 - 1　オスカー・ピストリウス
提供：dpa／時事通信フォト

的にも義足の優位性は証明できていないと主張し，スポーツ仲裁裁判所に提訴した。それに対してスポーツ仲裁裁判所は，2008 年 5 月 16 日，ピストリウスの主張を認める裁定を下した。障がい者が，健常者の大会へ出場できることが法的に認められた瞬間だった。

しかしながら，結局，ピストリウスは北京オリンピックに出場することはできなかった。参加標準記録を突破することができなかったからだ。

ピストリウスが初めて健常者の大会に出場したのは，2011 年 8 月に韓国・大邱でおこなわれた世界選手権大会だった。そしてこれは，四肢のいずれかを失った選手が，世界選手権大会で初めて走った記念すべき日でもあった。男子 400 M 予選に出場し，45 秒 39 をマークして準決勝に進出したピストリウスは，「ここで走ることが目標だった。多くの努力が必要だったし，今日は信じられないような経験だった」（Reuters HP 2011）と感慨深く語った。

ピストリウスは，2011 年に男子 400 M でオリンピック参加標準記録（45 秒 30）をクリアする 45 秒 07 で走り，翌 2012 年 3 月 17 日，南アフリカでおこなわれた大会でも男子 400 M で 45 秒 20 をマークした。これらの活躍が認められ，念願のロンドン・オリンピック

第4部　スポーツをひらく

の代表の座を射止めた。

　オリンピックでは，男子400Mと1600Mリレー（4×400M）の代表として出場した。2012年8月4日におこなわれた男子400M予選で，45秒44をマークしてその組2位となり準決勝に進んだ。だが，翌5日におこなわれた準決勝では，46秒54と振るわずその組の最下位に沈み，決勝進出はならなかった。一方，1600Mリレーでは，南アフリカは決勝進出を果たし，決勝で，ピストリウスはアンカーを務めた[6]。

5　平等性とはなにか

　2011年に施行されたスポーツ基本法の冒頭を飾るのは「スポーツは，世界共通の人類の文化である」という言葉である。そして続けて，スポーツは国際相互理解を促進し国際平和に貢献すると高らかに謳いあげている。つまり，現在，スポーツは単に「スポーツ」という枠組みを超えて，政治や経済，さらには他者理解や平和活動の手段として，その万能性を期待されているのである。

　たとえば，27年間を獄中で過ごし，1990年に釈放され，1993年にノーベル平和賞を受賞し，1994年に南アフリカ大統領に就任したネルソン・マンデラが，人種間の対立が鋭く残る社会の融和を図るために利用したのがスポーツだった。ラグビーのワールドカップを南アフリカで初開催したのである。そして，アパルトヘイト政策への制裁として出場が認められなかった南アフリカが初出場したこの大会で，同国は初優勝を飾った。この快挙がきっかけとなり，南アフリカ社会の人種間の対立は，その緊張が大きく緩和されたのだった。

　この事例を踏まえれば，スポーツが「世界共通の人類の文化」であり，国際相互理解や国際平和に貢献するというスポーツ基本法の

第 11 章　競技の平等性と人権

理念が，けっして理念としてだけにとどまっておらず，実際に機能していることが理解できる。しかし今，そのような崇高な理念と機能をもつスポーツに対して，スポーツをスポーツとして成立させてきた根本原理である平等性に二つの点で異議申立てがなされている。スポーツは今，大きな困難に直面しているのである。

5.1.　錯綜するジェンダー

一つの異議申立ては，パフォーマンスの平等性の原則を，科学を根拠とする染色体に依拠し続けてきたことに対するものである。おそらくは，選手本人だけでなく，検査を担当する医療関係者も，そして私たちのほとんどが，自分自身の性染色体の型など知りもしないという現実があるにもかかわらず，である。

とくにオリンピックでセックス・テストが実施されていた 20 世紀の終盤の 30 余年は，世界的には人権こそが最も尊重されるべきものであるはずなのに，スポーツの世界においては，奇妙なことに，人権よりも染色体に基礎をおく競技の平等性が重要視されるという価値の転倒が起こっていた。そして，ともすればそのテストの結果はメディアに漏洩し，選手の人権と尊厳を大きく損ない，一人の人間に大きな屈辱と困難を背負わせることもあった。本人の承知していないところで性別検査がおこなわれていたセメンヤの事例は，スポーツ界においては染色体こそが競技の平等性を担保する唯一の基準であるという信念＝神話を端的に物語っている。

IAAF が染色体に固執する一方で，実は，セメンヤ問題が起こる数年前，2004 年に国際オリンピック委員会は，スポーツにおける染色体についてのポリシーをドラスティックに変更していた。2004年 5 月，スイス・ローザンヌでおこなわれた理事会で，委員会は，以下に挙げる 3 条件をクリアしていれば，性同一性障害の選手にもオリンピック出場を認める決定を下していたのだ。

第4部　スポーツをひらく

　　1．性別適合手術を受けている。
　　2．法的に新しい性になっている。
　　3．性別適合手術後，2年以上のホルモン治療を受けている。

　この決定により，2004年のアテネ・オリンピックから，性同一性障害のアスリートも，上記の条件を満たせば自身のジェンダー・アイデンティティに基づいてオリンピックに出場できるようになった。染色体という神話を超えて現実に即したこの決断は，性的マイノリティにとって大きな前進だった。

　しかし，この決定ですべてが解決したわけではなかった。これら3条件が設定されることによって，新たな不平等が生じたからだ。たとえば日本の場合であれば，2019年1月現在，性同一性障害だと診断されて性別適合手術を受けたとしても戸籍の変更ができるのは20歳以上の者に限られる。つまり，たとえどれほど競技能力が優れていたとしても，性別適合手術を受けた10代選手のオリンピック出場は不可能なのだ。

　年齢によるオリンピック出場の可否で多くの者が思い起こすのは，アイススケートの浅田真央のケースではないだろうか。国際大会で無敵の活躍を見せていた浅田だが，国際スケート連盟の「オリンピックの前年の6月30日に15歳」という規定に87日足りず，2006年のトリノ・オリンピックへの出場が叶わなかった。

　実は，国際オリンピック委員会には年齢制限に関する規定はない。オリンピックに出場できるかどうかは，その競技の国際連盟の規約に則っているのである。たとえば，国際スケート連盟は年齢に関する規則を設けているが，国際水泳連盟にはそのような規定はない。1992年のバルセロナ・オリンピックの水泳女子200M平泳ぎで金メダルを取った岩崎恭子は，当時14歳の中学生だった。

　岩崎や浅田など，ティーンエイジャーの活躍は，スポーツの低年

300

第 11 章　競技の平等性と人権

齢化が加速していることを強く印象づけている。たとえば，2014
年のソチ・オリンピックの男子アイススケートで金メダルを取った
羽生結弦は19歳，スノーボード男子ハーフパイプで銀メダルを取
った平野歩夢は15歳，同競技で銅メダルをとった平岡卓は18歳だ
った。

　こうした低年齢化時代において，日本の法律に限っていえば，性
的マイノリティだけに課された「20歳」という壁は大きな問題を
孕んでいる。なぜなら，20歳未満の性同一性障害を抱えるアスリ
ートは，二重の抑圧に曝されることになるからだ。第一に，彼らは
性的マイノリティという理由で性的マジョリティから抑圧されてい
る。第二に，性的マイノリティの中でもオリンピックに出場できな
いという理由で，出場できる者から抑圧されている。つまり，平等
性を追求した結果，マイノリティの中にさらなるマイノリティを作
り出す不平等な構造が，新たに生み出されているのだ。

　ところで，スポーツからいったん離れて世界の法制度に目を向け
てみると，男性／女性という二元論を破棄し，現実に即した実際的
な制度を制定・運用している国がすでにある。たとえば，ネパール
では2015年8月10日に，政府が「男性」「女性」に加えて，第三
の性を表す「O」というカテゴリーを新設し，37歳のトランス・ジ
ェンダーの女性にパスポートを発行した。

　また，ニュージーランドでは2009年に家庭裁判所で「男性」「女
性」に加えて，ジェンダー「X」がすでに認められている。さらに，
オーストラリアでは2011年9月15日からパスポートに，第三の性
カテゴリーとしてジェンダー「X」を新設して，社会的現実に対応
している。三国における第三の性とは，現在のところ「不確定」
「半陰陽」「トランス・ジェンダー」を指しているようだ。つまり，
これらの国々では法的に，社会には「男性」「女性」しかないと
いう認識が否定されているのである。

301

第4部　スポーツをひらく

　2019年1月現在，上記の他にもドイツ，オランダ，デンマーク，カナダ，インド，パキスタン，バングラディシュなどの国では第三の性を法的に認めており，世界的な動向でいえば，性の多様性を認めるこの流れは今後加速していくと思われる。

5.2.　状況的で可変的な障がい

　もう一つの異議申立ては，障がい者にとって，社会生活を営む上で支障になるような物理的，あるいは制度的な障壁を取り払うというバリアフリーが推進されている現代世界において，健常者と障がい者を明確に分離し続けることに対するものである。

　たとえば車椅子バスケットボールの調査・研究をしている渡正は，選手たちへの聞き取りから「障がい者」というカテゴリーが状況によって変化している様子を明らかにしている（渡 2005：39-52）。

　まず渡は，先行研究をまとめつつ，スポーツが「健常者」と「障がい者」との差異化を助長してきたと指摘する。義足をつかう選手がいいタイムを出したとしても「義足にしては速い」といわれかねず，結局，彼らは「健常者」とは違った「障がい者」として措定されることになる。さらに，障がい者のスポーツの発展が，健常者／障がい者という差異を実体化させる言説の再生産につながり，二元論的な枠組みを逆に強化してしまうという（渡 2005：42-43）。このような障がい者のスポーツが直面する困難を指摘したうえで，選手たちの語りから次のような分析と考察を引き出す。

　　他の障害者を「障害者の人」と他者的に呼び，彼らとは「おんなじ気持ちではない」と表明する。あるいは，「中途障害者」である自分を他の障害者と比べたら「ラッキー」ともいう。
　　健常者社会の「常識」的視点から社会的弱者と自分たちはみられているから，弱者を装う。この点が彼らをして「障害者」と意識させ

第 11 章 競技の平等性と人権

るものである。だが，こう意識しながらも，他の障害者を比較対象
とすることで，彼らは自らを障害者ではなく，「健常者」の側に同
定しているようにみえる部分もある。その点を端的に示しているよ
うにみえるのが「ほんもの」の障害者と「にせもの」の障害者とい
う語りである（渡 2005：46）。

　ここで渡が描くのは，状況に応じて自らの障がい者というアイデ
ンティティをずらしていく彼らの巧緻な生活実践である。もちろん
彼らが，他の障がい者と自らを比較して心の底から「ラッキー」だ
と歓喜しているかどうかはわからない。また，自らを健常者だとア
イデンティファイしたからといって，その瞬間に自らが背負う障が
いが無効化されるわけでもない。しかし，彼らの語りは，ともすれ
ば確固として存在していると信じられている健常者と障がい者の境
界線が，実はいかに不鮮明かつ流動的なものであるかを私たちに教
えてくれる。たとえ客観的には障がいがあると認識していた／され
ていたとしても，主観的には，障がいがあるとは思っていない場合
があるということだ。そういう者は，自らの障がいを「ある／な
い」というシンプルな二元論ではなく，状況的かつ可変的なものと
して認知しているのである[7]。
　渡が指摘した，「その場，そのときの状況に応じて変化する障が
い」を想定すれば，「健常者はオリンピック，障がい者はパラリン
ピック」という単純で平板な分離策が，障がい者にとっていかにナ
ンセンスであるかが理解できる。そして，なぜピストリウスがあれ
ほどオリンピック出場にこだわったのかということについても，納
得のいく答えを得ることができるかもしれない。あのときピストリ
ウスは，「義足にしては足が速い者」ではなく，単に「足が速い者」
として自らをアイデンティファイしていたのではないだろうか。あ
るいは「義足は使っているが，自分は健常者である」と思っていた

303

第4部　スポーツをひらく

のかもしれない。

　もちろん，ピストリウスの本当の気持ちは，誰にもわからない。だが，もしそうだとするならば，「障がい者ではない自分」がオリンピックへの出場を認められないことに対して，彼は大きな不平等を感じたことだろう。

6　2016 リオデジャネイロ

　ジェンダーと障がいについての「男性／女性」「健常者／障がい者」という単純で差別的な二元論的観念が解体されることで，スポーツは新しい段階を迎えるのかと思われた。しかし現実には，そうはならなかった。ロンドン・オリンピック後に，すさまじいバックラッシュがおこったのだ。

6. 1.　オリンピック女子 800 M 決勝

　ロンドン・オリンピックで金メダルを獲得したセメンヤは 2 連覇をかけてリオデジャネイロに登場し，圧倒的な強さを見せつけた。予選から安定した走りをみせつけ，決勝では，自己ベストであり南アフリカ記録となる 1 分 55 秒 28 のタイムで優勝した。また，銀メダルには 1 分 56 秒 49 のタイムを記録したブルンジのフランシーヌ・ニョンサバが，銅メダルには 1 分 56 秒 89 のタイムを記録したケニアのマーガレット・ニャイレラ・ワンブイが輝いた。

　ところが，この直後からさまざまな意見が噴出することになる。というのも，メダルを獲得した 3 選手が，自然な状態で，つまりドーピングなどの不正行為がない状態で，一般的な女性よりも相当高いレベルで男性ホルモンの一種であるテストステロンを分泌する身体的特徴をもつ選手だと認識されていたからだ。そのような身体的特徴をもつ女子アスリートと「ノーマル」の量しかテストステロン

304

第 11 章　競技の平等性と人権

を分泌しない女子アスリートが同じ土俵で戦うのは競技として平等
ではないという意見が湧き上がったのである。

　こうした意見を受けて IAAF は 2018 年 4 月に，「2018 年 11 月か
ら，自然な状態でテストステロンが高い値を示す女子アスリートは，
他の女子競技者と同じレベルまで値を低くする治療を受けるか，一
部の競技においては男子の競技に出場しなければならないこととす
る」という決定を下した（IAAF HP 2018）。

　つまり，テストステロンの分泌量が規定以上であるならば，たと
え生物学的には女性であっても女子競技には出場できないことにな
ったのである。ここにおいて，スポーツに限って言えば，性とは
「セックス」「ジェンダー」「セクシュアリティ」「ジェンダー・アイ
デンティティ」に加えて「テストステロン」という新たな要素が加
わったことになった。たとえ生物学的に女性で，ジェンダーも性自
認も女性であったとしても，テストステロンの分泌量が規定以上で
あれば，スポーツ的には「女性ではない」という烙印が押されると
いう奇怪な状況が生じることになったのだ。

6.2. パラリンピック男子走り幅跳び

　障がい者のスポーツ界に彗星の如く現れたのが，ドイツの男子走
り幅跳び選手マルクス・レームである。1988 年生まれのレームは
14 歳の時にモーターボートのスクリューに巻き込まれて右ひざか
ら下の部分の切断を余儀なくされた。

　障がいを負ったレームが本格的に走り幅跳びに取り組むようにな
ったのは，彼が 20 歳の時である。そしてそれからわずか 4 年後の
2012 年，レームはロンドン・パラリンピックで 7 m 35 cm の記録で
金メダルを獲得するまでになった。そして 2014 年には，健常者の
トップ選手らも出場する大会であるドイツ選手権に出場して 8 m 24
cm を跳び優勝を果たす。

305

第 4 部　スポーツをひらく

　しかし，こうした健常者を上回るパフォーマンスをみせるレーム
に対して，冷ややかな見方がなされるようになってきた。一部の健
常者のアスリートから「レームは義足のバネを利用している」と，
IAAF に対してタイトルを剥奪するように申立てがおこなわれたの
である。これに対して IAAF は 2015 年 8 月に通告を出し，障がい
者がオリンピックや世界選手権に出場する場合には「義足が競技に
有利に働いていないことを選手自らが証明する」ことを義務づけた。
　こうした批判がおこる一方で，レームは，2015 年におこなわれ
た世界選手権の T44 クラス（片膝下切断など）で，8 m 40 cm という
記録で優勝するまでにアスリートとして成長していった。これは障
がい者走り幅跳びの世界記録であるばかりか，2008 年北京オリン
ピックの走り幅跳びの優勝記録である 8 m 34 cm と 2012 年ロンド
ン・オリンピックの優勝記録である 8 m 31 cm を超える大ジャンプ
でもあった。
　オリンピックへ出場するために，IAAF の要求に対して，レーム
は NHK などの協力を得てさまざまな実験をおこない「助走には，
地面を強く蹴ることができない義足は不利に働く。踏み切りについ
ては，健常者とはプロセスがまったく異なるので有利か不利かは言
えない」という解析データを提出した。だが，IAAF はわずか 2 週
間後に開かれた緊急理事会において「レームは義足が競技に有利に
働いていないということを完全に証明しなければならないが，これ
では不十分だ」という裁定をくだした。つまり「競技に対して義足
が有利に働くか不利に働くかの結論は出ていない」として結論は持
ち越しとなり，事実上，レームのリオ・オリンピックへの出場の道
は閉ざされた（NHK 2016）。
　オリンピックへの出場を断念したレームは，リオ・パラリンピッ
クに出場し，8 m 21 cm を跳んで金メダルに輝いた。2 位に約 1 m
の差をつける圧勝だった。この記録は，リオ・オリンピックの優勝

306

第 11 章　競技の平等性と人権

記録である 8 m 38 cm には及ばないものの，5 位に相当するものだった。

　ところで，なぜ IAAF は，ピストリウスの場合には出場を認め，レームの場合には科学的，金銭的，精神的に高いハードルを設けて出場を「拒んだ」のだろうか。二人の何が違うのだろうか。

　この背景には，義足をつけたジャンパーがオリンピックという世界最高峰の大会で金メダルをとることの違和感や恐怖，あるいは困惑があったのではないかという声がある。裏を返せば，ピストリウスの場合には「義足をつけたランナーとしては速いが，健常者のランナーのタイムとは比べものにならないほど劣っている」から，つまり，オリンピックで勝つ見込みがないから「安心して」出場を認めたのではないか。レーム自身も「障がい者が 6 m や 7 m を跳ぶのならいいが，健常者と同等の 8 m を超えるジャンプはだめだ。なにかおかしいんじゃないか，という具合になる」と同様の感想を語っている。

　もちろんレームがリオ・オリンピックに出場を許されなかった「真」の理由はわからない。IAAF が競技の平等性を最重要視しているからなのかもしれない。ともあれ，健常者も出場する大会で優勝したレームに対してメダル剥奪の要求がだされることや，レーム自身が自身のパフォーマンスに向けられる眼差しに対して困惑すること自体が，問題の根深さを物語っているといえるだろう。

7　二元論的思考を超えて

　多様化が進む現代世界において，スポーツは今，困難に直面している。スポーツをおこなう上での大前提となる平等性に対して，二つの大きな異議申立てがなされているからである。

　一つは，染色体を基準にして「男子」と「女子」の二つのカテゴ

第4部　スポーツをひらく

リーを設けることで競技の平等性が担保されると考える，そのような
シンプルな思考に対する異議申立てである。

　もう一つは，「健常者」とは異なる「障がい者」というカテゴリーを設けることで競技の平等性が担保されると考える，そのようなシンプルな思考に対する異議申立てである。

　生物学的性差も社会的性差もセクシュアリティも，それらはすべて状況的なグラデーションであり「男性／女性」というような単純な二元論で区別できるようなものではない。また，「健常者／障がい者」という二元論も，「障がい者」という自己同定が暫定的で状況的な位置性であることが判明した今，論理的合理性は破綻している。スポーツのパフォーマンスの平等性を長い間にわたって担保していた二大原則は，今，激震に晒され根幹から揺らいでいる。これまでスポーツが担保してきた「平等」の内実の正当性が今問われているのである。

　歴史的に踏襲されてきた「男性／女性」「健常者／障がい者」という二元論は，これまで，科学的な根拠を後ろ盾にして正当性を担保されてきた。だが「男性／女性」「健常者／障がい者」という二元論の科学的正当性は，もはや神話と化してしまっている。そうだとすれば，私たちは，スポーツにおける平等性の内実を，根源的に再考する必要があるのだろう。つまり，スポーツにおける平等性に関する新たな基軸を打ち立てる必要があるのだ。

　それは，飯田のいう「二流の選手」（飯田 2004：11‐19）という不平等を生み出さない基軸でなければならない。前述したように，近代スポーツは男性によって組み立てられた一つの社会制度であり，ほとんどの競技が男らしさを表現・育成・正当化するという役割を担ってきた。そうであるがゆえに，筋力やパワーに劣る女性は，必然的に「二流の選手」に定位させられることに繋がっていた（飯田 2004：11‐19）。

第 11 章　競技の平等性と人権

　飯田が告発した近代スポーツが内包するジェンダーの不平等な構造と，社会における男性／女性の不平等な関係性をスポーツによって再生産・再肯定する構造は，そのまま障がい者のスポーツにも当てはまる。健常者／障がい者という二元論が浮き彫りにするのは，両者の間に厳然と存在する階層性と非対称性である。

　たとえば，メディアが障がい者アスリートを讃えるときに使う定番のフレーズの一つに「大きな困難を乗り越えて……感動をありがとう」というものがある。私たちの心を揺さぶる美しいフレーズにいっけん聞こえるが，障がい者アスリートが障がいを克服するべく努力したプロセスに焦点化し，それを過度に賛美するこの言葉の深層には，階層性と非対称性を強化する危険性が潜んでいる。障がい者アスリートのパフォーマンスではなく，そこにたどり着くまでのプロセスを讃えることで，結果として，健常者アスリートの障がい者アスリートに対するパフォーマンスの優位性が肯定されるからだ[8]。

　ウサイン・ボルトの走りが人びとを感動させるのは，彼がパフォーマンスの陰で人一倍努力してきたそのプロセスを想像させるからではない。人類史上誰も成し得なかったスピードで走ることができるというその驚異的なパフォーマンスこそが深い感動を与えるのである。

　オリンピズムの根本原理の 2 と 4 には次のような言葉が並んでいる。

　　2．オリンピズムの目的は，人間の尊厳の保持に重きを置く平和な
　　　社会を奨励することを目指し，スポーツを人類の調和のとれた発
　　　展に役立てることにある。
　　4．スポーツをすることは人権の一つである。すべての個人はいか
　　　なる種類の差別も受けることなく，オリンピック精神に基づき，

309

第４部　スポーツをひらく

　スポーツをする機会を与えられなければならない。オリンピック
精神においては友情，連帯，フェアプレーの精神とともに相互理
解が求められる。

　新たに構想されるべき平等性は，オリンピズムの根本原理を実現
するようなものでなければならない。これらの原理を理想のままで
終わらせるのではなく，たとえ試行錯誤しようとも，真の平等性を
追求していかなければならない。さもなければスポーツは，これま
でどおり不平等を生み出す社会制度の一つとして機能し続けるだろ
う。

　平等性の中に潜む不平等性が暴露されたという意味で，2012 年
のロンドン・オリンピックはスポーツにとってのターニング・ポイ
ントになった。そしてその後の激しいバックラッシュを招いたとい
う意味で，2016 年のリオ・オリンピックはスポーツにとってのも
う一つのターニング・ポイントになった。

　2012 年のあの日，セメンヤとピストリウスは，そして 2016 年の
あの日，セメンヤ，ニョンサバ，ワンブイは，単に，差別と偏見に
曝されながらも，念願だったオリンピックに出場して，大観衆が見
守る中を颯爽とトラックを駆け抜けただけではなかった。また同じ
ように，2016 年のあの日，レームは，オリンピックを断念して忸
怩たる思いを抱きつつ出場したパラリンピックで，大空に向かって
軽やかに跳躍しただけではなかった。

　それと同時に彼らは「スポーツにおける平等性とは何か」，そし
てその問いの先にある「人権とはなにか」という根源的で鋭利な問
いを私たちに突きつけていたのである。

【注】
　1）冨島磨由美は「障がいではなく個性として自然に受けいれできる社会に

なるよう，意識的効果，Inclution の環境がどれだけ重要であるか」（冨島 2013：229）と述べている。

2）フランスの哲学者ジャック・デリダの用語。絶対的な真理や二項対立的な枠組みなどを一度解体して，再構築を試みる思考法のこと。

3）2019 年 3 月 3 日の朝日新聞によれば，出生前診断が始まった 2013 年から 2018 年 9 月までの 5 年半で約 6 万 5000 人が受検した。検査で陽性が出て，染色体異常の診断が確定した妊婦は 886 人おり，そのうちの約 9 割が中絶したという。こうした出生前診断に対しては，導入前から，それが新たな「命の選別」につながると，反対する声があがっている。

4）ベルリン大会の 3 週間前に，IAAF の要請を受けて，南アフリカ陸上競技連盟が「通常のドーピングテスト」だとセメンヤに偽ってセックス・テストをおこなっていた。そして南アフリカ陸連は，セックス・テストを実施したことを伏せたままセメンヤを世界陸上競技選手権大会の南アフリカ代表としてエントリーした。一方 IAAF は，800 M 決勝の前夜，セメンヤを呼び出して性別の証明をするように要求した（Rise Films 2010）。なお当時の女子 800 M の世界記録は 1 分 53 秒 28 であり，セメンヤがベルリンで出したタイムは自己ベストとはいえ，それから 2 秒以上も遅い。タイムだけを見るならば，セメンヤの能力が「女性を上回るほど」突出していたわけではない。

5）ピストリウスのクラス「T44」の「T」は「トラック（Track）競技」，「44」は「片下腿切断（足関節離断含む）または片足関節の機能の全廃したもの。または，片下肢最小の障害基準（MDC）に該当するもの」を意味している。

6）2012 年のロンドン・パラリンピックに出場したピストリウスは，男子 200 M 決勝でアラン・オリベイラ（ブラジル）に敗れて 2 位になった。レース後のインタビューでピストリウスは，オリベイラが長い義足を装着して人工的にストライドを大きくしていると批判した。ピストリウスが長年闘ってきた義足に対する「機械的補助の禁止」という見方を，ピストリウス自身が振りかざしたこの発言は大きな波紋を呼んだ。

7）渡の障がい者のスポーツ観と正反対の立場をとるのが渡部憲一である。渡部は，「彼ら（筆者注：障がい者のこと）のスポーツを「力強さ」や「成果の競争」といった近代の価値観に拘って捉えようとしても無理がある。なぜなら，障害のある人は，「力強さ」や「成果の競争」からは自由

第4部　スポーツをひらく

な立場にあるからである。そればかりではない。彼らが身体的器用さを表現しようとする時，障害のある人の身体状況は，健常者の身体からも自由な領域にあるのである。不自由の度合いがそれぞれに異なる障がいのある人にとって，最も信頼できるのは，「迫力」や「成果の競争」ではなく，自由な自然身体である。自然身体に信頼を寄せ，あらゆる器用さを身に纏った生こそ祖先たちの創った身体文化なのである。」（渡部 2005：22）と述べている。渡部は障がいを，固定化されて不変のものであり，障がい者のスポーツは健常者のスポーツが重視する「力強さ」と「成果」という価値に拘束されてはいないと主張している。つまり，渡部は，障がい者のスポーツと健常者のスポーツは別物だと捉えている。

8）たとえば渡部は，「パラリンピックに触れた学生の多くが「障害者は，生きる意味やスポーツの意義を健常者以上に知っている」という感想を寄せる」と述べながら，その理由として，「障害のある人のスポーツからは深奥からの生の衝動が伝わってくる」ことを挙げる。さらに続けて，「障害のある人のスポーツには，自らを変え続けようとする彼ら自身の人間的生が反映していたのである。この新しい生の在り方をスポーツに垣間みたとき，それを見る人はこころを揺さぶられるのである。」（渡部 2005：32-33）と，スポーツの結果ではなくそこに至までのプロセスを賛美する。渡部は，障がい者のスポーツの「障がい」の部分を，彼らが克服するプロセスを過度に評価することで，結果的に健常者のスポーツとは別物だと見做している。

付記：本稿は『桐蔭論叢第33号』（桐蔭横浜大学，2016）「スポーツと平等性　ジェンダーと障がい者スポーツの視点から」の内容を大幅に加筆修正したものである。

【参考文献】

朝日新聞，2019年3月3日，『「不適切検査減らす」強調』。

The Daily Telegraph HP, 2009, http://www.dailytelegraph.com.au/sport/semenya-has-no-womb-or-ovaries/story-e6frexni-1225771672245，2015年8月14日閲覧。

IAAF HP, 2008, "OSCAR PISTRIUS ― INDEPENDENT SCIENTIFIC STUDY CONCLUDES THAT CHEETAH PROSTHETICS OFFAR CLEAR

MECHANICAL ADVANTAGES.", http://www.iaaf.org/news/news/oscar-pistorius-independent-scientific-stud-1?utm_source=GCSResults&utm_medium=googlecse&utm_campaign=Search%20term:%20'oscar%20pistorius',%20Page1&utm_content=Slot2，2015 年 8 月 15 日閲覧。

IAAF HP, 2018, "IAAF INTRODUCES NEW ELIGIBILITY REGULATIONS FOR FEMALE CLASSIFICATION", https://www.iaaf.org/news/press-release/eligibility-regulations-for-female-classifica，2018 年 10 月 6 日閲覧。

飯田貴子，2004，「序章第 1 節　スポーツのジェンダー構造を読む」飯田貴子・井谷惠子編『スポーツ・ジェンダー学への招待』，明石書店，pp. 11-19。

NHK，2016，『ミラクルボディー　未知の能力を呼び覚ませ　義足のジャンパー　マルクス・レーム』，2016 年 7 月 20 日放送。

乙武洋匡，1998，『五体不満足』，講談社。

Reuters HP, 2011, http://jp.reuters.com/article/2011/08/29/idJPJAPAN-22908920110829，2015 年 8 月 16 日閲覧。

Rise Films, 2010, *Too Fast to be a Woman? The Story of Caster Semenya*（BS 世界のドキュメンタリー『速すぎた女性ランナー　～キャスター・セメンヤの苦悩～』，2012 年 5 月 29 日放送）。

田原淳子，2004，「第 3 章第 2 節　スポーツ記録とジェンダー」飯田貴子・井谷惠子編『スポーツ・ジェンダー学への招待』，明石書店，pp. 141-150。

The Telegraph HP, 2007, http://www.telegraph.co.uk/sport/mysport/2312850/My-Sport-Oscar-Pistorius.html，2015 年 8 月 15 日閲覧。

冨島磨由美，2013，「障がい者の自立と社会参加における調査と研究——知的障がい者の自立と社会参加支援」『太成学院大学紀要 15』，pp. 225-230。

Wagman, Brenda, 2009, "Including Transitioning and Transitioned Athletes in Sport: Issue, Facts and Perspectives", *Working with Transitioning/Transitioned Athletes in Sport project,* pp. 1-38.

渡部憲一，2005，『身体障がいとジェンダーにスポーツを読む』，高菅出版。

渡正，2005，「「健常者／障がい者」カテゴリーを揺るがすスポーツ実践——車椅子バスケットボール選手の語りから——」『スポーツ社会学研究』，日本スポーツ社会学会，pp. 39-52。

第12章 小笠原諸島におけるスポーツ

スポーツを通して地域社会をみる

古村　学

1　はじめに

　皆さんは小笠原諸島を知っているだろうか。「テレビで紹介しているのを見た」。「どこで聞いたかは忘れてしまったが，なんとなく名前だけは聞いたことがある」。なかには，「知らない」と答える人もいるだろう。それでは，知っていると答えた人は，どこにあるかわかるだろうか。

　宇都宮の大学や専門学校の授業で新入生に聞いてみると，知っているのは半分弱であった。小笠原諸島は，2011年に世界自然遺産登録され，そのころからメディアで紹介される機会も増えた。登録以前には，学生による知名度はより低かったが，いまだ知名度が高いとはいいかねる割合であろう。

　また，日本地図に場所を示してもらうと，正確に答えられるのは全体の1割ほどであった。東京の南の海上ということは知っているのか，伊豆諸島を示すものもいる。あまり知られているとはいえない。正解をいえば，東京から南へ約1000キロメートル離れた洋上に小笠原諸島は位置する。これは，西へ向かえば九州，北東へ向かえば北海道へ行きつく。ぽつんと太平洋上に浮かぶ島じまなのである。

　ここは，どのようなところだと思うだろうか。南の島ということで，青い海，白い砂浜，色とりどりの花や鳥，南国フルーツ。沖縄

315

第4部　スポーツをひらく

やグアムのような海浜リゾートをイメージするかもしれない。南国の楽園のイメージである。一方で，遠く離れた島ということで，農業や漁業といった第一次産業以外にはこれといった産業もなく，島の若い人は都会へと出て行ってしまう。その結果として，過疎化，高齢化，少子化が進んだ，さびれた「僻地」のイメージを抱く人もいるかもしれない。

　本章では，これらのイメージの先にある，現実の社会である小笠原から，スポーツについてみていく。そこで生活している人びとにとって，「する」，「みる」，「ささえる」ものとしてのスポーツは，どのような現状なのか。人びとや社会に対して，どのような意味を持っているのか。スポーツを通して，小笠原社会を描く試みである。そのうえで，スポーツが地域社会を「ひらく」可能性について考えていきたい。

2　小笠原のスポーツ・ツーリズム

2.1.　小笠原観光へ行ってみよう

　さっそく小笠原諸島へ向かってみたいと思うが，東京の竹芝桟橋から午前11時出航の「おがさわら丸」に乗ることがスタートとなる。出航後しばらくは，東京湾の景色を眺めているのも楽しい。ただ，じょじょに飽きてくる。外洋に出れば，海しか見えないため，なおさらであろう。1000キロメートル，飛行機であれば2時間ほどだが，小笠原には飛行場がないため，船で24時間かかるのである。

　便数も，沖縄のように1日に何便もの飛行機があるわけではなく，6日に1便しかない。日数も，往復の船中泊2泊を含む5泊6日が必要である。おがさわら丸のスケジュールに合わせなければならないため，旅行計画を自由に立てることはできない。運賃にしても，

第 12 章　小笠原諸島におけるスポーツ

もっとも安い 2 等和室で往復 5 万円と高い。小笠原への旅行は，ハードルの高いものなのである。にもかかわらず，ゴールデン・ウィーク，夏休みシーズン，年末年始などは船の予約を取るのが難しい。

24 時間の船旅を終えると，小笠原諸島父島二見港に到着である。港では，スティール・パンの生演奏が来島を歓迎し，南国気分を盛り上げてくれる。上陸した父島のメインストリートは，離島など多くの「僻地」に見られるような閑散としたものではない。かといって，いかにも観光地といった土産物屋や観光客向けの飲食店が軒を並べているわけでもない。2 軒のスーパーが向かい合っており，観光客に交じって島の人も多く歩いている。生活感ある活気にあふれた通りなのである。

小笠原観光でもっとも人気の高いものは，海のツアーである。クジラやイルカを探しながら進んでいくホエール・ウォッチング，小笠原一の観光スポットである南島への上陸など，いくつかのアトラクションを組み合わせたものとなっている。スポーツ・ツーリズムとしては，イルカと泳ぐドルフィン・スイム，兄島海中公園などでのシュノーケリングがこのツアーに含まれる。

また，陸域でのトレッキング・ツアーも人気が高い。小笠原では，自然を守るためにルートが決められており，その多くは認定ガイドの同行が義務づけられている。ガイドによる島の自然や歴史などの解説を聞きながら，目的地を目指して歩いていく。もっとも人気が高いのは，千尋岩，通称ハート・ロックへの 1 日コースである。頂上からは島中を見渡せる絶景が広がる。

多くの観光客にとっては，これら海と陸の二つのツアーに参加するのが一般的となっている。また，光るキノコ「グリーン・ペペ」や固有種のオガサワラオオコウモリを見にいくナイト・ツアーも人気が高い。さらに，スキューバ・ダイビング[1]，シー・カヤックなど多くのスポーツ・アトラクションが用意されている。小笠原で

317

第4部　スポーツをひらく

写真 12-1　ホエール・ウォッチングの様子。観光客だけでなく，島の人も楽しんでいる。筆者撮影。

は，シュノーケリングやトレッキングをはじめとしたスポーツ・ツーリズムがメインのアトラクションなのである。

2.2. 昔は，釣り，ダイビング

「昔は，釣り客3分の1，ダイビング3分の1，それ以外3分の1だったね」。

昔の観光客の状況について，ある島の人は言った。このことを聞いた時には，おおげさに言っているのかと思えた。多くのスポーツ・アトラクションにあふれる今のすがたからは，遠く離れていたためである。

小笠原が観光の対象地域となったのは，定期船が就航した1972年以降のことである。1968年の日本への返還以前には，沖縄と同様に米軍統治下で基地として利用されており，入島は禁止されていた。観光どころか，もともと島に住んでいた人でさえ，その多くは島に戻ることはできなかったのである。定期船就航後，1973年には遊漁船組合，1974年には観光協会が作られ，観光客を迎え入れる体制が整っていった。

第 12 章　小笠原諸島におけるスポーツ

　当時の日本における観光をみると，1970年に大阪万博が開かれている。また，万博終了後の鉄道利用者減少への対策として，当時の国鉄（現 JR）は，ディスカバー・ジャパン・キャンペーンを同年からおこなった。比較文化史を専門とする白幡洋三郎は，この二つは，日本観光史を語るうえで，重要な出来事であるとしている。万博以前には，観光旅行と言えば，有名観光地への修学旅行や社員旅行など，団体旅行が一般的であり，個人旅行は少なかった。万博を契機として，家族旅行などの個人旅行が広まっていったのである。

　ディスカバー・ジャパン・キャンペーンであるが，これは万博によって増加した鉄道利用者に鉄道旅行を促すものであり，特定の目的地のないキャンペーンであった。要は，鉄道を利用してもらえればよかったのである。この結果として，有名観光地でないところ，人の行かないところも観光対象地域となっていった（白幡 1996）。そのなかで起きたのが「秘境ブーム」や「離島ブーム」である。小笠原観光はその始まりから，これらのブームに乗っていたのである。

　おがさわら丸を運行する小笠原海運の1977年のパンフレットを見ると，Foods，Swimming，Fishing の三つのキーワードが掲げられている。また風景写真とともに，「父島小港海水浴場」で横たわる水着の女性，「母島・石門崎での磯釣り風景」を見ることができる。「各種観光料金」が列挙されているが，貸自転車や，レンタカー以外は，漁船など釣りに関係するものばかりである。今，あるような海や陸のツアーの記載はない。釣りが重要な観光アトラクションだったのである。

　ダイビングに関しては，定期船が就航した1972年に，ダイビング・ショップ「小笠原ダイビングセンター」が開店している。ダイビング・スポットとしての小笠原は，しだいに名が知られるようになり，1979年には老舗のダイビング雑誌『マリンダイビング』で特集が組まれた。小笠原へ来るダイバーは増加し，1980年代初頭

319

第4部　スポーツをひらく

までに新たに2軒のダイビング・ショップが開かれている。また，1985年の「各種観光料金」には，体験ダイビングが記載された。日本全国にダイビング・ブームが広がったのは1980年代後半であるが，そのころにはすでに受け入れ態勢が整っていたのである。

　みてきたように，戦後小笠原観光の黎明期には，ほかにもウィンド・サーフィンなどもあったが，釣りとダイビング，海水浴がメインのアトラクションであった。はじめからスポーツ・ツーリズムが中心であったともいえよう。このころの一般的な観光では，名所旧跡を見て回るものが主流であったが，小笠原にはそのような場所が少なく，見るものとしては自然景観ばかりであった。そのため，体験型のスポーツ・ツーリズムが隆盛となったのである。

2.3. ホエール・ウォッチング，ドルフィン・スイム

　1988年4月，第二次世界大戦後から米軍により統治されてきた小笠原諸島であったが，日本に返還された20周年記念として，ホエール・ウォッチングがおこなわれた。周辺海域はクジラの回遊地であり，幕末から明治期には，アメリカなどによる鯨油を取るための捕鯨が盛んであった。その後も，1980年代半ばの日本の商業捕鯨禁止まで，小笠原には捕鯨基地が存在していた。ホエール・ウォッチングを機に，捕る対象から，観る対象へとクジラは変わったのである。

　翌年には，ホエール・ウォッチングの先進地域であるハワイへの視察がおこなわれ，小笠原ホエール・ウォッチング協会が設立されている。これにより，日本初のホエール・ウォッチングの事業化が開始された。同年の小笠原海運のパンフレットには，「2月から4月運航」，「2時間で4000円」などと観光船の紹介がなされている。また，表紙にクジラの写真が掲載され，観光アトラクションとして有望であると判断されたことがうかがえる。

第 12 章　小笠原諸島におけるスポーツ

　当初，ホエール・ウォッチングの対象は，ザトウクジラであり，その回遊時期の関係から，上記にあるように 2 月から 4 月ごろに限られていた。一方で，マッコウクジラ，イルカなどは通年で小笠原近海にいることもあり，いくつかのアトラクションを組み込んだ海のツアーが作られていくことになる。

　また，イルカに関しては，ダイビングをしていると，時には一緒に泳いでくることが知られていた。これを生かし，ただ見るだけでなく，イルカと泳ぐことのできるドルフィン・スイムもツアーに組み込まれていくことになる。事業化から 5 年後の 1994 年のパンフレットでは，Dolphin ocean swim，Whale watching，Diving の 3 つがあげられ，遊覧船の連絡先も 17 と増加している。このころから，海のツアーが中心となる観光アトラクションへと変化していったのである。

　小笠原のホエール・ウォッチングであるが，日本におけるエコツーリズムの始まりと言われることもある。エコツーリズムとは，ただ自然を楽しむだけの観光とは異なる。自然を守る仕組み，地域貢献に役立つ仕組み，これらのことを理解するための学習効果をあわせもつものとしてある。無秩序に自然を楽しむのではなく，持続的に利用するための規則などの仕組みが，そこでは重要になる。

　ハワイに学び，研究機関である小笠原ホエール・ウォッチング協会とともに作成した自主ルールのもと，クジラへの負担を軽減させる仕組みを構築している。これは日本では初めての取組みであり，それゆえにエコツーリズムの始まりとされているのである。

　さらに，2003 年には，当時の東京都知事である石原慎太郎により，「東京都版エコツーリズム」が導入されている。南島，母島石門における入域規制，認定ガイドの同行の義務づけなど，自然資源を持続的に利用するための仕組みが，それである[2]。これらのエコツーリズムの取組みは，この後にみる陸域ガイドにもつながるも

第 4 部　スポーツをひらく

のとして，小笠原観光を特徴づけるものであるといえよう。

2. 4.　世界自然遺産登録

　2011 年，小笠原諸島は日本で 4 番目の世界自然遺産として登録
された。世界遺産とは，人類共通の「顕著な普遍的価値」があるも
のを後世に残すために，1972 年にユネスコによって制定されたも
のである。1950 年代，エジプトではアスワン・ハイ・ダムの建設
が計画されていたが，それによりヌビアの遺跡群は水没の危機にさ
らされていた。この遺跡を守るためのユネスコの活動は国際的に広
がり，世界遺産条約へと結びついていったのである。

　世界遺産の正式名称は，「世界の文化遺産及び自然遺産の保護に
関する条約」である。この名称からもわかるように，人間が作り上
げた文化遺産，自然が作り上げた自然遺産，両者が混在した複合遺
産に分けられる。2019 年 8 月現在，文化遺産が 869 件，自然遺産
が 213 件，複合遺産が 39 件，世界中で登録されている。日本には，
19 の文化遺産，4 つの自然遺産があり，世界で 12 番目の登録数で
ある。

　日本の自然遺産は，登録順に屋久島，白神山地，知床，小笠原諸
島があり，5 つ目として「奄美大島，徳之島，沖縄島北部及び西表
島」が次の登録を目指している。自然遺産に選ばれるには，自然美，
地形・地質，生態系，生物多様性からなる 4 つのクライテリアのう
ち，1 つ以上が認められなければならない。小笠原諸島に沿って，
この 4 つのクライテリアを確認してみよう。

　一つ目の自然美はわかりやすいだろう。南島をはじめとした自然
景観の美しさが相当する。二つ目の地質・地形は，地球が作られる
過程が見てとれるものである。小笠原は火山活動によって作られた
海洋島である。大陸の一部が切り離された大陸島とは，その生成過
程が異なっている。父島で見られる枕状溶岩などは海洋島が作られ

第 12 章　小笠原諸島におけるスポーツ

る過程を示すものであるが，多くの地域では地底深く沈み込んでしまうことから，ほかでは見ることができない貴重なものである。

　海洋島には，もともと生物はいない。また，ほかの陸地から離れているために，動物が泳いで渡ることはできない。よく言われることだが，現在生息している生物は，3W（Wind，Wave，Wing），つまり風や波に運ばれるか，翼で飛んできたものである。これらの生き物は，隔絶した環境のなかで生き残り，独自の進化を遂げることにより，その地域にしか存在しない，固有種，固有亜種となる。つまり，その地域でその種が絶滅すれば，この世からいなくなってしまうのである。これらの存在が，生物多様性として評価される。小笠原には，アカガシラカラスバト，メグロなどの鳥類をはじめとして，植物，昆虫，陸生貝類など多数の固有種，固有亜種が生息している。

　この生物多様性と生態系は，その差がわかりづらいかもしれない。小笠原諸島では，島ごとにカタツムリの殻の形が異なる。それぞれの環境の違いに合わせて，進化してきたためである。これは「適応放散」と呼ばれ，植物などにもみられる。この諸島全体における関係性が生態系として認められる基準である。この生態系が高く評価され，世界自然遺産として認められた。もっとも，日本政府が推薦する際には，地質・地形，生物多様性も理由としたが，これらは認められなかった。

　世界自然遺産の目的は，「普遍的価値」のある自然を後世に残すことにある。本来の目的からすれば，観光客誘致のためのものではない。しかし，メディアへの露出が増えることにより，観光客は増加する。登録前の 2010 年に 1 万 4000 人であった定期船おがさわら丸の観光客は，登録の年には 2 万 2000 人，その翌年には 2 万 3000 人と，1.5 倍以上に急増している。また，にっぽん丸や飛鳥Ⅱなど，島の人が「豪華客船」と呼ぶ観光船での観光客も合わせると，2 倍，2.5 倍の急増である[3]。この状況を，島の人は「世界遺産バブル」

323

第4部　スポーツをひらく

と呼んでいた。

　観光の変化を島の人に聞くと，「シルバーの人が増えた」という答えがよく返ってきた。登録直後の2011年夏，調査のため小笠原に滞在していたが，以前に来た時よりも，観光客が多いと感じられた。また，街中で見かける観光客はシニア層が多く，豪華客船から上陸する人からはその傾向がより感じられた。日本エコツーリズム協会の調査でも，登録前には，30代を中心として，20代から40代が多かったが，登録後には，60代以上の観光客が急増しているとされている。

　さらに，この調査では，観光客のリピート率も調べているが，2010年の24.5％から2011年の14.5％，2012年の11.7％と低下している（日本エコツーリズム協会2017）。初めて訪れる人の割合が増加したのである。これらの人びとは，世界遺産になったからこそ，小笠原を訪れた人びとということができるであろう[4]。

　仕事をリタイアした，経済に余裕のあるシニア層，世界遺産ゆえに訪れた人の増加は，小笠原における観光形態の変化をもたらした。陸域ツアーの急成長である。一般にシニア層の観光客は，登山やトレッキングを好む傾向が強い。また，世界遺産にかかわるものは，海上ではなく，陸上で観察されるものである。金銭に余裕もあるため，ツアー代金を払うこともいとわない。

　さらに，世界自然遺産登録に伴い，自然環境を保護するために，小笠原諸島の多くの場所では，入域制限が厳しくなっていったことも変化の要因としてあげられる。以前は，だれでも自由に山に入ることができ，代金を払ってまで，陸域ツアーに参加する人は少なかった。それが，講習を受けること，決められたルート以外には立ち入らないことが求められるようになったのである。そのため，観光客が山に入るには，資格を持ったガイドによるツアーに参加しなければならない。その結果として，海のツアーに次いで，陸のツアー

第 12 章　小笠原諸島におけるスポーツ

が定着していったのである。

　この節では，小笠原のスポーツ・ツーリズムについて，現在の状況から始まり，歴史的な変化をみてきた。初期には釣りやダイビング，海水浴であったものが，ホエール・ウォッチングを契機として海のツアーに含まれるシュノーケリングやドルフィン・スイム，世界自然遺産登録による山のトレッキング・ツアーへと拡大したのである。

　ここまでみてきたものは，観光客が「する」スポーツとしての側面であり，観光客からの視点が強いものといえる。そのため，小笠原社会はみえてこない。そこで，ここから先は，スポーツ・ツーリズムを「ささえる」島の人びと，そこで生活する人びとの視点から，みていきたい。なお，小笠原諸島の有人島は，父島，母島，硫黄島，南鳥島であるが，父島を中心としてみていくこととする[5]。

3　島の人びとから見たスポーツ・ツーリズム

3.1.　小笠原社会の概況

　ここまで読んできて，小笠原社会をどのようなものだと思うだろうか。はじめにでみたように，過疎化，高齢化，少子化が進み，たいした産業もない「僻地」であるのか。それであるのに，スポーツ・ツーリズムが盛ん。世界遺産以降にはシルバーの観光客が増えたとはいえ，30代を中心とした若い観光客が多い。なにか，違和感を覚えないだろうか。

　国勢調査を見ると，小笠原諸島の父島および母島では，過疎化は進んでいない。返還以降，人口はおおむね増加し続け，2000年には2400人を超えた，そのあと横ばい状態が続いたが，世界遺産登録以降は2500人程度と増加している。高齢化率は14.5％と，日本全体の26.6％と比べて非常に低く，子供の数も多い。どんな社会だ

325

第 4 部　スポーツをひらく

ろうか。

　無人島であった小笠原に人が定住したのは，1830 年のことである。すでにみたアメリカの捕鯨船に，水や食料，薪などを供給するため，アメリカ人など数人の白人と，20 人ほどのハワイ先住民が移住してきたのである。当時は，どこの国家にも属していない無国籍の地としてあった。

　それが，日本に組み込まれていったのは幕末から明治初期のことである。日本編入後，八丈島などから入植が開始されることになる。さらに，第一次大戦後には，日本の領土となった南洋諸島への玄関口として，発展していった。南の島で育つ野菜は，「小笠原もの」といわれ高値で売れ，ムロ節などの漁業も盛んであり，豊かな生活であったという。最盛期の人口は 8000 人近く，現在よりはるかに多い。

　太平洋戦争は，この豊かな生活を破壊した。1944 年，戦争の激化に伴い，一部の軍属を除き，島の人びとは強制疎開させられる。戦争が終わっても，米軍基地として利用されたため，帰島は認められなかった。ただし，白人やハワイ先住民の子孫は，その容姿ゆえに迫害を受けるという理由で，帰島が認められた。物資はグアムから運ばれ，教育は英語でなされるなど，アメリカとなったのである。

　1968 年の返還以降，小笠原の人口は増え続けた。戦前に島に住んでいた人が帰島していったのだが，それに加え，返還後の復興のため，行政機関職員や建設業者などが多く派遣されたのである。さらに，1970 年以降の離島ブームに乗って，また南の島への憧れから，島に住み着く人も多くいた。この結果，米軍統治時代から住み続ける欧米系島民（在来島民），戦前に居住していた人びととその子孫からなる旧島民，返還以降に移住した新島民という島民区分が生まれた[6]。

　小笠原社会を見るうえで，この新島民は重要である。新島民は，

326

第 12 章　小笠原諸島におけるスポーツ

人口の8割を占めるといわれており，その比率は年々高まっている。小笠原は，島で生まれ育った人に比べて，移住者が非常に多い島なのである。

　父島の就業構造であるが，公務員が非常に多い。国勢調査の「公務（他に分類されるものは除く）」では，全国の3.4％に対して15.3％，この割合は全市区町村のなかでも高い値である。村役場，東京都の支庁，国の省庁出先機関，自衛官，警察官など多くの公務員がいる。さらに，「ほかに分類されるものは除く」とあるように，公的機関の教員や医療関係者などは含まれていないため，実際の数はさらに多くなっている。

　また，建設業従事者も11.4％と3番目に多い。人口2500人ほどの島で，民間の事業が多いはずもなく，道路や港湾の整備など公共事業による工事がおこなわれているのである。公務員の給与も，公共事業も，その資金源は税金である。島の経済は税金によって賄われている部分が大きいといえよう。

　税金に頼らない産業としては，観光産業の存在が大きい。宿泊業・飲食業は14.1％と2番目に就業者の多い産業であり，ガイドなどが含まれる生活関連サービス業も6.5％と低くない。観光客の「する」スポーツを「ささえる」観光産業は，移住してきた新島民を受け入れる仕事として，就業面において重要なものとなっているのである[7]。

　さらに，小笠原社会の特徴として，出入りの激しさが指摘できる。国勢調査によると，29.3％の人は，ここ5年の間に小笠原に来た人である。移住者が多いということもあるが，それに加えて，都や国の職員のように任期付で来た人，建設業など一時的に滞在している人が多いことも要因としてあげられる。また，リゾート・バイトなどで，1，2か月から数年の滞在をしている人びとも多数いる。移住してきた人にしても，いつまでいるかはわからない。一定数の人

327

第4部 スポーツをひらく

写真12-2 おがさわら丸で島を出る人を見送る子どもたち。ここ青灯台は，子どもたちの水遊びの定番スポットである。筆者撮影。

びとが入れ替わっていく流動する社会なのである。

3.2. 産業としての観光の意味

小笠原への観光客は，すでにみたように，世界遺産バブルの最盛期である2012年でも，定期船で2万3000人，観光船を入れれば3万5000人であるが，これはほかの地域と比べると，それほど多い数ではない。たとえば，ほかの世界自然遺産地域，候補地域では，知床は斜里町側で120万人，羅臼町側で50万人，西表島では30万人と，桁が違う[8]。これは，船の定員によって，上限が決まっているためである。

しかし，宿泊という点に着目すると，事情は変わってくる。一大ホテル街である宇登呂を擁する知床の斜里町は3割ほどの宿泊者がいるが，知床の羅臼や西表では，宿泊するのは1割から2割程度しかいない。また，どの地域でも1泊だけの客が多い。多くの観光客は，短時間で観光ポイントを見て回るだけで，次の目的地へと向かって行ってしまうのである。このような観光形態は，「通過型観光」

第 12 章　小笠原諸島におけるスポーツ

といわれる。自然など観光資源は浪費されるが，経済効果は，安め
の昼食と簡単な土産物，入場料，その程度しかない。

　通過型観光の対極にあるのが，「滞在型観光」である。宿泊，夜
の飲食など高い経済効果が期待できる。また，複数日泊まってもら
えれば，経済効果はより高い。この滞在型観光を伸ばすために，ガ
イド付きのツアーは有効であると考えられている。1日のツアーで
あれば，朝から夕方までかかるため，その前後の宿泊が期待できる
ためである。また，ガイドの仕事が増えるという，雇用効果も期待
できる。しかし，多くの地域が知恵を絞っているが，その実現は難
しいのが現状である。

　小笠原では，定期船で来た場合は，滞在型観光以外はありえない。
しかも，3泊以上宿泊する。総観光客数は少ないが，のべ宿泊者数
で考えると，その規模は大きくなる。また，時間の余裕があるため，
ガイド付きツアーへの参加率も高い。多くの地域が悩むことから，
解放されているのである。小笠原での通過型観光といえば，豪華客
船であるが，富裕層が多いため，ツアーへの参加，昼食，土産物に
消費する金額は大きい。

　船による上限があることは，自然資源を守るうえでも効果的であ
る。これが第二の特徴としてある。いくら観光客が来ても，そのた
めに観光資源である自然が破壊されてしまっては意味がない。知床
や西表など多くの観光客が来る地域では，入り込みすぎることによ
る自然破壊が懸念されている。その対策として入域制限は有効であ
り，多くの地域が試行錯誤をしている[9]。小笠原では，この問題
で悩むことは少ない。

　たしかに観光産業を拡大することを妨げている側面がある。しか
し，それをもってしても，自然資源保護の点で有利な点としてみる
ことが可能であろう。また，ホエール・ウォッチングなどの自主ル
ール，東京都版エコツーリズムによる規制，世界遺産登録後の陸域

329

第 4 部　スポーツをひらく

ルート制限，ガイド同行の義務づけなど，観光活動による自然破壊から守る取組みは，かえって魅力的なものとして観光客にアピールすることができる。

　第三の特徴としては，リピーターが多いことがあげられる。時間も，金額もハードルが高いにもかかわらず，それでも行きたいと，なんども訪れる人が多くいる。毎年来る人，年に何度も来る人も少なくない。観光産業にかかわらず，モノを売る産業では，リピーターの獲得は重要である。安定した売上げが期待できるためである。さらに，なんども訪れるだけの魅力があることの証明ともなる。

　加えていえば，リピーターは面倒くさくない客ともいえるだろう。地域の事情を知っていることにより，ローカル・ルールを守ることができるからである。ただ通り過ぎるだけのお客さんというよりも，地域のサポーターととらえることもできよう。さらに，その地域に魅力を感じているために，移住するかもしれない。人口減少に悩む地域にとっては魅力的である。そのため，多くの地域では，いかにリピーターを増やすかを模索している。この点でも，小笠原の観光は優位性を持つ。

　すでにみたように世界遺産登録からしばらくは，リピーターの割合が減少したのも事実である。登録当時に，世界遺産だから来る人が増加し，リピーターが来られなくなる，来なくなるのではないかという懸念が聞かれた。世界遺産になることで，それを目当てに来る観光客が増えれば，その分リピーターは，船や宿が取れずに来られなくなる。さらに，世界遺産になったことで島の雰囲気が変わってしまえば，それを嫌がり，来なくなるかもしれないというのである。一方で，世界遺産になったからという理由で来た人は，リピーターになることは少なく，二度来ることはない。次は，あらたな世界遺産に行くためである。しかし，世界遺産バブルは，2年ですぎ，リピート率は回復しつつある。

330

3. 3. ささえる人にとっての意味

　小笠原の人びとにとって，観光対象となっているスポーツは，仕事として「ささえる」ものであるが，同時に「する」対象でもある。島の人びとも，シュノーケリングなどの海のスポーツを楽しんでいる。また，観光客に混ざって，ドルフィン・スイムなど海のツアーに参加する人も多くいる。これも小笠原の特徴といえるかもしれない。

　そこに住んでいる人が，観光対象となっているスポーツを，それほどしないというケースは，よく聞かれる。たとえば知床では，登山が重要なスポーツ・ツーリズムとしてあるが，住民で行く人は少数派である。また西表でも，移住してきたばかりの人はともかくとして，ダイビングやカヌーを楽しむ人は，それほど多くない。わざわざツアーに参加する人となると，さらに限られる。

　このことは，移住者である新島民が多いという小笠原の社会構造を考えれば，わかりやすい。小笠原に惹かれる最大の魅力は，その海にある。この海で泳ぎたいので，ダイビングをしたいので，イルカと一緒に泳げるので，住み始めたということは，よく聞かれる。スポーツ・ツーリズムが移住のきっかけとなっているのである。２，３年の転勤で来ている公務員とその家族にしてみれば，観光客の気分に近い。

　「田舎」では，昔からつづく地縁関係が強いことが多い。その土地の決まりごとや義務などに従わなければない。また，人づきあいが濃密であり，生活に干渉されることも多い。それになじめずに，移住してきたが入りづらい，結局は出ていくということもある。しかし，歴史として社会の連続性が分断されていることもあり，小笠原では地縁関係は薄い。このことは，移住のしやすさにつながっている。都会からの移住者，転勤者が多いため，干渉されることの少ない，人づきあいのあっさりした都会的な性格を持った社会となっ

第4部　スポーツをひらく

ているのである。

　また，移住者の多さは，移住のしやすさにつながる。周りには，
自分と同じように小笠原の海に惹かれ，移住してきた先輩が多いた
めである。移住者の多さゆえに，さらに移住者が増えていく。もっ
とも，これらの人びとがいつまでいるかはわからない。すでにみた
ように，流動する社会なのである。そのため，観光客，長期滞在者，
移住者の線引きが難しい社会となっている[10]。

　移住するためには，仕事を探さなければならない。観光産業は重
要な仕事先としてある。また，ダイビングのインストラクターにな
りたくて，ドルフィン・スイム船で働きたくて，移住した人も少な
くない。しかし，世界遺産登録前の小笠原では，仕事を見つけるの
は難しかった。明らかに労働基準法違反の募集もあったほどである。
小笠原に限ったことではないが，一般的に観光産業は賃金が安く，
季節性が高いため，収入は不安定になりがちなのである。

　仕事を見つけても，家を探すのがまたたいへんである。小笠原の
家賃は東京23区内並みに高い。それでも，物件は見つからない。
そのため，宿舎付の仕事の人気は高い。また，輸送コストがかかる
ということで，品物の値段は高い。給料は安い，家賃は高い，物価
も高い，それでも，ここに住みたい。それが，小笠原なのである。

　もっとも，世界遺産登録以後には，変化がみられる。仕事が増え
たのである。観光関連でいえば，陸域ガイドの仕事が増えた。陸域
ガイドは，それだけで暮らしていくのは難しく，海のガイドもしな
がら，ほかの全く関係のない仕事をしながら，なんとか続けていた。
それが今では，業者数が増加している。あたらしい宿も増え，その
従業員募集も増えている。

　だが，募集に応じる人は少ない。ある島の人は，「島の人は観光
はやらないでしょ」という。オーナーになるならともかくとして，
従業員であれば，給料が低い，待遇も悪いため，やらないというの

332

第12章 小笠原諸島におけるスポーツ

である。季節性もあるだろう。そのため，長期滞在している人がそれらの仕事を担っている。

それよりも，世界遺産登録後には，外来種対策の仕事が増えている。海洋島の自然は脆弱であるため，外来種によって，本来の自然は容易に破壊されてしまう。登録の決め手となったカタツムリであるが，父島では野生種は絶滅したとみられている。この自然を守るために，環境省，東京都などは，多額の予算を投じているのである。そのため，給料の良い外来種対策の仕事の募集が多くある。この仕事を，「あらたな公共事業」と呼ぶ人もいる。世界遺産バブルは，今も続いているのである。

4 生活のなかにあるスポーツ

4.1.「ふつう」のスポーツ

「野球でしょ，サッカーでしょ，テニスでしょ，祭のときの相撲も盛んだな。ほかにも……（後略）」

「小笠原で，スポーツといったら，なんですかね」と聞いた時の答えである。多くの人から，同じように「ふつう」のスポーツが答えとして帰ってきた。日本中どこででもおこなわれているようなものとして，「ふつう」なものである。小笠原ならではのマリン・スポーツを期待していたこともあり，意外に思えた。

たしかに，島のなかを歩けば，奥村の運動公園では，子供たちがサッカーをしている。涼しくなる夕方にはお年寄りがゲート・ボールをしており，テニスにいたっては，日中だけでなく，ナイター設備のなかでもおこなわれている。福祉センターのなかでは，空手がおこなわれており，耳を澄ませば，金属バットが球を打つ音が聞こえる。学校の体育館では，生徒たちだけでなく，大人もフットサルやバスケット・ボール，バレー・ボールを楽しんでいる。小笠原で

333

第4部　スポーツをひらく

写真12-3　高校生とのゲート・ボール交流会。ふだん高校生の参加はまれである。筆者撮影。

は,「ふつう」のスポーツが盛んである。

　「マリン・スポーツは,どうですか」と促すと,はじめて答えが返ってくる。もっとも,「ダイビングやシュノーケルはスポーツじゃないでしょ」といった答えも多い。ダイビング,シュノーケリング,ドルフィン・スイム,釣りなど,小笠原観光の対象となるものは,スポーツとしてとらえられていない傾向があるのだ。スポーツといえば,勝ち負けのつくものであり,それゆえに「ふつう」のスポーツなのである。

　マリン・スポーツの現状であるが,「ふつう」のスポーツと比べると,それほど盛んというわけではない。週末にビーチに行くと,島の人びとが楽しんでいる様子を見ることもできるが,ちらほらといった感じで,盛況というわけではない。小笠原の海で泳ぎたいので,ダイビングがしたいので,イルカと泳ぎたいので,というのは,移住をした動機である。住み始めたころはよくいっていたけど,じょじょに回数が減っていき,最後には「そういえば,長いこと海に入ってないな」という人は少なくない。海で泳いでいるのは,青灯台での子供たちぐらいである。

第 12 章　小笠原諸島におけるスポーツ

　ダイビングやドルフィン・スイムは，ツアー代金がかかるという
こともあるだろう。しかし，代金のかからないビーチでのシュノー
ケリングもやらなくなっていく。ある人は，シュノーケルの三点セ
ットを用意してまで行くのが「面倒くさい」という。また，子供が
できて，生活が忙しくなっていき，離れていくという話も聞く。も
ちろん，続けていく人もいるのだが，少数派となっていくのである。

　「いつでも行けるからじゃないっすか」と，ある島の人は理由を
説明する。小笠原では，どこへ行っても海が見える。買い物などで
町の中心部まで出れば，前浜ビーチまでは，5 分とかからない。買
い物ついでに，ひと泳ぎするのは，いとも簡単である。小さな島な
ので，ほかのビーチにも行くのも容易い。海のツアーにしても，繁
忙期や荒天時は別として，いつでも参加可能である。

　社会学者であるジョン・アーリは，労働の世界である日常と対比
的な非日常なものが，「まなざし」を向ける観光対象になるとして
いる（アーリ 1995）。観光客にとって，マリン・スポーツは非日常
であることは言うまでもないであろう。移住しても，はじめのうち
は，非日常として楽しめる。それが長く住んでいると，いつでも行
けるものとして，しだいに日常化していくのである。観光地に住む
ということは，そういうことであろう。

　この非日常のものが人を惹きつけるということは，小笠原におけ
るサーフィンからもみえてくる。マリン・スポーツは盛んでないと
書いたが，サーフィンは別である。台風の後など，良い波が出る日
には，サーフ・ボードを乗せた車やスクーター，自転車がサーフ・
ポイントへ向かっていく。真剣にやっている人は 20 人から 30 人ぐ
らいだが，たまにする人を合わせると，100 人とも 200 人とも言わ
れている。島では，サーフ・ボードを横に積めるように改造してあ
るスクーターをよく見かける。仕事を休んでしまう人もいるほどで
ある。

第4部　スポーツをひらく

　しかし，小笠原におけるサーフィンの条件は，よくない。機会が，あまりにも限られているのである。夏場は，台風でも来ない限り，乗れるような波は来ない。ほかの季節もできる日は限られている。また，小さな波か，大きな波か，どちらかともいう。波が小さければ乗れず，大きすぎれば危険である。それでも，サーフィン人口は多く，続けていく人も多い。

　このことは，非日常という点からみると，わかりやすい。小笠原においてサーフィンは，非日常なのである。普段はできない，特別なスポーツとしてある。そのため，良い波が出るのを待ち望んでいる。しかし，する機会に恵まれていないため，スポーツ・ツーリズムとしての成立は難しい。島内にサーフ・ショップはあるが，問い合わせが月に2回か3回あればいい方だという。島に住んでいるからこそできる，特権なのである。

4. 2.　することがないから

　「なんで，そんなにスポーツが盛んなんですかね」と聞くと，「することがないから」という答えがよく帰ってくる。仕事はそれほど忙しくないのだが，出かけるところもない，娯楽も少なく，することがないというのである。都会にいるときに，忙しく働いていた移住者や転勤者であれば，よりその思いは強くなるだろう。

　おがさわら丸の運航スケジュールに合わせた生活も，その思いを強くさせている。入港中，とくに入港初日は忙しい。観光客だけでなく，仕事で来島した人も受け入れなければいけない。物資が入ってくるのはこの日だけであるため，量が多く，受け入れる側はたいへんである。夕方には，生鮮食品を求めて，スーパーには長い行列ができる。船が出ると，途端に忙しさから解放される。

　することがないこともあり，スポーツにかかわらず，音楽活動や伝統芸能などサークル活動は盛んである。いろいろなところで，練

習風景を見ることができる。おがさわら丸を歓迎するスティール・パンはその一つとしてある。もっとも人気が高いのは，フラであり，300人以上の規模となっている。このフラも身体芸能ということで，スポーツの一つとみてもよいかもしれない。

「僻地」の町村では，映画館などの娯楽施設は少なく，買い物も決まりきった数軒の店でしかできない。そのためもあり，たとえば知床の羅臼では週末に中標津まで行く人は多く，西表の人も石垣島によく行く。しかし，小笠原では，ちょっと東京までというわけにはいかない。観光客が行くのも大変だが，島の人が出かけるのも大変なのである。出かけられるのは，ビーチと山くらいしかない。

しかし，自分の日常生活を考えると，あまり出かけないこともあり，本当にすることがないのだろうかとも思える。たしかに，昔の小笠原では，電波が届かないため，テレビを見ることはできなかった。インターネット時代に入っても，回線が限られており，遅くて使い物にならない。スマートフォンは，通話だけで，データ通信はできなかった。そのため，今でもガラケーを使っている人は多い。本やビデオなども，島にあるもので我慢しなければならない。娯楽は限られていたのである。

今では，テレビは内地と同じものを見ることができる。海底ケーブルが引かれたことにより，ネット環境は快適となり，全家庭に端末が備えつけられている。スマートフォンも，データ通信ができるようになった。欲しいものがあれば，通信販売で買うことができる。インターネットおよび通信販売などの普及は，「僻地」の生活を大きく変えた。

こうしてみると，「することがない」という意識が引き継がれているのではないかとも思われる。昔はすることがなかった，その状況は時代の変化とともに改善されていったが，意識だけは引き継がれているということである。この意識は，あらたに移住してきた人

第4部　スポーツをひらく

にも伝えられていく。日常的に出かけるところがなく，島に閉じ込められているという感覚も，その思いを強くさせるだろう。

　することはないと思っているが，することとしてスポーツをはじめとしたサークル活動が用意されている。知り合いにやっている人がおり，誘われることもあるだろう。若年層も中高年層も多いことから，参加する人は多い。多くの人は，なんらかの活動に参加している。みんながやっているため，当たり前のように，自分も参加する。仲間がいるからこそ，続けていくということもあるだろう。やりたい活動があれば，あらたに自分たちで作り出してもよい。いっぽうで，参加したくなければ，無理にということもない。干渉されることの少ない都会的社会だからである。

4.3.　イベントとしてのスポーツ

「スポーツっていうより，イベントだよね」

　数人の島の人たちと，小笠原のスポーツについて話をしているときに，ある人が言った。周りの人は，「そうだね」という雰囲気で，スポーツ・イベントへと話は盛り上がっていった。みんな，いろいろ話すことがあるようである。

　小笠原では，スポーツ・イベントが多く開催されている。正月の警察署による武道始式，島を走り抜けるロード・レース大会，ポリネシアなどの伝統的カヌーであるアウトリガー・カヌー大会，多様なスポーツの対抗戦である父母スポーツ交流など，スポーツ・イベントが目白押しである。小笠原軟式野球大会には，小さな島ながら8チームも参加し，トーナメント戦がおこなわれる。秋の大神山例大祭の奉納相撲には，硫黄島の自衛隊相撲部も参加し，けが人が出るほどの激しさだという。島で最大のイベントの一つであるフラ・オハナには，大半の島の人が集まる。

　イベントが近づいてくると，それに備えて練習を始める人が出て

第 12 章　小笠原諸島におけるスポーツ

くる。その時だけ参加する人もいる。日常的におこなっている人も，活躍の場があるからこそ，普段の練習にも熱が入るというものだろう。勝ち負けのつく競技であれば，なおさらだ。することがないために，イベントは盛り上がりをみせるのである。

　スポーツに限らず，小笠原ではイベント事が多い。音楽活動が盛んなこともあり，飲食店などではライブがよく開かれる。小笠原ジャミンは，島で最大の音楽イベントである。盆踊り大会，神社の例大祭などの祭ごとも，伝統的な祭というよりは，イベントとして盛り上がる。さらにいうならば，研究者などによる講演会，自然保護ボランティアなどにも参加する人が多いが，これらもイベントの一種といえよう。

　することがないという意識があることは，スポーツが盛んな理由だが，同様にイベントが多いことの理由ともなっている。娯楽の少ない退屈な日常から離れることのできる，非日常の空間なのである。ただ，多くのイベントが開かれているため，積極的に参加する人は忙しい。することがないため，することが多くなっているのである。

　すでにみたように，過去，日本における集落では，地縁による結びつきが強かった。同じムラの人間であるという仲間意識である。相互に助け合っていかなければ，農作業も，道普請も，家を建てることもできず，生活が成り立たない。ムラでの共同作業，祭などの伝統行事は，全員が参加するものであり，仲間意識を強化するものであった。結びつきの強さゆえに，ムラとしてのまとまりはあるが，外部者に対しては排他的である。

　現在では，ムラとしておこなってきた共同作業や相互扶助は，個人や行政がおこなうようになっている。しかし，それでも，地縁による結びつきが残っている地域が多い。とくに，都市部から離れた「僻地」の農山漁村では，その傾向が強く，それゆえに地域としてのまとまりがある。ただ，近年の過疎化，高齢化，少子化による衰

339

第4部　スポーツをひらく

退のため，祭をすることさえ難しくなっているというのも現状である。

　小笠原諸島の父島では，この地縁による結びつきが弱い。このことは，移住のしやすさを生み出しているが，一方で地域全体を結びつける力が弱くなる点も指摘できる。人口も少なく，せまい島であるが，付きあいのない人は多いという。とくに，世界自然遺産登録以降は，知らない人が増えたということである。「田舎」によくある，みんなが知りあいという状況ではない。

　この状況のなかで，スポーツをはじめとしたサークル活動は，島の人びとを結びつけるものと考えることができよう。「サークル縁」とでもいえるだろうか。その活動を通して，交友関係が広がり，親密度が増していくのである。とくにイベントとして試合のあるスポーツは，より仲間意識を強める。勝利を目指して共に戦う団体戦であれば，なおさらであろう。対戦相手であっても，試合が終わった後は，競い合った仲間である。

　さらに，スポーツ・イベントは，「する」人だけのものではない。運営を「ささえる」人，応援する「みる」人も一体となって作り上げるものである。そこに人の結びつきが生まれる。もちろん，地縁のようにムラ全体を巻き込むような強いものではない。いくつものイベントが，ゆるやかに島の人びとを結びつけているのである。そこには，欧米系島民も，旧島民も，新島民もない。長くいる人も，来たばかりの人も，一時的に滞在している人もない。みんなで盛りあげているのである。

5　おわりに（ひらく）

　小笠原におけるスポーツの現状についてみてきた。観光客として惹きつけられたスポーツ・ツーリズムであるが，移住した後も住民

第 12 章　小笠原諸島におけるスポーツ

として「する」。仕事として，「ささえる」側に回ることもある。「ふつう」のスポーツも「する」。スポーツ・イベントの場では，「する」，「みる」，「ささえる」という関係が，一つのものに参加者を結びつける。スポーツを通してみえてきた小笠原の社会である。

　みてきたように，スポーツ・ツーリズムの魅力は，よくある移住の理由である。移住者，それも若い移住者が多いことは，過疎化と高齢化を食いとどめている。そのため，活気のある島となっているのである。ここでは，多くの地方自治体が望んでいることが，実現されている。スポーツ・ツーリズムは産業としてあるだけでなく，移住者を呼び込むものとして，地域を「ひらく」可能性を持っている。

　また，スポーツは人びとを結びつけることもみてきた。することがないため，するものとしての「ふつう」のスポーツ，さらにスポーツ・イベント，これらは娯楽であるにとどまらず，人びとを結びつけるものとしてもある。小笠原は，出自の異なる多様な人びとからなる社会であるが，そこに一体感を生み出す。この意味からも，スポーツは社会を「ひらく」のである。

　スポーツは，小笠原社会の可能性を「ひらく」。しかし，これは広くほかの「僻地」社会に応用できるものではない。はじめにで「僻地」のイメージを見たが，それとはまったく異なる特殊な社会なのである。もちろん，イメージに近い社会もあるだろう。個々の社会は，個別の事情を持ち，個別の姿を持っている。その姿を見るための切り口の一つとして，スポーツは有用である。この章での取組みがうまくいっているのかは難しいところではある。しかし，スポーツを通して地域社会を描くという試みは，地域研究の可能性も「ひらく」のである。

341

第4部　スポーツをひらく

【注】

1 ）ダイビングは，スキューバ・ダイビングやスキン・ダイビングなど潜る
　　ことの総称であるが，煩雑さを避けるため，これ以降のダイビングとはス
　　キューバ・ダイビングを指すものとする。

2 ）小笠原をはじめとしたエコツーリズムについては，古村 2015 を参照。

3 ）観光客数は小笠原諸島世界自然遺産地域連絡会議事務局 2018 より。

4 ）この調査はおがさわら丸へ乗船した人びとを対象としたものである。豪
　　華客船で訪れた人に関しては，より傾向が強く表れると想定される。

5 ）硫黄島と南鳥島には，自衛隊員や建築業者など 500 人ほどが住んでいる
　　が，民間人の立ち入りは制限されている。国勢調査では，4 つの有人島を
　　対象としているが，本章では，小地域集計を利用し，父島と母島だけの数
　　値，もしくは父島だけの数値を利用している。

6 ）小笠原の歴史については，石原 2013 などを参照。

7 ）多くの離島や僻地で就業者の多い農業は，3.4%と少ない。これは利用可
　　能な土地が限られているためである。一方で，漁業従事者は 3.9%と，全
　　国の離島と比較して多く，重要な産業となっている。若い移住者を積極的
　　に受け入れていることが，その要因としてあげられる。

8 ）知床の観光客数については，環境省釧路自然環境事務所ほか 2017，西表
　　の観光客数については竹富町 2017 を参照。西表では宿泊客数を公表して
　　いないため推計値である。推計の詳細については古村 2015 を参照。なお
　　数値は，ここ数年の平均である。これら二地域でも，筆者は調査をおこな
　　っている。

9 ）知床において，もっとも入込観光客数が多いのは知床五湖であるが，踏
　　圧による自然破壊が懸念されていた。現在，観光客が多く来ても自然に負
　　担をかけない高架木道を作り，大半の観光客を誘導している。以前のよう
　　に五湖周辺へ直接行くには，時期によりガイド付き・ツアーに参加するか，
　　有料の講習を受けるかの必要がある。

10）都会的な小笠原の社会については，古村 2015 を参照。

付記：本稿は，「科学研究費補助金　基盤研究（C）（課題番号：15K03834）
　　　「世界自然遺産地域における野生生物と地域住民の関係にかんする比
　　　較研究」の成果報告である。

　　　　本稿を書き上げるためには，小笠原諸島の多くの方のお世話になっ

た。末尾ながら，お礼を申し上げたい。

【参考文献】

石原俊，2013，『〈群島〉の歴史社会学——小笠原諸島・硫黄島，日本・アメリカ，そして太平洋世界』弘文堂。

環境省釧路自然環境事務所ほか，2017，『知床白書　平成 28 年度　知床世界自然遺産地域年次報告書』。

古村学，2015，『離島エコツーリズムの社会学——隠岐・西表・小笠原・南大東の日常生活から』吉田書店。

日本エコツーリズム協会，2017，『小笠原村観光マーケティング調査　調査結果報告書』。

小笠原諸島世界自然遺産地域連絡会議事務局，2018，『小笠原諸島世界自然遺産に関する基礎資料集　平成 29 年度版』。

白幡洋三郎，1996，『旅行ノススメ——昭和が生んだ庶民の「新文化」』中央公論社。

竹富町，2017，『竹富町観光入域者数』https://www.town.taketomi.lg.jp/userfiles/files/page/administration/toukei/kankou/kankoutokei_s50-h28.pdf，2019 年 4 月 5 日閲覧。

アーリ，ジョン，1995，『観光のまなざし——現代社会におけるレジャーと旅行』法政大学出版局。

◆ COLUMN 4 ◆

音楽化するスポーツ観戦

木島由晶

　音楽とスポーツの関係を考えるとき，読者は何を連想するだろうか。たとえば筆者は大学で軽音楽部の顧問をしているのだが，その立場から見ると，音楽とスポーツにはほとんど接点がない。運動部に入っている人やその気質を「体育会系」，インドアな活動をする人やその気質を「文化系」と呼ぶように，筆者の勤務校でも両者はきっぱり区別されている。「クラブ間の垣根を越えて交流を深める」ことが目的のキャンプですら，運動部と文化部の合宿は別日程でおこなわれていて，同じ大学の敷地にいるのに，心理的な距離ははるかに遠い。学生どうしも，運動部は運動部の人と，文化部の人は文化部の人と交流しがちなので，それぞれがまるで別の民族であるかのような錯覚を起こしそうになる。

　しかしもちろん，音楽とスポーツはそれほど遠いものではない。スポーツにおける「みる」「する」「ささえる」の区別はそのまま音楽にも当てはまるし，プロからアマチュアまで，「する」人たちの層が厚い点でも音楽とスポーツはよく似ている。なにより，５万人規模のファンを収容するドーム型の球場をコンサート会場にも用いていることからわかるように，音楽はスポーツと並んで，多くの人びとを楽しませる大規模な興行であり続けている。文字どおり日本の武道の聖地であったはずの日本武道館は，いまやアイドルやロックバンドにとっても「聖地」なのであり，演者はそこに立つことを，ファンはそこで応援することを夢見ているだろう。

　そもそも，音楽をスポーツのように（も）捉えられるのは，それ

COLUMN 4 音楽化するスポーツ観戦

を「する」のに身体的な修練がともなうからである。すなわち，上手に演奏したり，歌うためには地道な練習が必要だし，ドラムマシンやミュージックシーケンサーに打ち込みをする（事前に演奏情報を入力する）さいにも，何が良い音かは自分の耳で細かく判断しなければならない。そしてそうだとすると，私たちの音楽への感動は，もっぱら身体的な技巧やセンスに感動することだと言い換えてもよい。私たちはスポーツ選手のスーパープレイに感動するように，凄腕ギタリストの超絶テクニックに感動するのだし，あるいは繊細に構築された楽曲の展開に心を揺さぶられるのである。

　音楽が「する」だけではなく，「みる」文化としても人気があるのは，この点による。研ぎ澄まされたスポーツ選手の技巧を「芸術的」と評すことがあるように，優れたアーティストの技巧に触れることには人は芸術的な喜びを感じるものだし，仮に上手でなかったとしても，インディーズのバンドや「地下アイドル」の公演には，「二部リーグ」の試合や高校野球を楽しむような，つまり成長を見守る喜びがある。そして何度も足を運んでいれば，観客はそのうち選手やアーティストに憧れや恋心に似た感情を抱くかもしれない。音楽はスポーツのように試合をすることはあまりないけれども，それでもお気に入りのアーティストを自分が支え，応援しようとする気持ちに大差はない。ましてや一日のうちに何十組ものアーティストが出演する，フェスティバル形式のコンサートが増えている今日ではなおさらである。

　このように，音楽とスポーツは文化の形式においてよく似ているが，興味ぶかいのは，中身のほうもますます似通ってきたことである。つまり，両者がともに興行として発展を遂げるなかで，あたかもライブやコンサートを楽しむように，スポーツを観戦するスタイルが浸透してきた。これを象徴するのが「ノリ」の用法の変化であり，社会学者の小川博司によると（小川 1988），この言葉が音楽の

345

第 4 部　スポーツをひらく

文脈を離れ，「悪ノリ」や「ノリが合う」など，一般的な文脈でも用いられるようになるのは 1980 年代以降のことである。これは日々の暮らしや人間関係の中で，自分の気分が高揚するかどうかを，人びとがことさら強く意識しはじめるようになったことを意味している。

　そして，日々の生活で人びとがノリを意識するということは，それが自己目的化することでもある。すなわち，従来は音楽によって自然と気分が高揚する状態を「ノル」と称していたのが，音楽以外のところでも意図的にノリを作りあげることが目指されていく。音楽の場合は，ライブやコンサートの演出がどんどん凝ったものになるのと同時に，観客は公演がおこなわれる前から，自宅で振り付けなどの予習をして，確実に盛り上がるための準備を整えておく行為が一般化するが，同様のことはスポーツにおいても当てはまる。なかでもそれが顕著なのが，プロ野球の観戦である。

　プロ野球において，「六甲おろし」のような球団が公認した応援歌（球団歌）とは別に，選手ごとの応援歌（ヒッティングマーチ）が作られるようになるのは，およそ 1980 年代前後のことである。これを作っているのは応援団で，当初は既存の流行歌に別の歌詞を当てはめる替え歌が多かったが，しだいにオリジナル曲も増えてきて，それがカセットテープや CD で発売されるようになっていった。また「チャンステーマ」といって，自軍の攻撃中にチャンスが到来したさいに演奏される曲も，時代を下るごとに多彩になり，今では地域限定の曲まで用意されている。ヤクルトファンが応援に用いるビニール傘や，巨人ファンが振り回すオレンジ色のタオル，阪神ファンが 7 回の応援で空に飛ばすジェット風船など，球団ごとの応援アイテムも定番化していて，いまや野球の観戦はかつてないほど忙しいものになっているのである。

　つまり今日のスポーツ観戦がライブやコンサートと似ているのは，

COLUMN 4　音楽化するスポーツ観戦

簡単な動きで会場の一体感を得られる仕掛けが洗練され，最適なタイミングで選手のそれぞれを応援できるようになって，そのための予習が欠かせなくなってきた点にある。いまや私たちは，スポーツを見て感動するというよりは，感動するためにスポーツを見る。そして球場やスタジアムに足を運ぶとき，観客もまた「選手の一員」として，感動を構成する一つの要素に組み込まれている。だとすると，もはや音楽はスポーツと切り離せない。自己目的化したノリを楽しむことに慣れた現代社会では，スポーツを楽しむ快楽の中に音楽の快楽がすでに含まれていて，今後も音楽はますます応援に不可欠なものになると同時に，生活のあらゆる場面で気分を高揚させるために用いられていくだろう。

【参考文献】
　小川博司，1988，『音楽する社会』勁草書房。

おわりに——21世紀におけるスポーツの新たな展開のために

　1988年4月から1990年4月までの2年1か月間，私は国際協力機構（JICA）がおこなっている国際ボランティア事業の青年海外協力隊（JOCV）に参加して，パプアニューギニアでスポーツ指導をしていた。私が派遣されたのは首都から飛行機で1時間ほどの山奥にある国立スポーツ研修所で，依頼があればどこへでも，スポーツ指導や小・中・高・大学校の体育の授業を出前するというボランティアをしていた。

　1988年ごろのパプアニューギニアは「地球最後の秘境」と形容されており，現代的なモノサシで計れば，物質的には豊かではなかった。たとえば，私が生活していたまちではほとんどの人が靴を履いておらず，裸足で生活していた。

　時計がないムラも多く，朝，昼，夜ということは感覚的に必要だが，今何時かという正確な時間は必要ないという生活があることに派遣当初は相当驚かされた。

　時計がないということは，日にちがないということにつながる。つまり，今日が何月何日かがわからない，あるいは，そういうことは必要ないということだ。そして，カレンダーがないということは，自分の年齢がわからないということでもあった。

　ただしパプアニューギニアは英連邦に属しているので，奥地の奥にまでキリスト教が入り込んでいた。その甲斐あってか，そのようなムラにはカレンダーはないものの，人びとは自分の誕生日をきちんと記憶していた。すなわち，「誕生日はいつですか」と聞けば，全員が判で押したように「クリスマス（12月25日）です」と答えるのだった。

　この奇想天外な連想ゲームに驚愕したものの，それをどうしても

信じられなかった私は，ある日，再検証するべく，スポーツ研修所で勤務していた友人のジョンソンに年齢と誕生日を聞いてみた。すると彼は，さらりと「さあ，たぶん40歳くらいじゃない？　誕生日はクリスマスだよ」と答えたのである（とはいえ，彼がキリスト教徒だったとは思えないのだが……）。

　ジョンソンにくわしく聞いてみると，どうやら彼は，この仕事に就いたことで「時間」や「日にち」を強く意識するようになったようだった。だが，それ以前は，時間の感覚が緩やかだったのだろう，自分の生年については「わからないよ」と言って笑った。

　自分の年齢を「～くらい」と認識して不都合がない，時間に対するおおらかな感覚！　この時に受けた衝撃を，今でも私は忘れることはできない。このできごとは，「自分がいかに時間に縛られた人生を生きてきたか。そこに疑問はなかったのか」と，自分自身を考える契機にもなった。「時間概念は，現代社会に生きる人々にとって共通・共有のもの」だと思い込んでいた私の常識は，ずいぶん非常識だったのだ。

　私にとっては異文化すぎる国で，驚くことは他にもたくさんあった。だが，そんな"異分子"の私が出前に行くと，ムラのみんなが喜んでくれた。老若男女を問わず，笑顔で大きな声を出しながら裸足でボール——人生で初めて見たのかもしれない——を追いかけ回す姿は私をほのぼのとさせた。そこにはルールもテクニックもなかった。ただ，彼らは一心不乱にボールを追いかけていた。独特な時間が流れるなかで，単純かつ純粋に遊び楽しむ彼らの姿にスポーツの原点を見るような気がした。

　こうした私の体験がベースになって本書は構想された。私の原風景となったスポーツにまつわる素朴な驚きや楽しさが，読者の皆さんにほんの少しでも伝われば幸いである。

おわりに

　本書の出版にあたっては嵯峨野書院の平山妙子さんにたいへんお世話になった。実は，平山さんと私は古い知り合いなのである。

　私の恩師が勤める京都の大学には「社会学調査実習」という科目がある。恩師はその科目を担当していて，毎年，学生を引率して三重県の熊野に行っている。ただ，紀伊半島の下の方に位置する熊野は，京都からだと時間的にもルート的にもかなり行きにくい場所だ。また調査をする集落が，車がようやく通れるくらいの狭い道を山奥にかなり入り込んだところにある，ということも多い。

　そういう事情があったので，私は，2001年から，車の運転歴が長いという理由だけで，調査の手伝いとしてドライバーを任されるようになった。そしてドライバーの傍，私自身の研究テーマの一つである「スポーツと地域おこし」に関する調査を続けてきた。

　この実習は，他大学も実習に参加できるというユニークな側面を持っている。これまでもいろいろな大学と合同で調査をおこなってきたのだが，それらの中の一つに愛知の大学があり，学生だった平山さんが参加していたのだ。

　「スポーツとはなにか」ということを改めて考えるきっかけになった30年前にパプアニューギニアで出会ったジョンソンと，15年前に熊野で出会った平山さんという時空を超えた繋がりに心から感謝したい。

　2019年9月　ネパールの首都カトマンズにて

大野哲也

索　引

●●●●●●●●　あ　●●●●●●●●

アーチ　99
IOC　46
アイソトニック飲料　148
アイデンティティ　278
アウターマッスル　109
アカデミー　244
アカデメイア　54
アガトス（agathos）　54
朝潮　5
朝青龍　16
あしたのジョー　8
アデノシン３リン酸　84
アドルフ・ヒトラー　44
油抜き　134
アベリー・ブランデージ　56
アマチュアリズム　29
アメフト　147
アメリカン・フットボール　147
アルカリイオン飲料　148
アンディ・フグ　15
アントニオ猪木　11

位置エネルギー　98
イチロー　17
李八龍（イ・パリョン）　266
今村嘉雄　64
移民　219
インターハイ（全国高等学校総合体育大
　会）　273
インナーマッスル　109
隠喩　172

ウイリアム・M・スローン　46
ウィンドラスメカニズム　101
ウォーミングアップ　253
運動エネルギー　98

運動生理学　135

ATP　84
ATP-CP 系　84
江川卓　13
駅伝競走　134

応援　189
応援歌　346
王貞治　9, 272
大相撲　4
大谷翔平　17
大宅壮一　9
オリンピック　8, 140, 261, 293
オリンピック競技の実際　139
オリンピック能楽祭　60
オリンピック陸上競技法　140

●●●●●●●●　か　●●●●●●●●

カール・ルイス　15
外国人力士　16
外国籍　259
外側縦アーチ　99
外反母趾　102
雅楽　59
柏戸　5
華道　59
金栗四三　140
カヌー　331, 338
歌舞伎　59
空手　255, 333
カロカガティア（kalokagathia）　53
カロス（kalos）　54
カロン神父　51
観世　61
感染呪術　172
観戦スタイル　18
換喩　172

353

帰化選手　231
「聞く」スポーツ　77
基礎代謝量　86
喜多　61
北の湖　10
義太夫　63
ギムナジウム（gymnasium）　53
木村毅　64
木村政彦　5
球団歌　346
強化儀礼　180
清元　63
キリスト文化と日本古典芸術祭　63
儀礼　192
筋肉　109
筋肉流出　221

クーベルタン　43
工藤哲巳　66
黒い九月　66
グローバル化　220

芸術競技　43
芸術展示　43
芸術展示「美術の桟橋」　66
ゲート・ボール　333
K-1　15
健常者　284
剣道　134

高校野球　13
甲子園　76
皇帝ネロ　54
河野安通志　26
江文也　58
国際オリンピック委員会　46
国際分業　220
国籍条項　260
国内オリンピック委員会　68
国民体育大会　270
後足部着地　94

国歌　70
国歌斉唱　70
国旗　48, 70
国旗掲揚　70
国境　259
小林一三　24
ゴフマン　20
金剛　61
根性　132
金春　61

●●●●●●●● さ ●●●●●●●●

サーフィン　335, 336
災因論　175, 176
最大酸素摂取量　123
在日僑胞学生野球団　265
在日コリアン　265
サッカー　15, 76, 333
サッカー・アカデミー　221
茶道　59
作用・反作用の法則　90
参加資格　270
酸素コスト　97

シー・カヤック　317
ジークフリート・エドストレーム　56
J リーグ　15, 18
ジェンダー　285
仕事　97
自己目的化　346, 347
自転車　76, 151
地面反力　90
ジャイアント馬場　11
集合的応援行動　194
舟状骨　99
柔道　76, 134
呪術師　167, 170
出入国管理法　278
シュノーケリング　317, 318, 325, 331,
　334, 335
障がい　285

索　　引

障がい者　284
状況儀礼　180
消費社会　235
ジョージ・フォアマン　11
ジョギング　150
植民地化　165, 171
植民地支配　166, 263
植民地統治下　166
白井義男　7
ジンクス　177
人権　283
人種隔離政策　168
人種隔離法　167
新植民地主義　221
身体重心　98

水道橋能楽堂　61
鈴木朱雀　58
ストレンジ　134
頭脳流出　221
スポーツイベント　9
スポーツ移民　218
スポーツ観戦　346
スポーツ基本法　298
スポーツ・ツーリズム　317, 318, 325,
　331, 340
スポーツドリンク　146
スポーツのグローバル化　16
相撲（角力）　134, 333, 338

生活習慣病　102
聖なる休戦（エケケイリア）　53
青年海外協力隊　251
ゼウス神　54
「世界文化と近代美術展」　66
前足部着地　94

箏曲　63
創氏改名　267
足底腱膜　101
足底腱膜炎　89

速筋　115, 116
速筋繊維　115
孫基禎（ソン・キジョン）　262

●●●●●●●●● た ●●●●●●●●

体育（體育）　251
体育隊員　251
ダイエット　115
体幹　109, 110
体脂肪　134
大日本体育協会　58
大日本体育芸術協会　57
ダイビング　317-321, 331, 334, 335,
　342
大鵬　5
貴ノ花　10
貴乃花　10
貴花田　12
武田千代三郎　133
立花龍司　111
脱水　143
田中将大　17
WBGT　144
田部井淳子　156
ダルビッシュ有　17
団塊世代　3

遅筋　115, 116
遅筋繊維　115
チャールズ・ハーバート　46
腸脛靭帯炎　89
朝鮮学校　273
千代の富士　12

通過儀礼　180
釣り　318-320, 334

低ナトリウム血症　150
ディミトリオス・ビケラス　46
テニス　76, 277, 333
テレビ　3

355

東京オリンピック　262
東京観世会館　61
常磐津　63
登山　331
栃錦　5
ドッジボール　254
トマス・アーノルド　51
トライアスロン　151
トラス構造　99
トランスナショナル　220
ドルフィン・スイム　317, 321, 325,
　331, 332, 334, 335
トレーニング　109
トレッキング　317, 318, 325
ドローイン　109
トンプソン　20

●●●●●●●●● な ●●●●●●●●●

内側縦アーチ　99
長唄　63
長永治良　58
長嶋茂雄　9
薙刀　76
ナショナリズム　276
ナチス　44, 68
南昇竜（ナム・スンヨン）　263
縄跳び　254

ニグロリーグ　261
二元論　303
西川流　63
日射病　145
日章旗抹消事件　264
日本国籍　259
「日本スポーツ史展」　64
日本代表　259
乳酸系　84

熱射病　145
熱中症　133, 144

能　59
野口源三郎　139
野茂英雄　17
ノリ　345-347

●●●●●●●●● は ●●●●●●●●●

ハイポトニック飲料　148
白鵬　16
箱根駅伝　14
バスケ　76
バスケット・ボール　76, 333
長谷川義起　58
花柳流　63
パフォーマンス　133, 203
パラリンピック　296
張本勲　266
バルサルバ法　110
バレエ　76
バレー・ボール　8, 76, 333
パワー　97
万国博覧会（万博）　52, 53

ヒーロー　10
ピエール・ド・クーベルタン　43
ヒッティングマーチ　346
ヒトラー　44
平等性　283

ファイティング原田　8
ファン　7
FIFA　222
フェアネスの精神　260
フォースプレート　90
福因論　175
藤田隆治　58
藤間流　63
プッシュ・プル理論　221
フットサル　333
フラ　337, 338
プラトン　54
ブランドビジネス　235

索　引

フレデリック・ル・プレ　51
プロ野球　4, 9, 113
プロレス　4, 78
文化プログラム　43
文楽　59

ペイシストラトス　54
ヘシオドス　54
ベルリンオリンピック　262
偏平足　100

宝生　61
宝生九郎　62
ボクシング　4, 76
ポストモダン・サッカー市場　238
ボランティア　251

●●●●●●●● ま ●●●●●●●●

マーシャル・マクルーハン　19
松井秀喜　17
松坂大輔　13
マラソン　110, 140, 151
マリン・スポーツ　333, 334
マンガ　76

水中毒症　150
水抜き　134
ミックスルーツ　276
「見る（観る）」スポーツ　78
民族舞踊　59

無酸素運動　85

メジャーリーグ　261
メッツ　87
メディア　76
メディアコンテンツ　235

モハメド・アリ　11
モンゴル横綱　16

●●●●●●●● や ●●●●●●●●

野球　76, 113, 261, 333, 338
山ガール　153

有酸素運動　85
有酸素系　84

横アーチ　99
吉田章信　135

●●●●●●●● ら ●●●●●●●●

ライバル　5
ラグビー　259
ラジオ体操　252
ランニング　140

力学の法則　90
力積　91
力道山　5
陸上競技　136
リュケイオン　54
理論実験競技運動　133

類感呪術　171

レイシズム　260

ローテータ・カフ　111

●●●●●●●● わ ●●●●●●●●

若乃花　5
輪島　10

357

執筆者一覧

（＊印編者，執筆順）

宮本 孝二（みやもと こうじ）　　　　　　　　第 1 章
　　元桃山学院大学社会学部教授

長﨑 励朗（ながさき れお）　　　　　　　　　第 2 章
　　桃山学院大学社会学部准教授

＊今泉 隆裕（いまいずみ たかひろ）　　　　　第 3 章
　　桐蔭横浜大学スポーツ科学部教授

小山 桂史（こやま けいじ）　　　　　　　　　第 4 章
　　桐蔭横浜大学スポーツ科学部准教授

廣瀬 立朗（ひろせ たつろう）　　　　　　　　第 5 章
　　桐蔭横浜大学スポーツ科学部准教授

星 秋夫（ほし あきお）　　　　　　　　　　　第 6 章
　　桐蔭横浜大学名誉教授

田原 範子（たはら のりこ）　　　　　　　　　第 7 章
　　四天王寺大学社会学部教授

岩谷 洋史（いわたに ひろふみ）　　　　　　　第 8 章
　　姫路獨協大学人間社会学群講師

阿部 利洋（あべ としひろ）　　　　　　　　　第 9 章
　　大谷大学社会学部教授

伊地知 紀子（いぢち のりこ）　　　　　　　　第 10 章
　　大阪公立大学大学院文学研究科教授

＊大野 哲也（おおの てつや）　　　　　　　　第 11 章
　　桃山学院大学社会学部教授

古村 学（こむら まなぶ）　　　　　　　　　　第 12 章
　　宇都宮大学国際学部准教授

石田 あゆう（いしだ あゆう）　　　　　　　　コラム 1
　　桃山学院大学社会学部教授

中村 律子（なかむら りつこ）　　　　　　　　コラム 2
　　法政大学名誉教授

浦 輝大（うら てるひろ）　　　　　　　　　　コラム 3
　　山梨県南都留森林組合（地域おこし協力隊）

木島 由晶（きじま よしまさ）　　　　　　　　コラム 4
　　桃山学院大学社会学部准教授

スポーツをひらく社会学
——歴史・メディア・グローバリゼーション 《検印省略》

2019年11月10日　第1版第1刷発行
2025年3月25日　第1版第3刷発行

編著者　今　泉　隆　裕
　　　　大　野　哲　也

発行者　前　田　　　茂

発行所　嵯峨野書院

〒615-8045　京都市西京区牛ヶ瀬南ノ口町39　電話(075)391-7686　振替01020-8-40694

© Imaizumi, Ohno, 2019　　　　　　　共同印刷工業・吉田三誠堂製本所

ISBN978-4-7823-0586-7

JCOPY〈出版者著作権管理機構　委託出版物〉
本書の無断複製は著作権法上での例外を除き禁じられています。複製される場合は，そのつど事前に，出版者著作権管理機構（電話03-5244-5088，FAX 03-5244-5089，e-mail: info@jcopy.or.jp）の許諾を得てください。

◎本書のコピー，スキャン，デジタル化等の無断複製は著作権法上での例外を除き禁じられています。本書を代行業者等の第三者に依頼してスキャンやデジタル化することは，たとえ個人や家庭内の利用でも著作権法違反です。

社会をひらくスポーツ人文学
―身体・地域・文化―

今泉隆裕・大野哲也 編著

スポーツのダイナミズムと現代的な機能を踏まえつつ，日常的実践を通して私たちがいま生きている社会を考える。多彩な執筆者による個人的な経験から，各自の専門的な内容へ話が及ぶ構成で，従来とは異なる視点から「スポーツ」を捉え直す。スポーツの初学者はもちろん，人文・社会学に関心のある読者にも役立つ一冊。

四六・並製・384 頁・定価（本体 2900 円＋税）

ライフストーリー・ガイドブック
―ひとがひとに会うために―

小林多寿子 編著

珠玉のライフストーリー約 90 点を 66 人の研究者が丁寧に紹介。生き生きと描かれるライフストーリーのおもしろさ，奥深さ，豊かさが，きっとあなた自身のライフを深く見つめさせてくれるはず。

A5・並製・414 頁・定価（本体 3200 円＋税）

系譜から学ぶ社会調査
―20 世紀の「社会へのまなざし」とリサーチ・ヘリテージ―

小林多寿子 著

おもに 20 世紀をとおしておこなわれた社会調査の系譜をたどり，これまでどのような社会調査がいかなる方法でおこなわれてきたのか，何があきらかにされてきたのかを知ることによって，社会調査とは何かを理解することをめざしたテキスト。

四六・並製・158 頁・定価（本体 1600 円＋税）

嵯峨野書院